Santos no Mundo

CB011531

Os Puritanos como Realmente Eram

Leland Ryken

FIEL
Editora

Dados Internacionais de Catalogação na Publicação (CIP)
(Câmara Brasileira do Livro, SP, Brasil)

Ryken, Leland
Santos no mundo : os puritanos como realmente eram / Leland Ryken ; [tradução
João Bentes]. -- 2. ed. -- São José dos Campos, SP : Editora Fiel, 2013.

Título original: Worldly saints.
ISBN 978-85-8132-127-1

1. Igreja Reformada 2. Puritanos I. Título.

13-02496   CDD-285.9

Índices para catálogo sistemático:
1. Puritanismo : Teologia histórica 285.9
2. Puritanos : Teologia histórica 285.9

Santos no Mundo
– Os Puritanos como Realmente Eram

Traduzido do original em inglês
Wordly Saints – The Puritans as They Really Were
Copyright © by Leland Ryken

∎

Publicado originalmente em inglês por
Zondervan Publishing House,
Grand Rapids, Michigan 49530

Copyright © 1992 Editora Fiel
Primeira Edição em Português: 1992
Segunda Edição em Português: 2013

Todos os direitos em língua portuguesa reservados por
Editora Fiel da Missão Evangélica Literária

PROIBIDA A REPRODUÇÃO DESTE LIVRO POR QUAISQUER
MEIOS, SEM A PERMISSÃO ESCRITA DOS EDITORES,
SALVO EM BREVES CITAÇÕES, COM INDICAÇÃO DA FONTE.

∎

Diretor: Tiago J. Santos Filho
Editor: Tiago J. Santos Filho
Revisão: Gustavo Nagel
Diagramação: Rubner Durais
Capa: Rubner Durais
ISBN impresso: 978-85-8132-127-1
ISBN e-book: 978-85-8132-265-0

Caixa Postal 1601
CEP: 12230-971
São José dos Campos, SP
PABX: (12) 3919-9999
www.editorafiel.com.br

SUMÁRIO

Os puritanos eram santos no mundo. Como esta pintura da celebração do primeiro Dia de Ação de Graças na América mostra, os Puritanos tinham um deleite pela vida terrena aceita como um dom de Deus. Brownscombe, *Primeiro Dia de Ação de Graças*; cortesia do *Pilgrim Society*

POR QUE PRECISAMOS DOS PURITANOS

J. I. PACKER

I

O HIPISMO É conhecido como esporte de reis. O esporte do "atira-lama", porém, possui mais ampla adesão. Ridicularizar os Puritanos, em particular, há muito é passatempo popular nos dois lados do Atlântico, e a imagem que a maioria das pessoas tem do puritanismo ainda contém bastante da deformadora sujeira que necessita ser raspada.

"Puritano", como nome, era de fato lama desde o começo. Cunhado cedo, nos anos 1560, sempre foi um palavra satírica e ofensiva, subentendendo mau humor, censura, presunção, e certa medida de hipocrisia, acima e além da sua implicação básica de descontentamento, motivado pela religião, para com aquela que era vista como a laodicense e comprometedora Igreja da Inglaterra de Elizabeth. Mais tarde, a palavra ganhou a conotação política adicional de ser contra a monarquia Stuart e a favor de algum tipo de republicanismo. Sua primeira referência, no entanto, ainda era ao que se via como uma forma estranha, furiosa e feia de religião protestante. Na Inglaterra, o sentimento antipuritano disparou no tempo da Restauração e tem fluído livremente desde então; na América do Norte, edificou-se lentamente após os dias de Jonathan Edwards para atingir seu zênite há cem anos, na Nova Inglaterra pós-puritana.

No último meio século, porém, estudiosos têm limpado a lama meticulosamente. E, como os afrescos de Michelangelo na Capela Sistina adquiriram cores pouco familiares depois que os restauradores removeram o verniz escuro, assim a imagem convencional dos puritanos foi radicalmente recuperada, ao menos para os informados. (Aliás, o conhecimento hoje viaja devagar em certas regiões.) Ensinados por Perry Miller, William Haller, Marshall Knappen, Percy Scholes, Edmund Morgan, e uma série de pesquisadores mais recentes, pessoas bem informadas agora reconhecem que os puritanos típicos não eram homens selvagens, ferozes, monstruosos fanáticos religiosos e extremistas sociais, mas sóbrios e conscienciosos cidadãos de cultura, pessoas de princípio, decididas e disciplinadas, excepcionais nas virtudes domésticas, e sem grandes defeitos, exceto a tendência de usar muitas palavras ao dizerem qualquer coisa importante, a Deus ou ao homem. Afinal está sendo consertado o engano.

Mas, mesmo assim, a sugestão de que *necessitamos* dos puritanos – nós, ocidentais do final do séc. XX, com toda nossa sofisticação e maestria técnica tanto no campo secular como no sagrado – poderá erguer algumas sobrancelhas. Resiste a crença de que os puritanos, mesmo que tenham sido de fato cidadãos responsáveis, eram ao mesmo tempo cômicos e patéticos, sendo ingênuos e supersticiosos, superescrupulosos, mestres em detalhes, e incapazes ou relutantes em relaxar. Pergunta-se: O que estes zelotes nos poderiam dar do que precisamos?

A resposta é, em uma palavra, maturidade. A maturidade é uma composição de sabedoria, boa vontade, maleabilidade e criatividade. Os puritanos eram exemplos de maturidade; nós não. Um líder bem viajado, um americano nativo, declarou que o protestantismo norte-americano – centrado no homem, manipulativo, orientado pelo sucesso, auto-indulgente e patentemente sentimental como é – mede cinco mil quilômetros de largura e um centímetro de profundidade. Somos anões espirituais. Os puritanos, em contraste, como um corpo, eram gigantes. Eram grandes almas servindo a um grande Deus. Neles, a paixão sóbria e a terna compaixão combinavam-se. Visionários e práticos, idealistas e também realistas, dirigidos por objetivos e metódicos, eram grandes crentes, grandes esperançosos, grandes realizadores e grandes sofredores.

Mas seus sofrimentos, de ambos os lados do oceano (na velha Inglaterra pelas autoridades e na Nova Inglaterra pelo clima) os temperaram e amadureceram até que ganharam uma estatura nada menos do que heroica. Conforto e luxo, tais como nossa afluência hoje nos traz, não levam à maturidade; dureza e luta, sim, e as batalhas dos puritanos contra os desertos evangélico e climático onde Deus os colocou produziram uma virilidade de caráter inviolável e infalível, erguendo-se acima de desânimo e de temores, para os quais os verdadeiros precedentes e modelos são homens como Moisés e Neemias, Pedro depois do Pentecoste e o apóstolo Paulo.

A guerra espiritual fez dos Puritanos o que eles foram. Eles aceitaram o antagonismo como seu chamado, vendo a si mesmos como os soldados peregrinos do seu Senhor, exatamente como na alegoria de Bunyan, sem a pretensão de poderem avançar um só passo sem oposição de uma espécie ou de outra. John Geree, no seu folheto "O Caráter de um Velho Puritano Inglês ou Inconformista" (1646), afirma: "Toda sua vida ele a tinha como uma guerra onde Cristo era seu capitão; suas armas, orações e lágrimas. A cruz, seu estandarte; e sua palavra [lema], *Vincit qui patitur* [o que sofre, conquista]".[1]

Os puritanos perderam, em certa medida, toda batalha pública em que lutaram. Aqueles que ficaram na Inglaterra não mudaram a Igreja da Inglaterra como esperavam fazer, nem reavivaram mais do que uma minoria dos seus partidários, e eventualmente foram conduzidos para fora do anglicanismo por meio de calculada pressão sobre suas consciências. Aqueles que atravessaram o Atlântico falharam em estabelecer a Nova Jerusalém na Nova Inglaterra. Durante os primeiros cinquenta anos, suas pequenas colônias mal sobreviveram, segurando-se por um fio. Mas a vitória moral e espiritual que os Puritanos

---

1 Citado de Gordon Wakefield, *Puritan Devotion*, p. x.

conquistaram permanecendo dóceis, pacíficos, pacientes, obedientes e esperançosos, sob contínuas e aparentemente intoleráveis pressões e frustrações, dá-lhes lugar de alta honra no "hall" de fama dos crentes, onde Hebreus 11 é a primeira galeria. Foi desta constante experiência no forno que se forjou sua maturidade e sua sabedoria relativa ao discipulado foi refinada. George Whitefield, o evangelista, escreveu sobre eles como se segue:

Ministros nunca escrevem ou pregam tão bem como quando debaixo da cruz; o Espírito de Cristo e de glória paira então sobre eles. Foi isto sem dúvida que fez dos puritanos... as lâmpadas ardentes e brilhantes. Quando expulsos pelo sombrio Ato Bartolomeu (o Ato de Uniformidade de 1662) e removidos dos seus respectivos cargos para irem pregar em celeiros e nos campos, nas rodovias e nas sebes, eles escreveram e pregaram como homens de autoridade. Embora mortos, pelos seus escritos eles ainda falam; uma unção peculiar lhes atende nesta mesma hora...[2]

Estas palavras vêm do prefácio de uma reedição dos trabalhos de Bunyan que surgiu em 1767; mas a unção continua, a autoridade ainda é sentida, e a amadurecida sabedoria permanece empolgante, como todos os modernos leitores do puritanismo cedo descobrem por si mesmos. Por intermédio do legado desta literatura, os puritanos podem nos ajudar hoje na direção da maturidade que eles conheceram e que precisamos.

II

De que maneiras podemos fazer isto? Deixe-me sugerir alguns pontos específicos.

Primeiro, há lições para nós *na integração das suas vidas diárias*. Como seu cristianismo era totalmente abrangente, assim o seu viver era uma unidade. Hoje, chamaríamos o seu estilo de vida de "holístico": toda conscientização, atividade e prazer, todo "emprego das criaturas" e desenvolvimento de poderes pessoais e de criatividade, integravam-se na única finalidade de honrar a

---

2 George Whitefield, *Works* (Londres, 1771), 4:306-7.

Deus, apreciando todos os seus dons e tornando tudo em "santidade ao Senhor". Para eles não havia disjunção entre o sagrado e o secular; toda a criação, até onde conheciam, era sagrada, e todas as atividades, de qualquer tipo, deviam ser santificadas, ou seja, feitas para a glória de Deus. Assim, no seu ardor elevado aos céus, os puritanos tornaram-se homens e mulheres de ordem, sóbrios e simples, de oração, decididos, práticos. Viam a vida como um todo, integravam a contemplação com a ação, o culto com o trabalho, o labor com o descanso, o amor a Deus com o amor ao próximo e a si mesmo, a identidade pessoal com a social, e um amplo espectro de responsabilidades relacionadas umas com as outras, de forma totalmente consciente e pensada.

Nessa minuciosidade eram extremos, diga-se, muito mais rigorosos do que somos, mas ao misturar toda a variedade de deveres cristãos expostos na Escritura eram extremamente equilibrados. Viviam com "método" (diríamos, com uma regra de vida), planejando e dividindo seu tempo com cuidado, nem tanto para afastar as coisas ruins como para ter certeza de incluir todas as coisas boas e importantes – sabedoria necessária, tanto naquela época como agora, para pessoas ocupadas! Nós hoje, que tendemos a viver vidas sem planejamento, ao acaso, em uma série de compartimentos estanques e que, portanto, nos sentimos sufocados e distraídos a maior parte do tempo, poderíamos aprender muito com os puritanos nesse ponto.

Em segundo lugar, há lições para nós *na qualidade de sua experiência espiritual*. Na comunhão dos Puritanos com Deus, assim como Jesus era central, a Sagrada Escritura era suprema. Pela Escritura, como a Palavra de instrução de Deus sobre o relacionamento divino-humano, buscavam viver, e aqui também eram conscienciosamente metódicos. Reconhecendo-se como criaturas de pensamento, afeição e vontade, e sabendo que o caminho de Deus até o coração (a vontade) é via cabeça humana (a mente), os puritanos meditavam, discursiva e sistematicamente, toda a amplitude da verdade bíblica, conforme a viam aplicando-se a eles mesmos. A meditação puritana sobre a Escritura se modelava pelo sermão Puritano. Nela, o puritano buscava sondar e desafiar seu coração, guiar suas afeições para odiar o pecado e amar a justiça e encorajar a si mesmo com as promessas de Deus, assim como pregadores puritanos o fariam do púlpito. Esta piedade racional, resoluta e apaixonada era consciente sem tornar-se obsessiva, dirigida pela lei sem cair no legalismo, e expressiva da liberdade cristã sem vergonhosos deslizes para a licenciosidade. Os puritanos sabiam que a Escritura é a regra inalterada da santidade, e eles nunca se permitiram esquecer disso.

Conhecendo também a desonestidade e a falsidade dos corações humanos decaídos, cultivavam a humildade e a autossuspeita como atitudes constantes, examinando-se regularmente em busca de pontos ocultos e males internos furtivos. Não poderiam ser chamados de mórbidos ou introspectivos por isso; pelo contrário, descobriram a disciplina do autoexame pela Escritura (que não é o mesmo que introspecção, note-se), seguida da disciplina da confissão e do abandono do pecado e da renovação da gratidão a Cristo pela sua misericórdia perdoadora como fonte de grande gozo e paz interiores. Hoje, nós que sabemos à nossa custa que temos mentes não esclarecidas, afeições incontroladas e vontades instáveis no que se refere a servir a Deus, e que frequentemente nos vemos subjugados por um romanticismo emocional, irracional, disfarçado de superespiritualidade, também nos beneficiaríamos muito do exemplo dos Puritanos neste ponto.

Em terceiro lugar, há lições para nós na *sua paixão pela ação eficaz*. Embora os puritanos, como o resto da raça humana, tivessem seus sonhos do que poderiam e deveriam ser, não eram definitivamente o tipo de gente que denominaríamos "sonhadores"! Não tinham tempo para o ócio do preguiçoso ou da pessoa passiva que deixa para os outros a responsabilidade de mudar o mundo. Foram homens de ação no puro modelo reformado – ativistas de cruzada sem qualquer autoconfiança; trabalhadores para Deus, que dependiam sumamente de que Deus trabalhasse neles e por eles; e que sempre davam a Deus a glória por qualquer coisa que faziam, e que em retrospecto lhes parecia correta; homens bem dotados, que oravam com afinco para que Deus os capacitasse a usar seus poderes, não para a autoexibição, mas para a glória dEle. Nenhum deles queria revolucionar a igreja ou o Estado, embora alguns relutantemente tenham-se tornado revolucionários; todos eles, entretanto, desejavam ser agentes eficazes de mudança para Deus onde quer que se exigisse mudança. Assim, Cromwell e seu exército fizeram longas e fortes orações antes de cada batalha, e pregadores pronunciaram extensas e fortes orações particulares sempre antes de se aventurarem no púlpito, e leigos proferiram longas e fortes orações antes de enfrentarem qualquer assunto de importância (casamento, negócios, investimentos maiores, ou qualquer outra coisa).

Hoje, porém, os cristãos ocidentais se veem em geral sem paixão, passivos e, teme-se, sem oração. Cultivando um sistema que envolve a piedade pessoal num casulo pietista, deixam os assuntos públicos seguirem seu próprio curso e nem esperam nem buscam influenciar além do seu próprio círculo cristão. Enquanto os puritanos oraram e lutaram por uma Inglaterra e uma Nova Inglaterra santas – sentindo que, onde o privilégio é negligenciado e a infidelidade reina, o juízo nacional está sob ameaça – os cristãos modernos alegremente se acomodam com a convencional respeitabilidade social e, tendo feito assim, não olham além. Claro, é óbvio que a esta altura também os puritanos têm muita coisa para nos ensinar.

Em quarto lugar, há lições para nós no *seu programa para a estabilidade da família*. Não seria demais dizer que os puritanos criaram a família cristã no mundo de língua inglesa. A ética puritana do casamento consistia em primeiro se procurar um parceiro não por quem fosse perdidamente apaixonado *no momento*, mas a quem pudesse amar *continuamente* como seu melhor amigo, por toda a vida, e proceder com a ajuda de Deus a fazer exatamente isso. A ética puritana de criação de filhos era treinar as crianças no caminho em que deveriam seguir, cuidar dos seus corpos e almas juntos, e educá-los para a vida adulta sóbria, santa e socialmente útil. A ética puritana da vida no lar baseava-se em manter a ordem, a cortesia e o culto em família.

Boa vontade, paciência, consistência e uma atitude encorajadora eram vistas como as virtudes domésticas essenciais. Numa era de desconfortos rotineiros, medicina rudimentar sem anestésicos, frequentes lutos (a maioria das famílias perdia tantos filhos quantos criava), uma média de longevidade um pouco abaixo dos trinta e dificuldade econômica para quase todos, salvo príncipes mercantes e pequenos proprietários fidalgos, a vida familiar era uma escola para o caráter em todos os sentidos. A fortaleza com que os puritanos resistiam à bem conhecida tentação de aliviar a pressão do mundo através da violência no lar, lutando para honrar a Deus apesar de tudo, merece grande elogio. Em casa, os puritanos mostravam-se maduros, aceitando as dificuldades e decepções realisticamente, como vindas de Deus, recusando-se a desanimar ou amargurar-se com qualquer uma delas. Também era em casa, em primeira instância, que o leigo puritano praticava o evangelismo e ministério. "Ele esforçou-se para tornar sua família uma igreja", escreveu Geree, "...lutando para que os que nascessem nela pudessem nascer novamente em Deus."[3] Numa era em que a vida em família tornou-se árida mesmo entre os cristãos, com cônjuges covardes tomando o curso da separação em vez do trabalho no seu relacionamento e pais narcisistas estragando seus filhos materialmente enquanto os negligenciam espiritualmente, há, mais uma vez, muito o que se aprender com os caminhos bem diferentes dos puritanos.

Em quinto lugar, há lições para se aprender com o *seu senso de valor humano*. Crendo num grande Deus (o Deus da Escritura, não diminuído nem domesticado), eles ganharam um vívido senso da grandeza das questões morais, da eternidade e da alma humana. O sentimento de Hamlet: "Que obra é o homem!", é um sentimento muito puritano; a maravilha da individualidade humana era algo que sentiam pungentemente. Embora, sob a influência da sua herança medieval que lhes dizia que o erro não tem direitos, não conseguissem em todos os casos respeitar aqueles que se diferenciavam deles publicamente, sua apreciação pela dignidade humana como criatura feita para ser amiga de Deus era intensa, bem como seu senso da beleza e nobreza da santidade humana. Atualmente, no formigueiro urbano coletivo onde vive a maioria de nós, o senso da eterna significação individual se acha muito desgastado, sendo o espírito puritano, neste ponto, um corretivo do qual podemos nos beneficiar imensamente.

---

3 Gordon Wakefield, *Puritan Devotion*, p. x. Não se pode evitar de pensar na senhora casada que veio dizer a D. L. Moody que pensava ter sido chamada para ser uma pregadora. "A senhora tem filhos em casa?", Moody perguntou. "Sim, seis." "Aí está sua congregação; vá em frente!"

Em sexto lugar, há lições para se aprender com o *ideal de renovação da igreja* dos Puritanos. Na verdade, "renovação" não era uma palavra que eles usavam; eles falavam apenas de "reformação" e "reforma", palavras que sugerem às nossas mentes do séc. XX uma preocupação que se limita ao aspecto exterior da ortodoxia, ordem, formas de culto e códigos disciplinares da igreja. Mas quando os puritanos pregaram, publicaram e oraram pela "reformação", tinham em mente não apenas isso, mas de fato muito mais.

Na página de título da edição original de *The Reformed Pastor* (traduzido para o português sob o título de O Pastor Aprovado – PES), de Richard Baxter, a palavra "Reformado" foi impressa com um tipo de letra bem maior do que as outras; e não se precisa ler muito para descobrir que, para Baxter, um pastor "reformado" não era alguém que fazia campanha pelo calvinismo, mas alguém cujo ministério como pregador, professor, catequista e modelo para o seu povo demonstrasse ser ele, como se diria, "reavivado" ou "renovado". A essência deste tipo de "reforma" era um enriquecimento da compreensão da verdade de Deus, um despertar das afeições dirigidas a Deus, um aumento do ardor da devoção, e mais amor, alegria e firmeza de objetivo cristão no chamado e na vida de cada um. Nesta mesma linha, o ideal para a igreja era que por intermédio de clérigos "reformados" cada congregação na sua totalidade viesse a tornar-se "reformada" – trazida, sim, pela graça de Deus a um estado que chamaríamos de reavivamento sem desordem, de forma a tornar-se verdadeira e completamente convertida, teologicamente ortodoxa e saudável, espiritualmente alerta e esperançosa, em termos de caráter sábia e madura, eticamente empreendedora e obediente, humilde mas alegremente certa de sua salvação. Este era em geral o alvo a que o ministério pastoral puritano visava, tanto em paróquias inglesas quanto nas igrejas "reunidas" do tipo congregacional que se multiplicaram em meados do séc. XVII.

A preocupação dos puritanos pelo despertamento espiritual das comunidades nos escapa até certo ponto por seu institucionalismo. Tendemos a pensar no ardor do reavivamento como sempre impondo-se à ordem estabelecida, enquanto os puritanos visualizavam a "reforma" em nível congregacional

vindo de modo disciplinado pela pregação, catequismo e fiel trabalho espiritual da parte do pastor. O clericalismo, com sua supressão da iniciativa leiga, era
sem dúvida uma limitação puritana, que se voltou contra eles quando o ciúme
leigo finalmente veio à tona com o exército de Cromwell, no quaquerismo e
no vasto submundo sectarista dos tempos da Comunidade Britânica. O outro
lado da moeda, porém, era a nobreza do perfil do pastor que os puritanos desenvolveram – pregador do evangelho e professor da Bíblia, pastor e médico
de almas, catequista e conselheiro, treinador e disciplinador, tudo em um só.
Dos ideais e objetivos puritanos para a vida da igreja, os quais eram inques-
tionável e permanentemente certos, e dos seus padrões para o clero, os quais
eram desafiadora e inquisitivamente elevados, ainda há muito que os cristãos
modernos podem e devem levar a sério.

Estas são apenas algumas das maneiras mais óbvias como os Puritanos
nos podem ajudar nestes dias.

III

Em conclusão, elogiaria os capítulos do Professor Ryken, introduzidos
por essas observações, como uma detalhada apresentação da perspectiva Puritana. Tendo lido vastamente a recente erudição puritana, ele sabe o que está
dizendo. Ele sabe, como o sabem a maioria dos estudantes modernos, que
o puritanismo como uma atitude distinguidora começou com William Tyndale, contemporâneo de Lutero, uma geração antes de ser cunhada a palavra
"puritano", e foi até o fim do séc. XVII, várias décadas depois que o termo
"puritano" havia saído do uso comum. Ele sabe que na formação do puritanismo entrou o biblicismo reformador de Tyndale; a piedade de coração que
rompeu a superfície com John Bradford; a paixão pela competência pastoral
exemplificada por John Hooper, Edward Dering e Richard Greenham, entre
outros; a visão da Escritura como o "princípio regulador" do culto e da ordem
ministerial que incendiou Thomas Cartwright; o abrangente interesse ético
que atingiu seu apogeu na monumental *Christian Directory,* de Richard Baxter,

e a preocupação em popularizar e tornar prático, sem perder a profundidade, tão evidente em William Perkins, que tão poderosamente influenciou seus sucessores.

O Dr. Ryken também sabe que além de ser um movimento pela reforma da igreja, pela renovação pastoral e pelo reavivamento espiritual, o puritanismo era uma visão de mundo, uma filosofia cristã total; em termos intelectuais, um medievalismo protestantizado e atualizado, e em termos de espiritualidade, um tipo de monasticismo fora do claustro e dos votos monásticos. Sua apresentação da visão e do estilo de vida puritanos é perspicaz e exata. Esta obra deveria conquistar novo respeito pelos puritanos e criar um novo interesse em explorar a grande massa de literatura teológica e devocional que eles nos deixaram, para descobrir as profundidades da sua percepção bíblica e espiritual. Se tiver este efeito, eu pessoalmente, que devo mais aos escritos puritanos do que a qualquer outra teologia que tenha lido, ficarei transbordante de alegria.

PREFÁCIO

ESTE LIVRO É um estudo dos ideais puritanos. Ele explora as atitudes puritanas num amplo espectro de tópicos que geralmente caem na categoria da vida cristã prática.

Meu propósito ao escrever este livro foi triplo: (1) corrigir um mal-entendido quase universal sobre o que os puritanos realmente defendiam, (2) unir numa síntese conveniente o melhor que os puritanos pensaram e disseram sobre diferentes tópicos, e (3) recuperar a sabedoria cristã dos puritanos para hoje. Os protestantes evangélicos são estranhos ao que há de melhor em sua própria tradição; minha esperança é que este livro faça uma pequena contribuição para remediar essa situação.

Tomei a maioria dos meus dados de fontes escritas puritanas. Isto é o que o meu próprio treinamento erudito me equipa a fazer, e encaixa-se melhor com meu propósito de focalizar os ideais puritanos que permanecem relevantes hoje.

Olhei para o puritanismo com lente de grande abertura angular para fornecer o mais amplo alcance possível. Estendi-me sobre o puritanismo inglês e o americano tanto no séc. XVI como no XVII. Para alcançar este objetivo, tive de desconsiderar as nuances do desenvolvimento histórico, os contextos das citações puritanas específicas e a exceção à regra geral. Para compensar essas faltas, pude captar algo da variada riqueza do movimento puritano. Eu não sei de nenhum outro movimento que tenha produzido tantos hábeis porta-vozes secundários, além dos principais. Também espero ter deixado meus leitores seguros de que as perspectivas que atribuo ao movimento puritano foram representativas da maioria deles, não convicções atípicas de algum indivíduo isolado.

Por que há tantas citações no livro? Porque não podemos confiar em livros que pretendam nos contar como eram os puritanos sem documentarem suas intenções. Tanto quanto possível, tentei deixar os puritanos falarem por si mesmos e permitir aos meus leitores tirarem suas próprias conclusões. O livro incorpora uma riqueza de citações puritanas e de hábeis comentários dos principais historiadores do movimento puritano.

Talvez eu devesse acrescentar que, quando me refiro ao puritanismo como um "movimento", uso o termo com liberdade. A organização estrutural ou institucional da religião puritana era às vezes muito nebulosa. Por "movimento" puritano, portanto, quero dizer religião puritana, um espírito ou atitude que unia os puritanos uns aos outros.

Para melhor compreensão encorajaria meus leitores a, numa primeira leitura, ignorarem as notas. Para tornar as citações puritanas mais acessíveis à leitura, modernizei tanto a ortografia quanto a pontuação.

Ao atribuir vários pontos de vista aos puritanos, não pretendo sempre sugerir que eram exclusivos deles. Os puritanos sempre participaram das tendências gerais da sua época. Minha preocupação a cada ponto tem sido de manter o registro correto sobre o que criam os puritanos, em parte num esforço por corrigir concepções modernas errôneas sobre eles. Com frequência presume-se que os puritanos não compartilhavam das perspectivas mais iluminadas da sua cultura; tentei mostrar que o faziam e eram frequentemente responsáveis por elas.

Embora não tenha tido o espaço para "construir pontes" entre a visão puritana e a nossa própria situação, o pressuposto deste livro é que em muitas questões críticas os puritanos permanecem um guia para os cristãos de hoje. Minha finalidade ao escrever é, em parte, permitir que os puritanos tornem-se uma lente através da qual possamos ver o que significa viver de modo cristão no mundo. Minha afinidade com o ponto de vista puritano será óbvia. Mesmo suas faltas, às quais dediquei um capítulo, têm um valor de instrução positivo quando nos mostram o que evitar.

COMO ERAM OS PURITANOS ORIGINAIS?

Sirvo a um Deus preciso – RICHARD ROGERS

"O PURITANISMO é o medo assombroso de que alguém, em algum lugar, possa estar feliz." Assim falou um moderno depreciador dos puritanos.[1]

Mas um contemporâneo de William Tyndale, frequentemente considerado o primeiro puritano, fez a avaliação exatamente contrária. Thomas More, o grande católico, achava a religião protestante de Tyndale excessivamente indulgente. Descrevia seus adeptos como pessoas que "não gostavam nada da abstinência da quaresma", mas ao contrário "comiam e bebiam e, na sua devassidão, cobiçavam desregradamente".[2] Sua teologia, de acordo com More, errava por tornar a vida cristã muito fácil: "De minha parte, eu poderia estar bem contente de o pecado e a dor e tudo o mais desaparecerem tão rapidamente quanto nos diz Tyndale: mas receio que ele nos haja enganado"[3]

---

1 H.L. Mencken, como citado em Perry, p. 239.

2 Citado por C.S. Lewis, "Donne and Love Poetry in the Seventeenth Century", em *Seventeenth Century Studies Presented to Sir Herbert Grierson* (Oxford, Oxford University Press, 1938), p. 74. Embora o termo *puritano* não fosse usado nos dias de More, é comum os historiadores considerarem Tyndale o fundador do que se tornou conhecido como puritanismo. William A. Clebsch, *England's Earliest Protestants, 1520-1535* (New Haven, Yale University Press, 1964), escreve: "Tyndale fundou o puritanismo inglês como o sistema teológico, religioso e moral que univocamente estimava a Escritura como a lei de Deus para todo homem", p. 317.

3 Lewis, "Donne and Love Poetry," p. 75.

O puritanismo, dizem hoje, "danifica a alma humana, torna-a dura e lúgubre, priva-a do brilho do sol e da felicidade".[4] Esta acusação seria uma grande surpresa para o quacre George Fox, um contemporâneo dos puritanos que desprezava suas "fitas e laços e trajes caros", seu "lazer e suas festas".[5]

Quando autoridades tais como C.S. Lewis, Christopher Hill e A.G. Dickens dizem coisas como as que se seguem, será útil manter a mente aberta à possibilidade de termos sido seriamente enganados com relação aos puritanos:

Devemos imaginar os puritanos exatamente como o oposto daqueles que levam esse nome hoje.[6]

Muito poucos dos chamados "puritanos" eram "puritanos" no sentido que a palavra adquiriu no séc. XIX, obcecados por sexo e inimigos da diversão: este tipo de "puritanismo" é uma criação da pós-restauração.[7]

Quando pensarmos em puritanismo, devemos começar livrando-nos de aplicado à hipocrisia religiosa vitoriana. Isto não se aplica ao puritanismo do séc. XVII.[8]

Na introdução que se segue, tentei sugerir, sob uma variedade de formas, os principais esboços da "mente", ou "temperamento", ou "espírito" puritano. A finalidade desta visão geral é fornecer um panorama que os capítulos seguintes preencherão com detalhes. O capítulo de abertura afirma minha "tese"; o restante do livro é documentação.

"TODOS SABEM QUE OS PURITANOS ERAM..."

Nenhum grupo de pessoas tem sido mais injustamente difamado no séc. XX do que os puritanos. Como resultado, chegamo-nos aos Puritanos com uma enorme bagagem de preconceitos culturalmente enraizados. Como uma

---

4   Langdon Mitchell, como citado em Perry, p. 240.

5   *Journal* (Londres, J. M. Dent and Sons, 1924), p. 151.

6   C.S. Lewis, *Studies in Medieval and Renaissance Literature* (Cambridge, Cambridge University Press, 1966), p. 121.

7   Christopher Hill, *The Intellectual Origins of the English Revolution* (Oxford, Oxford University Press, 1965), p. 293.

8   A.G. Dickens, "The Ambivalent English Reformation", em *Background to the English Renaissance*, ed. J.B. Trapp (Londres, Gray-Mills, 1974), p. 47.

introdução ao assunto, portanto, proponho que examinemos rapidamente as acusações mais comuns contra os puritanos, observando a veracidade ou falsidade delas.

Os puritanos eram contra o sexo. Ridículo. Um influente puritano disse que a relação sexual era "um dos atos mais essenciais e apropriados ao casamento" e algo em que os casais deveriam se envolver "de boa vontade e com prazer, voluntaria, pronta e jubilosamente".[9] Outro iniciou sua lista dos deveres entre esposo e esposa com "o uso correto e legal dos seus corpos ou do leito matrimonial, que realmente é um dever essencial do casamento".[10]

Os puritanos nunca riam e eram contrários à diversão. Apenas parcialmente verdadeiro. Os puritanos eram pessoas sérias, mas também diziam coisas como esta: "Deus faz nossas alegrias muito mais do que nossas dores";[11] "Há uma espécie de riso alegre... que pode sustentar-se... com a piedade dos melhores homens";[12] Os cristãos "podem ser felizes no seu trabalho, e felizes no seu comer";[13] "A alegria é a habitação da justiça".[14] Thomas Gataker escreveu que é a finalidade de Satanás persuadir-nos de que "no reino de Deus não há nada além de suspiros e gemidos e jejum e oração", enquanto que a verdade é que na "casa de Deus há o casar-se e o dar-se em casamento... o festejar e o regozijar-se".[15] William Tyndale descreveu o evangelho cristão como "boas, felizes, alegres e jubilosas novas, que tornam contente o coração do homem, e o fazem cantar e dançar e pular de alegria".[16]

---

9 William Gouge, *Of Domestical Duties* [Frye, p. 155; Schücking, p. 38].

10 William Perkins, *Christian Economy* [Breward, p. 424].

11 Richard Baxter, *O Descanso Eterno dos Santos*, p. 182.

12 Richard Bernard, *The Isle of Man* [Haller, *Rise of Puritanism*, p. 139].

13 Richard Rogers, *Seven Treatises* [Irvonwy Morgan, p. 143].

14 Richard Sibbes, *Bowels Opened* [George, p. 114].

15 *A Wife in Deed* [Lerner, p. 112].

16 *The Work of William Tyndale* [Derek Wilson, p. 48]. M.M. Knappen, *Tudor Puritanism*, escreve: "Onde apareciam, os regulamentos ascéticos puritanos... eram... auxiliares, em vez de primários. Eram destinados a limpar o chão

Os puritanos vestiam roupas pardacentas, fora de moda. Falso. Os puritanos vestiam-se de acordo com a moda da sua classe e de seu tempo. É verdade que o preto carregava conotações de dignidade e formalidade (como hoje) e era padrão para roupas de domingo e ocasiões especiais. Mas a vestimenta diária era colorida. O puritano americano William Brewster vestia um terno azul, um terno violeta e um colete verde.[17] Anthony Wood descreveu a aparência de John Owen durante seus dias de vice-chanceler na Universidade de Oxford: "Cabelo empoado, veste de cambraia com cintas largas e caras, jaqueta de veludo, com calções amarrados aos joelhos com laços de pontas e botas de couro espanholas com cano de cambraia".[18] O marrom-avermelhado e vários tons de laranja-escuro eram as cores mais comuns para roupas, mas inventários remanescentes mostram também muitos itens em vermelho, azul, verde, amarelo, violeta, e assim por diante.[19]

Os puritanos eram contrários ao esporte e à recreação. Consideravelmente falso. Um amplo estudo mostrou que os puritanos gozavam de atividades variadas tais como a caça, a pesca, um esporte semelhante ao futebol americano, o boliche, a leitura, a música, a natação, a patinação e o arco e flecha .[20] Um pastor puritano disse sobre as recreações que os cristãos deveriam "desfrutar delas como liberdades, com gratidão a Deus que as permite para nosso revigoramento".[21] É verdade que os puritanos proibiam toda recreação aos domingos e todos os jogos de azar, apostas, açulamento de cães ao urso acorrentado, corridas de cavalos e boliche nas tabernas ou em suas proximidades. Eles faziam isso não porque se opusessem à diversão, mas porque julgavam estas atividades inerentemente prejudiciais e imorais.

---

da ramagem mais rasteira... A própria felicidade não estava em risco, apenas aspectos de tipo inferior na obtenção dos de tipo superior. Era a velha história do bom como inimigo do melhor", p. 428.

17 Scholes, p. 105.

18 Citado em Scholes, p. 105.

19 Demos, pp. 53-54. Ver também o quadro em Louis B. Wright, *Life in Colonial America*, p. 162.

20 Hans-Peter Wagner, *Puritan Attitudes Towards Recreation in Early Seventeenth-Century New England* (Frankfurt, Verlag Peter Lang, 1982).

21 Richard Sibbes, *Works* [Foster, p. 106].

Os puritanos eram gananciosos, viciados no trabalho; faziam qualquer coisa para enriquecer. No geral falso. Os puritanos eram obcecados com os *perigos* da riqueza. De fato, dificilmente fugiam do assunto em discussões de negócios. Lorde Montagu disse a seu filho: "Não labute muito para ser rico... aquele que é ávido por ganho perturba sua própria alma".[22] "Lembre-se de que as riquezas não são parte da sua felicidade", escreveu Richard Baxter; "as riquezas não passam da provisão abundante que tenta a carne corruptível".[23] "Prefiro ser um santo pobre a ser um próspero pecador", escreveu Thomas Adams.[24] Do lado positivo, os Puritanos *criam* que o trabalho era uma virtude moral, que a ociosidade era um vício, e que a frugalidade ou o baixo consumo deliberado a bem da moderação e para evitar o débito era algo bom.

Os puritanos eram hostis às artes. Parcialmente verdadeiro, mas não tão verdadeiro como pensam muitos modernos. O mal-entendido provém do fato de os puritanos terem removido a música e a arte das igrejas. Mas isto foi uma objeção ao culto e à cerimônia católicas, não à música e à arte propriamente.[25] Os Puritanos removeram órgãos e pinturas das igrejas, mas os compravam para uso particular em suas casas.[26] Num tratado que afirmava as objeções comuns a instrumentos musicais na igreja, John Cotton acrescentou que não "proibia o uso particular de qualquer instrumento de música".[27] Oliver Cromwell removeu um órgão da capela de Oxford para colocá-lo em sua própria residência em Hampton Court, onde empregou um organista particular. Quando uma de suas filhas se casou, ele contratou uma orquestra de quarenta e oito componentes para acompanhar a dança.[28] Quando esteve confinado na prisão, John Bunyan secretamente fez uma flauta talhada de uma perna de cadeira.[29]

22 Citado em Stone, *Crisis*, p. 331.

23 *A Christian Directory*, p. 50.

24 *God's Bounty* [McNeill, p. 41].

25 A melhor fonte de consulta nesta matéria é Percy A. Scholes, *The Puritans and Music in England and New England*.

26 Ibid., p. 6.

27 Ibid., p. 5.

28 Ibid.

29 Ibid. Na época puritana, a música passou "de cultura institucional pública a prática doméstica e voluntária" (Wat-

Esta reconstrução da vida em *Plymouth Plantation* sugere várias características principais dos Puritanos: uma necessidade por novos começos, coragem quando em confronto com as dificuldades e uma simplicidade elementar. Cortesia da *Plymouth Plantation*

Os puritanos eram excessivamente emotivos e desprezavam a razão. Não faz sentido. Eles visavam ao equilíbrio entre o coração e a mente. "O homem é uma criatura racional e capaz de comover-se por meio do raciocínio", escreveu Richard Baxter.[30] "O crente é o homem mais ajuizado do mundo", escreveu Samuel Rutherford; "aquele que faz tudo pela fé, faz tudo à luz da sã razão".[31]

O puritanismo foi um movimento antiquado que atraía apenas pessoas com mais de setenta anos, vítimas do cansaço. Redondamente errado. O puritanismo foi um movimento jovial e vigoroso. C. S. Lewis chama os primeiros puritanos de "jovens, vorazes, intelectuais progressistas, muito elegantes e atualizados".[32] Os puritanos "pensavam jovem", em qualquer idade cronológica. O vigor dos puritanos elizabetanos era motivo de habitual escárnio contra eles da parte de seus inimigos anglicanos. Em 1583, o Arcebispo Whitgift disse condescendentemente a um grupo de ministros puritanos: "Vocês não passam de... garotos

---

son, p. 532).

30 *O Descanso Eterno dos Santos* [Kaufmann, p. 250].

31 *A Sermon Preached to the Honorable House of Commons...* [Rogers, p. 247].

32 *Studies in Medieval and Renaissance Literature*, p. 121.

comparados a nós, que estudamos teologia antes de vocês... nascerem".[33] Um bispo anglicano alarmou-se com a maneira como os puritanos haviam "conduzido diversos jovens ministros" às suas fileiras,[34] enquanto em St. Albans os "jovens rapazes e moças" costumavam "vaguear" até as paróquias vizinhas onde o puritano William Dyke pregava.[35] Um pai antipuritano conseguiu que seu filho fosse educado com um puritano "para enfadá-lo do puritanismo", mas veio a constatar que seu filho tornara-se um deles.[36]

Os puritanos repudiavam o corpo humano e o mundo físico. Falso, exceto por alguns puritanos que sofriam de perturbações psicológicas. Increase Mather escreveu em seu diário: "Jesus Cristo quer derramar sua glória eterna tanto sobre meu corpo como sobre minha alma, e, portanto, não me negará questão tão pequena como a saúde física".[37] William Ames declarou: "Nossos corpos devem ser ofertados a Deus, Romanos 12:1, e Deus deve ser glorificado em nossos corpos".[38] Quanto ao mundo físico, os puritanos disseram coisas como estas: "A graça esconde-se na natureza... como a água doce nas pétalas das rosas";[39] "Deus nos concedeu vários sentidos para que pudéssemos gozar dos prazeres de todos eles";[40] "Este mundo, como as coisas dele provenientes, é bom, e todo feito por Deus para benefício de suas criaturas".[41]

Os puritanos eram intolerantes com as pessoas que discordavam deles. Correto pelos padrões modernos, mas não pelos padrões do seu tempo. Nenhum

---

33 Citado em Pearson, p. 242.

34 Bispo Scambler a Burghley [Babbage, p. 11]. Outro oficial anglicano reclamou, numa carta, dos "novos oradores... surgindo em nosso meio, jovens homens tolos, que... buscam a completa derrota e erradicação de toda nossa política eclesiástica" (*Zurich Letters* [Derek Wilson, p. 135]).

35 Collinson, pp. 373-74.

36 Gooch, p. 44. Gooch chama de "típico" o incidente. Um reformador continental escreveu em 1554: "A juventude inglesa chegou a nós em grande número nestes últimos dias, em parte de Oxford e em parte de Cambridge, a quem muitos santos comerciantes educam no conhecimento" (J. Strype, *Ecclesiastical Memorials* [Derek Wilson, p. 121]).

37 *Autobiography* [Wagner, p. 46].

38 *The Marrow of Theology,* p. 236.

39 Samuel Clarke, *The Saint's Nosegay* [McGee, p. 47].

40 Baxter, *7iie Saints' Everlasting Rest,* p. 142.

41 Richard Sibbes, *The Saint's Cordials* [Stannard, p. 26].

grupo dos séc. XVI e XVII estava preparado para conceder total tolerância religiosa e política. Havia uma igreja e um governo oficiais, e os dissidentes eram punidos por sua divergência. Comparado a outros grupos na Inglaterra, a tolerância puritana recebe altas notas. W.K. Jordan, cujos livros sobre o desenvolvimento da tolerância religiosa na Inglaterra são as fontes básicas no assunto, credita o puritanismo por contribuir para a "liberdade de dissensão", "liberdade religiosa" e "o direito da liberdade de consciência".[42] Cromwell estava preparado para permitir a anglicanos e católicos realizarem seus cultos em domicílios particulares (algo que havia sido extensamente negado aos puritanos), bem como permitiu que os judeus retornassem à Inglaterra e tivessem sua própria sinagoga e cemitério em Londres.[43] Apesar de todo seu anticatolicismo, os puritanos não negavam em geral que muitos católicos tivessem sido cristãos verdadeiros.[44] E parte do tempo, pelo menos, os puritanos estiveram acima do espírito partidarista, como na frase de Samuel Fairclough: "Se um homem vive em santidade, e anda humildemente com Deus, sempre hei de amá-lo, não obstante sua conformidade (à Igreja da Inglaterra); e se é orgulhoso, contencioso e profano, nunca pensarei bem dele pela sua dissidência".[45]

Os puritanos eram extremamente rígidos. Frequentemente verdadeiro. O diário acadêmico de Samuel Ward consiste em um catálogo de suas falhas, e suas autoacusações incluem ofensas como: ir "para a cama sem orar", cair no sono sem que seu último pensamento fosse sobre Deus, "indisposição para orar", não se preparar adequadamente para o domingo na noite de sábado, comer sem moderação, "também meu riso sem moderação no corredor, às nove

---

42 O livro de Jordan intitula-se *The Development of Religioous Toleration in England* (O Desenvolvimento da Tolerância Religiosa na Inglaterra). O primeiro volume tem por subtítulo *From the Beginning of the English Reformation to the Death of Queen Elizabeth* (Do Início da Reforma Inglesa até a Morte da Rainha Elizabeth), e o segundo, *From the Accesion of James I to the Conversion of the Long Parliament (1603-1640)* (Da Ascensão de Tiago I à Conversão do Parlamento). As frases citadas no meu texto vêm do primeiro volume, pp. 32, 260-61.

43 Ashley, pp. 144-45.

44 William Perkins escreveu: "Bem no meio do papado romano, Deus sempre teve um remanescente que em certa medida verdadeiramente O serviu" (*Works* [George, p. 380]). Thomas Adams disse: "Acredito que muitos de nossos antepassados foram para o céu, embora na ignorância" (*Works* [George, p. 370]).

45 Citado em *Eminent Persons*, ed. Clarke [Porter, *Reformation and Reaction*, p. 2291.

horas", impaciência, e falar aos domingos sobre "assuntos impróprios a serem conversados no dia de descanso".[46]

Quando o pregador puritano inglês Richard Rogers estava lecionando em Wethersfield, Essex, alguém lhe disse: "Sr. Rogers, gosto muito do senhor e da sua companhia, mas o senhor é tão preciso". Ao que replicou Rogers: "Ó, senhor, eu sirvo a um Deus preciso".[47] Um dos nomes pelo qual os puritanos foram primeiramente chamados foi "precisionistas". E claro, todo mundo é rígido em relação às coisas que mais valoriza. Os atletas são rígidos em relação ao treinamento, os músicos em relação à prática musical, pessoas de negócios em relação ao dinheiro. Os puritanos eram rígidos a respeito de suas atividades morais e espirituais.

Os puritanos reprimiam em nome da religião sentimentos humanos normais. Não era assim. Os puritanos eram calorosamente humanos em seus sentimentos. Falavam repetidamente sobre cultivar boas "afeições", isto é, emoções. O puritano americano Samuel Willard escreveu:

> *O estoicismo... mutila a natureza e elimina as afeições de sua atividade natural, como se elas tivessem sido dadas aos... homens para nada senão para serem suprimidas... enquanto a Palavra de Deus e as leis da religião ensinam-nos não a destruir, mas a melhorar cada faculdade que há em nós, e em particular nossas afeições, para a glória de Deus que no-las deu.*[48]

John Bunyan escreveu sobre sua prisão: "A separação de minha esposa e de meus pobres filhos sempre foi para mim neste lugar como remover a minha carne dos meus ossos".[49]

---

46 *The Diary of Samuel Ward,* em *Two Elizabethan Puritan Diaries,* ed. Knappen.

47 Citado em Seaver, p. 37.

48 *The Mourner's Cordial Against Excessive Sorrow* [Lowrie, p. 225].

49 Citado por Schlatter, p. 16.

Os puritanos eram moralistas legalistas que julgavam as pessoas apenas pela sua conduta externa. Consideravelmente falso em relação aos puritanos originais. A palavra "moral" era um termo negativo para os Puritanos porque sugeria obras sem fé.[50] "O que se vê", escreveu William Adams, "não é nada em comparação àquilo que não se vê".[51] "A civilidade não é pureza", disse Thomas Watson; "um homem pode estar coberto de virtudes morais – justiça, prudência, temperança – e ainda ir para o inferno. Se devemos ser puros de coração, então não devemos confiar em pureza exterior".[52] Samuel Willard escreveu: "Nem de fato conheço qualquer outra coisa que mais ameace solapar o verdadeiro cristianismo... do que o inserir as virtudes morais em vestes legais".[53] Em resumo, a desconfiança das aparências externas era uma das características puritanas mais salientes.

Os puritanos entregavam-se a muita autoaversão. Parcialmente verdadeiro. Cotton Mather escreveu este tipo de coisa em seu diário:

> *Um cristão deve sempre pensar humildemente de si mesmo e ser cheio de reflexões de humilhação própria e autoaversão. Abominando-se continuamente, e sendo muito sensível às suas próprias circunstâncias repugnantes, um cristão faz o que é muito agradável ao céu.*[54]

Porém, não deveríamos tomar tais comentários fora de contexto. As descrições exageradas da falta de valor humano ocorrem nas passagens onde o escritor explora a pecaminosidade humana diante da santidade de Deus. Um estudo dos puritanos não deixa a impressão de que sofriam de baixa autoesti-

---

50 Hayward, p. 347.

51 *Sermons on Fast Days*, 1678-1684 [Miller, *Nature's Nation*, p. 29]. William Stoughton criticou os "cristãos vazios, de aparência externa, fabricados", cuja fé "perdeu o fôlego e quebrou o pescoço" (*New England's True Interest* [Miller, *Nature's Nation*, p. 26]).

52 *The Beatitudes* (Edimburgo, Banner of Trush Trust, 1977), p. 172. Watson acrescentou: "A civilidade não faz senão lavar um homem, a graça o transforma... A civilidade não é senão cobrir de flores um defunto. Um homem pode ser maravilhosamente moralizado e ser no entanto um diabo domesticado" (p. 175).

53 *Morality Not to Be Relied on for Life* [Lowric, p. 230]. Increase Mather denunciou aqueles "que a publicam, como se a graça salvadora e a moralidade fossem o mesmo" (*Some Important Truths Concerning Conversion* [Miller, *Nature's Nation*, p. 26]).

54 *Diary of Cotton Mather* [Greven, *Protestant Temperament*, p. 67].

ma. Tanto não é assim que parecem demasiadamente confiantes. E, também, podemos contrabalancear passagens de autoaversão com frases como estas:

> *Deus nunca se declarou contra a pessoa, ou chamou um homem para negar*
> *a si mesmo naquilo que impede sua própria salvação e felicidade... Existe*
> *um amor devido à própria pessoa, sem o qual ela não pode cumprir os de-*
> *veres da lei... Devo caridade aos outros, mas ela deve iniciar no lar.*[55]

Os Puritanos eram pessoas incultas que se opunham à educação. Absolutamente falso. Nenhum movimento cristão na história foi mais zeloso pela educação do que os puritanos. O adjetivo "culto" era um dos seus títulos positivos mais frequentemente usado para uma pessoa. Um estudioso moderno descreve o puritanismo como "um movimento dos 'santos cultos', dos intelectuais religiosos daquela época, um movimento que encontrou seu mais firme apoio nos círculos acadêmicos"[56]. Os fundadores da Colônia da Baía de Massachusetts estabeleceram sua primeira universidade (Harvard) somente seis anos após seu desembarque.

A colônia em si, "com mais de 100 graduados de Oxford e Cambridge, foi certamente a comunidade mais erudita que o mundo conheceu, antes ou desde então."[57]

PRECISAMENTE QUEM ERAM OS PURITANOS?

O puritanismo foi parte do movimento da Reforma Protestante na Inglaterra. Nenhuma data ou evento específicos marcaram seu início. Assumiu primeiro a forma de um movimento organizado nos anos de 1560 sob o reinado da Rainha Elizabeth, mas quando identificamos as características daquele movimento vemos que suas raízes remontam à primeira metade do primeiro século. Seus predeces-

---

55 Samuel Willard, *Complete Body of Divinity* [Greven, *Protestant Temperament*, p. 203]. Willard distinguia entre "amor-próprio pecaminoso" e "amor-próprio normal".

56 Davies, *Worship and Theology... 1534-1603*, p. 285.

57 Baltzell, p. 247. Max Weber concorda com esta avaliação: "Os grandes homens do movimento puritano eram inteiramente embebidos da cultura do Renascimento. Talvez nenhum outro lugar esteve tão cheio de graduados das universidades quanto a Nova Inglaterra na primeira geração da sua existência" (*The Protestant Ethic and the Rise of Capitalism*, p, 168).

sores intelectuais e espirituais incluem figuras como o tradutor da Bíblia, William Tyndale, o popular pregador-evangelista Hugh Latimer e Thomas Becon. E certamente as raízes do puritanismo incluem os exilados protestantes que fugiram para o continente durante a perseguição sob a Rainha católica Maria (1553-1558).

O puritanismo começou como um movimento especificamente eclesiástico. A Rainha Elizabeth estabeleceu na Igreja da Inglaterra, cedo em seu reinado, "O Tratado Elizabetano" (também conhecido como "O Acordo Elizabetano"). Esse acordo reuniu a *doutrina* da Reforma, ou doutrina calvinista, a continuação da liturgia e (aos olhos dos puritanos) da *forma de culto* católica e um *governo eclesiástico* episcopal.

Os puritanos estavam impacientes com esta interrupção na reforma. Na sua perspectiva, a Igreja da Inglaterra permanecia "reformada apenas pela metade". Eles desejavam "purificar" a igreja dos vestígios restantes de cerimônia, ritual e hierarquia católicos. Essa luta, de início com a igreja do Estado, rapidamente se ampliou para incluir outras áreas da vida pessoal e nacional. O puritanismo foi então, em parte, um fenômeno distintamente inglês, consistindo no descontentamento para com a Igreja da Inglaterra. Mas desde o princípio foi também parte do protestantismo europeu. Horton Davies diz que o "puritanismo começou com uma reforma litúrgica, mas desenvolveu-se numa atitude distinta em relação à vida".[58]

À medida que o movimento evoluía, cada vez mais os puritanos tornavam-se incapazes de "conformar-se" suficientemente à igreja do Estado para permanecerem como bons membros dela. Pastores puritanos com frequência viram-se removidos de suas posições. Para os propósitos deste livro, em geral tenho tentado manter os puritanos diferenciados dos "separatistas" e "dissidentes", mas, com o passar do séc. XVII, os puritanos tornaram-se de fato cada vez mais, e contra sua vontade, separatistas dissidentes.[59]

Como o puritanismo não teve data de nascimento específica, também não teve data exata de término. Para o objetivo deste livro, fixei seu limite no final do séc. XVII.

---

58 *Worship of the English Puritans*, p. 9.

59 Davies, *Worship and Theology... 1534-1603,* escreve que "a flexibilidade e unidade do puritanismo são mais bem preservados se descrevo suas subdivisões como puritanos conformistas ou dissidentes, ou melhor, como puritanos pacientes e impacientes", p. 44.

O túmulo de John Bunyan nos Campos Bunhill, Londres. Vários Puritanos famosos, incluindo John Owen, jazem neste cemitério dessidente. O Puritanismo foi, de importantes formas, um movimento dos de fora na Inglaterra, onde se destinava a influenciar em vez de dominar a sociedade inglesa.

ALGUMAS DATAS MARCANTES DO MOVIMENTO PURITANO

Este livro não é uma história do puritanismo, mas um histórico dos eventos-chave do movimento fornecerá um esboço útil.

1526	O Novo Testamento de William Tyndale alcança a Inglaterra.
1536	Henrique VIII e o Parlamento Inglês separam a Igreja da Inglaterra de Roma.
1547	Eduardo VI torna-se rei. A Reforma Protestante na Inglaterra avança sensivelmente.
1553	Maria, católica romana, torna-se rainha. Trezentos protestantes ingleses são martirizados e oitocentos fogem para o continente, onde absorvem os princípios doutrinários dos reformadores continentais.

1558	A Rainha Elizabeth I ascende ao trono e estabelece o Acordo Elizabetano, que é insuficientemente reformado para satisfazer àqueles que logo seriam conhecidos como puritanos.
1559	O Ato de Uniformidade autoriza o Livro de Oração Comum anglicano para culto público e estipula penas para aqueles que se recusam a usá-lo ou que falam contra ele.
1567-1568	Uma antiga controvérsia sobre vestimentas atinge seu auge na Igreja da Inglaterra. A questão imediata é se os pregadores tinham de usar nos cultos os trajes clericais prescritos, embora fosse apenas um símbolo da questão maior a respeito da cerimônia, do ritual e da liturgia na igreja. Sua controvérsia marca uma crescente impaciência entre os Puritanos com relação à situação de uma igreja "reformada pela metade".
1569-1570	Thomas Cartwright, professor da Universidade de Cambridge, incomoda o *status quo* anglicano (perdendo sua posição) com suas conferências nos primeiros capítulos de Atos, nas quais argumenta a favor de um cristianismo simplificado e de uma forma presbiteriana de governo eclesiástico.
1583	John Whitgift torna-se Arcebispo de Canterbury e reforça a conformidade às cerimônias da Igreja Anglicana, o que conduz à opressão dos dissidentes puritanos.
1603	Tiago I torna-se rei. Os puritanos inicialmente têm esperança de que sua situação melhore. Em 1604, encontram-se com o novo rei na Conferência do Tribunal de Hampton para apresentar seus pedidos. O rei ameaça "expulsá-los da terra, ou algo pior".
1618	O Livro dos Esportes é publicado pela primeira vez (renovado em 1633), encorajando o esporte aos domingos à tarde em contradição direta ao sabatismo puritano. Isto é citado pelo historiador britânico da igreja, do séc. XVII, Thomas Fuller, como uma das principais causas da guerra civil inglesa.

1620	Os separatistas puritanos descobriram a colônia dos Peregrinos em Plymouth, Massachusetts.
1625	Carlos I, não solidário aos Puritanos, torna-se rei.
1628	William Laud torna-se Bispo de Londres (e Arcebispo de Canterbury em 1633) e empreende medidas severas para eliminar a dissidência da Igreja Anglicana. A opressão laudiana é um fator fundamental para a migração puritana à América.
1630	John Winthrop guia o primeiro grande grupo de puritanos até a Baía de Massachusetts.
1636	A Universidade de Harvard é fundada.
1640	Convocado para sessão por Carlos I, o Parlamento restringe o poder do rei. A migração para a Nova Inglaterra estaciona consideravelmente.
1643-1646	A Assembleia de Westminster, um sínodo chamado pelo Parlamento para agir como conselho de consulta em assuntos de constituição política e doutrinária da igreja, prepara o *Diretório de Culto*, a *Confissão de Westminster*, um *Catecismo Maior* e um *Catecismo Breve*.
1645-1646	O exército parlamentar de Oliver Cromwell derrota o exército do rei e acaba com a guerra civil.
1646	A forma episcopal de governo eclesiástico é abolida na Igreja da Inglaterra.
1647	Os debates do exército em Putney, Inglaterra, quanto à questão de quão universalmente se estenderá o voto.
1649	Carlos I é executado, após o que Oliver Cromwell assume o papel principal no governo inglês até sua morte em 1658. Como Lorde Patrono da Inglaterra, Cromwell tenta implementar ideais puritanos na igreja e no Estado.
1660	Quando Carlos II ascende ao trono, a monarquia é restaurada e a constituição política episcopal é restabelecida na Igreja da Inglaterra.

1662   Por intermédio de um novo Ato de Uniformidade, o uso exclusivo do recém-revisado Livro de Oração Comum anglicano é reforçado, enquanto mais de dois mil pastores puritanos se demitem ou são destituídos. Quem não é anglicano é impedido de colar grau nas universidades de Oxford e Cambridge, ocasionando a fundação de muitas academias dissidentes.

1688   Com William e Maria declarados rei e rainha da Inglaterra, a "Revolução Gloriosa" restaura aos puritanos a liberdade de pregarem e estabelecerem igrejas independentes.

ALGUMAS PRINCIPAIS CARACTERÍSTICAS DO PURITANISMO

Anteriormente tentei purificar o ar de algumas concepções errôneas a respeito dos puritanos. Agora é tempo de observar algumas das características positivas do movimento. Se tivéssemos sido contemporâneos deles, que características nos teriam marcado?

O movimento puritano deve ser entendido primeiramente como *um movimento religioso*. A interpretação secular do puritanismo é o produto de uma época irreligiosa e negligencia o fato de que, mesmo nas suas manifestações política, social e econômica, o puritanismo expressava uma perspectiva religiosa. Um historiador moderno escreve: "Quando terminamos de modernizar e secularizar o puritanismo, este permanece um fenômeno obstinadamente religioso".[60] Tanto nas suas manifestações privadas como nas públicas, o movimento puritano foi povoado de pessoas obcecadas por Deus. A persistente pergunta de John Bunyan: "Como podemos ser salvos?", era em última análise a questão mais importante para todo puritano. Um general do exército escreveu para Cromwell: "Meu senhor, permita que o esperar em Jeová seja o

---

60 Dickens, p. 319. O influente livro de Knappen, *Tudor Puritanism*, chega à mesma conclusão: "O puritanismo foi principalmente um movimento religioso. Este fato não pode se repetir com muita frequência em qualquer discussão sobre seu ensino social ou econômico", p. 401.

melhor e mais importante negócio que tenha durante o dia; tenha em conta isto mais do que comer, dormir e trocar ideias juntos".[61]

O puritanismo também caracterizava-se por uma forte consciência moral. Para os puritanos, a questão do certo ou errado era mais importante do que qualquer outra. Eles viam a vida como um contínuo conflito entre o bem e o mal. O mundo foi reivindicado por Deus e requerido por Satanás. Não havia campo neutro.[62] Richard Sibbes expressou assim esta mentalidade:

> *Há dois grandes lados no mundo, ao qual todos pertencem: há o lado de Deus e aqueles que são seus, e há um outro lado que é de Satanás, e aqueles que são seus; dois reinados, dois lados, duas disposições contrárias, que perseguem uma à outra.*[63]

Os crentes poderiam, com a ajuda de Deus, alcançar a vitória por meios como *vigilância, vida correta e mortificação.*

O puritanismo foi um movimento de reforma. Sua identidade foi determinada por suas tentativas de mudar algo que já existia. No coração do puritanismo estava a convicção de que as coisas precisavam mudar e que as "atividades normais" não eram uma opção. É difícil exagerar na avaliação do impacto que tal perspectiva produz na vida de uma pessoa. Também explica, incidentalmente, por que os puritanos adotaram no seu tempo uma posição tão ofensiva e por que, quando se lê a polêmica literatura da época, os oponentes dos puritanos parecem estar sempre na defensiva.

De todos os termos-chave usados pelos puritanos, os principais eram reforma, reformação ou o adjetivo reformado. Estes termos não foram cunhados

---

61 Major-general Harrison, carta a Oliver Cromwell [Micklem, p. 186]. Samuel Willard deu uma interpretação religiosa da fundação da Colônia da Baía de Massachusetts, que as cartas dos primeiros colonos para a Inglaterra sustentam: "Seus pais vieram a esta selva não apenas para que eles mesmos pudessem desfrutá-la, mas para que se estabelecessem por seus filhos e os deixassem em plena posse das livres, puras e incorruptíveis liberdades do pacto da graça" (Citado em Lowrie, p. 167).

62 Knappen, *Tudor Puritanism*, comenta que, para os puritanos, "todos os atos eram morais. Em nenhum momento se estava isento de consideração ética", p. 342.

63 *Works* [George, p. 109].

por historiadores posteriores, mas eram as palavras dos lábios de todos durante a própria era puritana. Foi uma época em que se incitou os governantes a "reformarem seus países", o clero a efetuar "a reforma da religião", e os pais "a reformarem [suas] famílias".[64] No nível mais pessoal, o impulso puritano era o de "reformar a vida da pecaminosidade e da conduta ímpia".[65]

O movimento puritano foi um movimento visionário motivado por nada menos do que uma visão de uma sociedade reformada. Alguém habilmente resumiu o programa puritano da seguinte maneira: "A convocação para uma reforma foi um chamado à ação, primeiro para transformar o indivíduo num instrumento capaz de servir à vontade divina, e depois para empregar esse instrumento para transformar toda a sociedade".[66]

O puritanismo também foi *um movimento de protesto,* como era o movimento protestante em geral. Repetidas vezes nas páginas que se seguem as perspectivas puritanas se encaixarão mais claramente se nos conscientizarmos de que os puritanos protestavam contra posturas do catolicismo romano e, menos frequentemente, do anglicanismo. Em assuntos tais como trabalho, sexo, dinheiro e culto, um bom ponto de partida para começar a entender os puritanos é verificar aquilo a que eram contrários. Como diz Christopher Hill: "Havia um elemento de protesto social em quase cada atitude puritana".[67]

Algo que faz o puritanismo parecer moderno é a extensão de até onde ele era um *movimento internacional.* Primeiro, muitos líderes originais do movimento gastaram meses e até anos no continente, especialmente durante os tempos de perseguição. Eles absorveram os princípios e a prática de culto das "melhores igrejas reformadas", frase que usavam para denotar o protestantismo europeu. Além do mais, depois que a migração para a América tornou-se uma característica do puritanismo, houve uma contínua interação entre os

---

64 Prefácio à Rainha Elizabeth na Bíblia de Genebra [Trinterud, p. 211]; Liga e Pacto Solenes de 1643 [Warfield, p. 24]; *Records of the First Church of Dorchester* [Edmund Morgan, *Puritan Family,* p. 140].

65 William Perkins. *The Art of Prophesying* [Breward, p. 343].

66 Seaver, p. 44.

67 *Society and Religion,* p. 234. Davies, *Worship and Theology... 1534-1603,* comenta que o puritanismo "foi um movimento de protesto novo e vigoroso contra o poder inerte da tradição" (p. 285).

líderes do movimento dos dois lados do Atlântico. "Por trás dos puritanos", escreve M.M. Knappen, "estava a força de um crescente protestantismo internacional".[68] A natureza internacional do puritanismo explica por que combinei neste livro puritanos ingleses e americanos e por que usei as notas para chamar a atenção aos paralelos entre o pensamento puritano e as perspectivas de Lutero e Calvino.

O puritanismo inglês (diferentemente do puritanismo americano) era *um movimento da minoria*. Embora os puritanos ingleses tivessem ganho imenso poder dentro da sua sociedade (especialmente no Parlamento), eles nunca foram maioria numérica. O puritanismo, portanto, revelou algumas das mesmas características que descrevem outras minorias: um forte senso de fidelidade interna a princípios comuns, um sentimento de vulnerabilidade, uma tendência para o pensamento bipolar, em que o mundo se divide em dois campos: nós e eles. A.G. Dickens considera corretamente o puritanismo "como uma força mais apropriada para permear do que para dominar o espírito inglês",[69] enquanto Paul Seaver acha que os puritanos "prosperaram por meio do fracasso".[70]

Na Nova Inglaterra, onde os puritanos dominavam mais inteiramente a sociedade e as instituições, o puritanismo era, na minha opinião, fenômeno menos atraente – mais suscetível à intolerância e à opressão, ao desvanecimento, ao legalismo e à decadência interior. Na Inglaterra, em comparação, o movimento existiu sem estruturas institucionais estáveis e foi poupado da tendência de os adeptos depositarem sua fidelidade nas instituições e não nos ideais.

---

68 *Tudor Puritanism*, p. 102. McGee escreve que "os puritanos eram extremamente conscientes de pertencerem a uma irmandade internacional de santos. Há muito pensavam nas igrejas de Genebra, o Rhineland, e outros centros de protestantismo avançado no continente como os modelos da reforma que buscavam para a Inglaterra" (p. 255). Rogers observa que, em contraste com os separatistas, "os puritanos buscavam o conselho dos líderes da teologia continental reformada, embora sempre sentissem que não o podiam considerar devido a peculiaridade da situação inglesa" (p. 67). W.K. Jordan contrasta o sabor internacional do puritanismo bem como do anglicanismo, reparando que contatos estrangeiros tornaram-se crescentemente a preocupação da ala puritana da igreja inglesa (vol. 2, pp. 130-31).

69 Dickens, p. 333.

70 Seaver, p. 290. Seaver observa a respeito do status minoritário do puritanismo na Inglaterra que, "que o puritanismo como movimento comandava a aliança de apenas uma minoria de ingleses, é indubitavelmente verdadeiro, mas também é grandemente à parte da questão, pois há pouca razão para crer que a maioria dava à Igreja Instituída... mais do que sua tépida aquiescência" (p. 293).

Os puritanos não eram apenas uma minoria, mas *uma minoria perseguida*. Na Inglaterra, foram sujeitos à hostilização e à perseguição em virtualmente cada estágio da sua história (excetuando-se, é claro, a metade do séc. XVII, quando se tornaram o partido reinante no governo e na igreja). Os líderes puritanos tiveram a entrada e a saída da prisão como uma espécie de *modus vivendi*. Leigos foram arrastados até o tribunal por realizarem encontros religiosos em suas casas. Os jovens puritanos que não assinavam o Ato de Uniformidade não se graduavam nas universidades de Oxford e Cambridge. Os ministros que se recusavam a vestir trajes anglicanos ou a apoiar a cerimônia anglicana, lendo os cultos do Livro de Oração Comum, eram removidos de suas posições. A consciência da alienação concedeu aos puritanos seu melhor arquétipo, o peregrino atravessando um mundo alienado para chegar ao seu verdadeiro país.[71]

Apesar do papel significativo desempenhado pelos pregadores e professores puritanos, o sucesso do movimento dependeu definitivamente de ser *um movimento leigo*. Como disse um estudioso: "O movimento Puritano foi notável pela sua vigorosa participação leiga".[72] É verdade que o clero e os professores forneceram a teoria intelectual para o movimento. Foram eles que equiparam a maioria dos leigos com a força para desafiar as estruturas existentes. Houve, é claro, abundância de paradoxo na situação: no próprio ato de solapar a hierarquia e o privilégio clerical tradicionais, os pregadores puritanos atraíram enorme séquito de partidários leigos e acabavam eles mesmos gozando de uma posição de poder. Seu poder, no entanto, ampliou-se apenas até onde alcançou sua habilidade de influenciar o pensamento da pessoa leiga comum.

---

71 Informações sobre a perseguição aos puritanos podem ser obtidas de uma série de fontes, incluindo as seguintes: W.H. Frere, *The English Church in the Reigns of Elizabeth and James I* (1904); C.E. Whiting, *Studies in English Puritanism from the Restoration to the Revolution, 1660-1688* (1931); W.K. Jordan, *The Development of Religious Toleration in England* (volumes acompanhantes em 1932 e 1936); Geral R. Cragg, *Puritanism in the Period of the Great Persecution, 1660-1688* (1957); Horton Davies, *Worship and Theology in England: From Andrewes to Baxter and Fox, 1603-1690* (1975); pp. 437-54; Patrick McGrath, *Papists and Puritans under Elizabeth I* (1967); R.C. Richardson, *Puritanism in North-West England* (1972); Samuel R. Gardiner, *The First Two Stuarts and the Puritan Revolution, 1603-1660* (1876; reimpressão 1970).

72 Trinterud, p. 166. Trinterud escreve ainda: "A Reforma surge... como um movimento anticlerical. Foi a revolta em alta escala de um recém-consciente laicato contra as prerrogativas clericais que deu a alguns lideres religiosos de mente reformista uma oportunidade... de trabalhar em direção à mudança que estimavam desejável".

O puritanismo foi *um movimento no qual a Bíblia era central em relação a tudo*. Num certo sentido, a primeira questão do movimento puritano (como da Reforma em geral) foi a questão da autoridade. Os puritanos resolveram a questão da autoridade ao colocar a Bíblia como autoridade final de crença e prática. John Owen, sempre considerado como o maior dos teólogos puritanos, disse que "os protestantes supõem que a Bíblia tenha sido dada por Deus para ser... uma perfeita e completa regra de... fé".[73] "Quem, então, eram estes Puritanos originais?", pergunta Derek Wilson; "basicamente, foi a atitude deles em relação à autoridade da Bíblia que os destacou de outros protestantes ingleses".[74]

O movimento puritano foi *um movimento erudito*. Seu objetivo era a reforma da vida religiosa, nacional e pessoal, e seus adeptos rapidamente sentiram que um dos meios mais eficazes de influenciar a sociedade era por intermédio das escolas. Tanto na Inglaterra como na América, o movimento puritano esteve intimamente ligado às universidades.[75] John Knowles escreveu ao Governador Leverett, de Massachusetts, que "se morrer a universidade, as igrejas... não viverão muito tempo depois disso".[76] Uma autoridade moderna fala da "preeminência e continuidade da liderança universitária do movimento puritano".[77] Não surpreende, portanto, que o puritanismo tenha sido *um movimento altamente literário*, possuindo uma "voracidade vital pela articulação".[78]

O puritanismo foi, finalmente, *um movimento político e econômico*. Isto está mais claro para nós do que estava para eles, já que podemos ver seus efeitos de longo prazo. Num tempo em que a igreja estava debaixo do controle do Estado, era inevitável que a tentativa dos puritanos de mudar

---

73 *Works,* 14:247.

74 Derek Wilson, p. 132.

75 Stone, *Crisis,* comenta: "Foi esta infiltração nas universidades que transformou o puritanismo da excentricidade seccional de algumas das grandes famílias no campo e grupos de artesãos e pequenos comerciantes num movimento de escopo nacional, afetando todas as classes da sociedade" (pp. 740-41).

76 *Collections of the Massachusetts Historical Society* [Schlatter, p. 54].

77 Curtis, p. 197. E. Harris Harbison escreveu que "a Reforma Protestante começou com uma visão escolástica do significado da Escritura. Foi em grande parte um movimento erudito de professores e estudantes" (*The Christian Scholar in the Age of the Reformation* [Nova York, Scribner, 1956], p. vi).

78 Haller, *Rise of Puritanism, p. 258.*

a igreja logo os envolvesse com o governo. Neste sentido, podemos concordar com a designação dos puritanos como incuravelmente políticos.
Quanto à economia, ao enfatizar os valores do trabalho, da poupança e
do ganho honesto, os puritanos criaram um clima que se afinou bem com
o crescimento do capitalismo, a despeito de terem eles ou não realmente causado esta ascensão. Os puritanos tinham muito a dizer sobre temas
como trabalho e dinheiro.

ALGUMAS PRINCIPAIS DOUTRINAS PURITANAS

Como outros movimentos cristãos, o puritanismo teve algumas ên-
fases doutrinárias dentro do quadro mais amplo do cristianismo como
um todo. Doutrinariamente, os puritanos eram calvinistas, como o eram a
maioria dos separatistas e dos anglicanos até a época do Arcebispo Laud.
Isto significa que tais doutrinas, como a soberania de Deus, a salvação pela
fé em Cristo, a eleição por Deus das pessoas para a salvação, a irresistibi-
lidade da graça de Deus e a depravação humana, eram axiomas para os
puritanos.

A *doutrina da graça* permeava o pensamento puritano em muitas áreas,
desde a salvação até a prosperidade material. No coração do puritanismo
estava a crença de que a graça de Deus é a fonte de todo benefício humano e
que não se pode adquiri-la por mérito humano. Nos comentários de Samuel
Willard sobre o dom da salvação, soa a nota tônica:

> *Não há outras condições exigidas..., mas aceitação deste dom e reco-*
> *nhecimento da bondade do dispensador. A fé é a mão que o recebe... E o*
> *que é a nossa obediência senão nossa gratidão a Deus por tão inefável*
> *dom?*[79]

---

79 Citado em Lowrie, pp. 171-72.

Para os puritanos, a *regeneração pessoal,* ou a conversão, era, nas palavras de Cromwell, "a raiz da questão".[80] A conversão estava tão intimamente ligada à santificação ou ao *viver santo* que os puritanos incluiam os dois na palavra *salvação.* Richard Sibbes combinou redenção e santificação quando comentou que "a apreensão do amor de Cristo ao perdoar os pecados constrange a uma santa veemência na realização de todos os deveres".[81] Thomas Becon disse que a finalidade dos seus escritos era "ensinar as pessoas a conhecerem a si mesmas e à sua salvação no sangue de Cristo pela fé, e a andarem de modo digno da bondade de Deus".[82]

O conceito de *pacto* providenciou uma base para virtualmente todos os relacionamentos importantes para os puritanos. O pacto denotava um relacionamento mútuo de confiança e obrigação. Ele explicava o tratamento de Deus para com a pessoa individualmente e era a base filosófica para instituições puritanas como a família, a igreja e o Estado. O fundamento de tudo era o pacto extensivo a todo crente da salvação de Deus, que em retorno requeria a obediência e a fidelidade humanas. Por sua vez, as pessoas faziam pactos entre si na formação de uma igreja, de uma família, ou de um Estado, com Deus como a terceira parte ou fiador do contrato. Esta ênfase no pacto fez do puritanismo uma religião de forte convivência.[83]

Quanto à questão da autoridade, os puritanos defendiam a *Escritura como a autoridade final para a crença e para a prática religiosas.* É claro, a Bíblia requer interpretação, e, uma vez que os puritanos começaram a interpretá-la, o fizeram nos termos de uma ou outra tradição protestante. Neste sentido, não havia uma última saída para evitar a tradição humana. "A Escritura somente" é em si uma tradição protestante. Ainda assim, há uma enorme divisão entre a convicção puritana de que qualquer crença ou prática deveria

---

80 Citado em Seaver, p. 8.

81 *Collected Works* [Seaver, p. 8].

82 Bailey, *Thomas Becon*, p. 120.

83 James Johnson escreve que "a doutrina do pacto social exposta por teólogos federais nas duas Inglaterras fornece um meio de transferir o que havia sido unicamente uma ética individual para uma que incluía a relevância social" (p. 20).

basear-se na autorização bíblica e as teorias rivais de que as tradições além da Bíblia são um alicerce suficiente para se crer ou praticar algo.

Os puritanos tinham *uma doutrina da criação* completamente desenvolvida. Acreditavam que Deus havia criado o mundo físico e humano que, portanto, era bom em princípio. Eles eram, neste sentido específico, os verdadeiros "sacramentalistas" do seu tempo, muito mais do que aqueles que multiplicavam a cerimônia visual dentro das paredes do prédio da igreja. Um puritano disse que um cristão pode considerar "sua loja um lugar tão santo quanto sua capela".[84] "O mundo é o livro de Deus", disse Richard Baxter, "e cada criatura é uma letra, ou sílaba, ou palavra, ou frase... declarando o nome e a vontade de Deus".[85] Thomas Taylor escreveu: "A voz de Deus, em todas as criaturas e por meio de todas elas, nos fala sempre e em todo lugar".[86] Uma consequência da doutrina puritana da criação foi o repúdio da velha dicotomia sagrado-profano que por tanto tempo havia dominado o pensamento.

Relacionada à doutrina da criação estava a forte ênfase puritana na *providência de Deus*. Os puritanos eram por excelência o povo que via Deus nos eventos de todo dia. Escreveram diários nos quais delineavam a graça de Deus em suas vidas quotidianas. Eles confiantemente esperavam encontrar Deus em "a leiteria, o estábulo, o celeiro, e lugares parecidos, onde Deus [visita] a alma".[87] Os puritanos também interpretaram os eventos históricos contemporâneos dentro do quadro referencial da providência de Deus e dos análogos bíblicos.

A doutrina puritana de chamado, ou vocação, era uma aplicação específica da providência de Deus à vida pessoal de cada cristão. Os puritanos costumeiramente dividiam o chamado de Deus ao indivíduo entre *um chamado geral* e *um chamado particular*. O chamado geral era a ser um cristão

---

84 George Swinnock, *The Christian Man's Calling* [Schlatter, p. 189].

85 *A Christian Directory* [Lewalski, p. 165].

86 *A Man in Christ...* [Daly, p. 74].

87 John Bunyan, *Grace Abounding to the Chief of Sinners* [Watkins, p. 64].

redimido e santo em todas as áreas da vida. O chamado particular era Deus dirigindo uma pessoa a um trabalho ou carreira específicos na vida.

A *visão puritana da pessoa* é um tópico imenso no qual muito tem sido escrito. Resumidamente, os puritanos combinaram, por um lado, uma elaborada reformulação das doutrinas do pecado original e da total depravação humana e, por outro, uma visão elevada do valor do indivíduo transformado pela graça de Deus. O puritanismo postulou uma visão tríplice da pessoa: perfeita como criada por Deus e, portanto, boa em princípio; pecaminosa em virtude do pecado original de Adão imputado a ela e por suas próprias más escolhas; e capaz de redenção e glorificação pela renovadora graça de Deus.

O grande demarcador neste esquema é a presença ou ausência de regeneração no coração do indivíduo, responsável pelo otimismo ou pessimismo em relação às pessoas, segundo encontramos nos escritos puritanos. A consciência do pecado flui com força nos diários puritanos, mas da mesma forma a conscientização da graça divina. As atitudes puritanas com relação às instituições sociais combinam uma consciência pessimista da sua corruptibilidade com esperançosas visões de uma sociedade reformada que hoje nos parecem ingenuamente otimistas.

DO QUE OS PURITANOS GOSTAVAM E NÃO GOSTAVAM

Qualquer movimento pode ser identificado por seus gostos ou antipatias. Com relação aos puritanos, também, é possível discernir que qualidades e atividades provocavam suas aprovações mais fortes e quais despertavam seu desagrado. Sensibilidade ao vocabulário puritano e imagens-chave nos falam muito sobre o temperamento puritano.[88]

---

88 O estudo do vocabulário e da imaginação puritana é um campo altamente inexplorado que reserva grande promessa. Um estudo preliminar do vocabulário puritano é encontrado em M. van Beek, *An Enquiry into Puritan Vocabulary* (Groningen, Wolters-Noordhoff, 1969).

Alguns termos positivos principais no vocabulário puritano eram *reforma* (ou suas variantes *reformado* e *reformação*), *santo, bem organizado,* os adjetivos *culto, comum, lucrativo, simples, sério* e *penoso* (árduo, *meticuloso*). Os puritanos queriam que as atividades fossem legais, desde o trabalho até o lazer, e desde o culto até o governo. *Puro, purgar, sagrado, verdadeiro* e *são* (firme na verdade) estavam entre suas qualidades positivas.

Os puritanos estavam menos interessados na ideia de autorrealização do que na do *dever,* que consideravam tanto uma responsabilidade do pacto como uma condição de vida dentro de qualquer unidade social. Como escreveu Samuel Willard: "É certo que em todas as relações que os homens têm uns com os outros, incumbem-se de deveres recíprocos".[89] Os primeiros puritanos foram apelidados de *disciplinadores.* Não surpreende que falassem repetidamente da *boa consciência* como pré-requisito para a felicidade humana.

Os puritanos suspeitavam das ostentosas aparências externas e punham sua confiança naquilo que Baxter chamou de "o princípio interno de vida na pessoa".[90] Richard Greenham reclamava de sermões que eram "sem vida, esplendorosos e frágeis..., tão frios... que a simples pregação de Cristo sofre"[91] Para usar uma frase moderna, com os puritanos, "o que está à vista, está à mão". "A verdade ama a luz", escreveu Baxter, "e é mais bela quanto mais nua".[92] "A verdade nada teme senão o encobrimento", disse Richard Sibbes, "e nada deseja senão ser claramente exposta à vista de todos: quanto mais nua, mais adorável e poderosa".[93] Cromwell pediu para ser pintado exatamente como parecia, "com verrugas e tudo".

Os Puritanos atribuíam um valor elevado à verdade religiosa. O conteúdo intelectual de fé que tivesse uma pessoa não era assunto ao qual eram indiferentes. Thomas Hooker declarou que "toda verdade, seja a menor que

---

89 *The Complete Body of Divinity* [Greven, *Protestant Temperament*, p. 179].

90 *The Saints' Everlasting Rest,* p. 33.

91 *Works* [Norman Pettit, *The Heart Prepared. Grace and Conversion in Puritan Spiritual Life* (New Haven, Yale University Press, 1966), p. 48].

92 *The Reformed Pastor,* p. 115. John Goodwin semelhantemente escreveu que "não há visão mais adorável do que a da verdade nua" (*Certain Brief Observations and Antiquaries...* [Haller, *Liberty and Reformation*, p. 147]).

93 *Works* [Haller, *Rise of Puritanism*, p. 140].

Deus revele, não é melhor do que o mundo todo?"[94] John Owen incitou os cristãos a "olhar a verdade como uma pérola, como aquilo que é melhor do que todo o mundo, comprado a qualquer preço".[95]

Correspondentes a estes valores positivos havia algumas aversões puritanas comuns. *Tradição* era algo que tratavam com escárnio; comparavam-na à *superstição*, ao falar das cerimônias católico-romanas. *Tirania* era outra palavra que incitava fortes sentimentos negativos, especialmente nos contextos político e eclesiástico.

A ideia de *frio* ou *frieza,* e seus sinônimos *tedioso* e *tédio*, estavam entre as principais aversões espirituais dos puritanos. Richard Rogers rechaçava "a frieza e o culto incompleto... que existe no mundo", enquanto Cotton Mather advertia: "Guardai-vos de... uma cabeça forte e um coração frio".[96] Samuel Ward registrou em seu diário a autoacusação: "como nos dias 15 e 16 de fevereiro foste tão tedioso no culto a Deus".[97] Em contrapartida a estas rejeições à frieza, *zelo* e *zeloso* eram termos positivos frequentes no vocabulário puritano.

A complacência e a mediocridade espirituais eram as maiores de todas as aversões puritanas. Richard Baxter escreveu:

Assim como a mera ociosidade e o esquecimento de Deus guardarão com certeza uma alma do céu tanto quanto a vida profana, licenciosa e carnal, também a companhia habitual de tais pessoas ociosas, esquecidas e negligentes, da mesma forma certamente guardarão do céu nossos corações, como a companhia de homens mais dissolutos e profanos.[98]

Samuel Willard lamentava que na Nova Inglaterra "presteza e zelo por Deus eram quase obsoletos", enquanto a "confissão tépida estava muito em voga".[99]

94 *The Christian's Two Chief Lessons* [McGee, p. 247].

95 *Works* [Haller, *Rise of Puritanism*, p. 140].

96 Rogers, *Diary* [Knappen, *Two Elizabethan Puritan Diaries*, p. 64]; Mather, *John in the Wilderness* [John Eusden, introdução a *The Marrow of Theology*, de Ames, p. 3].

97 *Diary* [Knappen, *Two Elizabethan Puritan Diaries*, p. 119].

98 *The Saints' Everlasting Rest*, p. 125.

99 *Covenant-Keeping the Way to Blessedness* e *A Complete Body of Divinity* [Lowrie, p. 230].

Os puritanos repugnavam festejos e farras. Qualquer coisa que tivesse ao menos a aparência de descontrole despertava sua ira. Uma descrição típica de um mestre-escola puritano nos diz bastante sobre suas aversões: ele não será

um jogador ou frequentador de tabernas ou casas de cerveja, ou um beberrão ou... dado a flertes frívolos ou a comportamento impróprio com mulheres, ou pródigo em despesas desnecessárias, no seguir modas vãs e pomposas de vestuário, ou... usar cabelos longos, crespos ou na moda dos rebeldes, ou... ser um blasfemador ou praguejador..."[100]

Em 1677, Massachusetts autorizou oficiais conhecidos como homens do dízimo a prenderem "todos os que quebravam o domingo e que eram beberrões desordeiros, ou os que mantinham casas libertinas, ou outros que fizessem qualquer desordem nas suas casas durante o dia do Senhor ou depois do anoitecer".[101] Os puritanos ingleses mal podiam conter seu repúdio a pregadores anglicanos como Robert Palmer, que tinha um beco de boliche no seu pomar e podia ser achado lá "diária e semanalmente", e isso com "uma multidão de homens".[102]

Para um interessante vislumbre daquilo que os puritanos rejeitavam, podemos considerar os seguintes procedimentos da igreja e do tribunal civil:

1. Robert Sykes de Dorchester (Massachusetts) foi levado a julgamento "por não assistir ao culto público a Deus, negligenciar seu chamado e não se submeter a autoridade".[103]

2. William Scant de Braintree foi levado ante o Tribunal de Suffolk por "não preparar e treinar seus filhos como deve para sua boa educação".[104]

---

100 Regulamentos da Escola de Primeiro Grau Lewisham [Watson, pp. 131-321.]

101 *Massachuseus Laws of 1672* [Edmund Morgan, *Puritan Family*, p. 1491.]

102 Collinson, p. 371.

103 *Sufolk Court Records* [Edmund Morgan, *Puritan Family*, p. 1481.]

104 Ibid.

3. Quando a Primeira Igreja de Boston excomungou James Mattock, uma de suas ofensas foi "que negou comunhão conjugal (intercurso sexual) à sua esposa pelo espaço de dois anos".[105]

4. Temperance Sweete, desmentindo seu nome (doce temperança), foi admoestada "por ter recebido em casa e oferecido diversão a visitas desordeiras, dando-lhes vinho e licores, até a embriaguez".[106]

Os puritanos são conhecidos por nós em parte por suas atividades preferidas. Ler a Bíblia, ouvir sermões, e assistir a estudos bíblicos e a reuniões de oração eram prioridades na lista de atividades desejáveis. John Winthrop disse depois da sua conversão que "tinha uma sede insaciável pela Palavra de Deus e não podia perder um bom sermão, embora a milhas de distância, especialmente daqueles que sondavam profundamente a consciência".[107] Num casamento aristocrático puritano, Lady Russell dispensou a música e dança que eram comuns e as substituiu por "um sermão e jantar" para o prazer dos convidados.[108]

Uma extensão deste zelo puritano pelo culto era a *conferência* cristã, pela qual queriam dizer conversação com cristãos de pensamento semelhante em assuntos espirituais.[109] Richard Rogers registrou em seu diário a "doce conferência... com Newman e Sr. Culverwel".[110] John Winthrop, similarmente, registrou a "conferência com um ou dois amigos cristãos", acrescentando que "Deus tanto a abençoou para nós, enquanto fomos todos muito avivados e renovados por elas".[111]

---

105 *Colonial Society of Massachusetts Publications* [Edmund Morgan, *Puritan Family*, p. 1411.]

106 Ibid.

107 *Winthrop Papers* [McGee, p. 2441.] Um inglês puritano teve uma experiência semelhante ao chegar a Londres: "Quando saí do campo para a cidade, penso que vim para outro mundo, mesmo das trevas para a luz, pois aqui a Palavra de Deus é abundantemente pregada" (Edward Bush, *A Sermon Preached at Paul's Cross* [Hill, *Change*, p. 41]).

108 Seaver, p. 39. Seaver comenta "que um sermão infligido a uma festa de casamento fosse considerado uma fonte de prazer, demonstra o poder do puritanismo de modificar moldes tradicionais de comportamento".

109 Thomas Doolittle definiu a conferência cristã como uma conversação na qual "crentes edificam um ao outro na fé" (*Rebukes for Sin by God's Burning Anger* [McGee, p. 1961).

110 Knappen, *Two Elizabethan Puritan Diaries*, p. 63.

111 *Winthrop Papers* [MeGee, p. 1961.]

Os puritanos valorizavam o trabalho árduo, desconfiavam de muita recreação, e não faziam nenhum esforço para esconder seu escárnio pelos preguiçosos e ociosos:

> *É uma bênção para todo o que teme ao Senhor e que anda nos seus caminhos o comer do labor de suas mãos. E aquele que, sem ser pelo seu próprio trabalho com o corpo ou a mente, come apenas pelas mãos de outros homens, e vive do suor de outros, não é senão como piolhos e outros vermes.*[112]

Para resumir, boa parte do que os Puritanos gostavam ou não é captado na seguinte deliberação que John Winthrop registrou em seu diário:

> *Fiz um novo pacto com o Senhor, que foi assim: Da minha parte, que eu reformaria estes pecados pela sua graça: orgulho, cobiça, amor ao mundo, vaidade de pensamento, ingratidão, indolência, tanto no seu serviço como no meu chamado, e não me preparar com reverência e retidão para chegar à sua Palavra. Da parte do Senhor, que Ele me daria um novo coração, gozo no seu Espírito; que Ele habitaria em mim, que me fortaleceria contra o mundo, a carne e o diabo, que me perdoaria pelos meus pecados e aumentaria minha fé.*[113]

UM RETRATO DO "PURITANO TÍPICO"

O puritano típico era casado e tinha uma família. A família era "bem organizada" e hierárquica.[114] O marido/pai era o cabeça responsável pela família, especialmente em exercícios religiosos, embora a mulher/mãe tivesse suas es-

---

112 *John Robinson, Observations of Knowledge and Virtue* [Reinitz, p. 671.]

113 *Winthrop Papers* [Irvonwy Morgan, p. 1221.]

114 Benjamin Wadsworth escreveu um livro intitulado *The Well-Ordered Family* (A Bem Organizada Família), e Cotton Mather escreveu outro intitulado *A Family Well-Ordered* (Uma Família Bem Organizada).

feras de autoridade. A educação das crianças e o culto familiar (especialmente leitura bíblica e oração) recebiam alta prioridade nessa família.

Muito da vida religiosa da família girava em torno da igreja local. Sob os auspícios da igreja, por meio do culto coletivo, a doutrina era inculcada e as crianças eram catequizadas. A igreja não era tanto um prédio como um grupo de crentes unidos sob a penetrante influência do pastor. Uma reunião em casa no meio da semana teria sido uma parte comum da vida da igreja, quando as autoridades políticas autorizavam tais encontros.

A rotina semanal para o puritano típico era ocupadíssima. A vida era assunto sério e não havia tempo para ociosidade. O puritano médio acreditava que trabalho árduo era uma virtude e que Deus havia chamado todo indivíduo para realizar negócios seculares de maneira cristã e moral. Ele ou ela não sentiam culpa pelo trabalho diário nem pelo dinheiro que ele podia produzir. O ponto alto da semana era o domingo. Esportes neste dia eram absolutamente proibidos. A família assistia aos trabalhos na igreja duas vezes cada domingo e se reunia após o jantar e/ou à noite para repassar os pontos principais dos sermões.

Se tivéssemos trabalhado ao lado deste puritano típico ou sido seu vizinho, ele ou ela nos haveriam marcado por serem religiosos, mas não esquisitos. Ele ou ela não se haveriam distinguido pela aparência externa. Como observou Samuel Willard: "Os filhos de Deus... exteriormente... parecem com outros homens: eles comem, bebem, trabalham, conversam em termos terrenos, como outros fazem; a comunhão que eles têm com Deus em tudo isto é uma coisa secreta".[115] O puritano típico vestia-se como outros membros da mesma classe social. A conversação muitas vezes era voltada para tópicos da fé e experiência cristãs.

No todo, o puritano típico nos teria impressionado por trabalhar arduamente, ser econômico, sério, moderado, prático em sua perspectiva, doutrinário em assuntos religiosos e políticos, bem informado a respeito dos últimos acontecimentos políticos e eclesiásticos, argumentativo, bem-educado, e inteiramente familiarizado com o conteúdo da Bíblia. Para alcançar isto, os Puritanos tinham

---

115 *The Child's Portion* [Miller/Johnson, 2:3691.]

de ser autodisciplinados. Para qualquer um propenso à negligência nestes assuntos, estar perto de um puritano decerto o faria sentir-se desconfortável, e nisto repousa um explicação parcial sobre por que eles têm sido tão fortemente atacados por pessoas que não compartilham de sua visão e estilo de vida.

SUMÁRIO

Para pôr em foco este esboço introdutório, colecionei as mais úteis e breves definições que encontrei:

Arriscando-me a simplificar demais, poderia ser dito que o protestantismo da Reforma foi uma religião das letras, da oração no lar, da Bíblia na casa de família, tudo reforçado pelo sermão público.[116]

Para avaliar o verdadeiro caráter do movimento puritano dentro e fora da igreja devemos esvaziar nossas mentes do uso popular do termo... Devemos racionalmente declarar que floresceu quase como uma religião social em meio à gente da cidade, que exigia um mínimo de educação, sensibilidade e espírito independente, e que em tempo ajudou a produzir mentes apaixonadamente dedicadas a certas limitadas mas importantes noções de liberdade civil e pessoal.[117]

Nos seus primeiros estágios, o puritanismo elizabetano foi uma confederação de ministros e leigos, semissectaristas, mas ainda no aprisco da igreja. Pressionava... por reforma de liturgia e cerimônia, e por uma limpeza dos abusos administrativos e da corrupção, era ativo localmente na pregação e na prática da nova ética da santidade.[118]

O puritanismo do séc. XVII era quieto, severo e piedoso, mas era simultaneamente franco, fortemente sexuado e algo romântico... Foi tanto um produto do Renascimento como uma reação contra ele.[119]

---

116 Stone, *Family*, p. 141.

117 Dickens, pp. 316, 318.

118 Stone, *Crisis*, pp. 733-34.

119 Hunt, p. 252.

A ética puritana do trabalho declarava a dignidade inerente de todos os tipos legítimos de trabalho.

De *Bartolomeo Scappi's Opera*; cortesia da Biblioteca *Folger Shakespeare* (TX 711 S4 1605 Cage sig. R2r).

CAPÍTULO 2

TRABALHO

Deus fez o homem uma criatura de sociedade.
Esperamos benefícios da sociedade humana. Isto equivale a
que a sociedade humana deveria receber benefícios de nós.

COTTON MATHER

Mesmo as pessoas que sabem pouco sobre os puritanos usam a frase "ética puritana do trabalho" com confiança. Quando exploramos o que querem dizer com ela, torna-se evidente o mínimo conteúdo específico que a frase conserva para a maioria das pessoas hoje. Para muitos a frase "ética puritana" é simplesmente um rótulo de múltiplo alcance para o que eles reprovam nos puritanos.

Mesmo quando a frase é restrita ao tópico do trabalho, tende a obscurecer-se por uma gama de falsos conceitos quanto ao que os puritanos de fato pensavam. O rótulo "ética puritana do trabalho" é usado nos dias de hoje para cobrir toda uma classe de males correntes: a síndrome do vício de trabalhar, trabalho escravizador, competitividade, culto do sucesso, o materialismo e o culto da pessoa autorrealizada.

Tornou-se de tal forma um axioma que os puritanos começaram tudo isto, que surpreende saber que a denominada "ética puritana do trabalho" é de muitas maneiras o oposto daquilo que os puritanos dos séc. XVI e XVII realmente criam sobre o trabalho. Durante os últimos três séculos a civilização ocidental foi dominada por uma perversão secularizada da ética puritana do trabalho. Inicio minha pesquisa sobre as crenças puritanas, portanto, com um tópico que é ostensivamente bem conhecido pela sociedade moderna, mas na verdade muito mal-compreendido.

O "BACKGROUND": DIVISÃO ENTRE SAGRADO E SECULAR

Para entender as atitudes puritanas em relação ao trabalho, devemos ver o pano de fundo contra o qual estavam reagindo. Durante séculos foi costume dividir tipos de trabalho nas duas categorias "sagrado" e "secular". O trabalho sagrado era realizado por membros de uma profissão religiosa. Todos os outros tipos de trabalho carregavam o estigma de serem seculares.

Esta divisão entre o trabalho sagrado e o secular pode reportar-se ao Talmude Judaico. Uma das orações, obviamente escritas do ponto de vista do escriba, é como segue:

> Eu te agradeço, ó Senhor, meu Deus, por me haveres dado minha porção com aqueles que se assentam à casa do saber, e não com aqueles que se assentam pelas esquinas das ruas; pois eu cedo trabalho e eles cedo trabalham; eu cedo labuto nas palavras da Torá e eles cedo labutam nas coisas sem importância. Eu me afadigo e eles se afadigam; eu me afadigo e lucro com isso, e eles se afadigam sem benefício. Eu corro, e eles correm; eu corro em direção à vida por vir, e eles correm em direção ao abismo da destruição.[1]

A mesma divisão de trabalho em categorias de sagrado e secular tornou-se uma característica principal do catolicismo romano medieval. A atitude foi formulada já no quarto século por Eusébio, que escreveu:

> Dois modos de vida foram dados pela lei de Cristo à sua igreja. Um está acima da natureza e além do viver humano comum... Inteira e permanentemente separado da vida habitual comum da humanidade,

---

1 Citado em Joachim Jeremias, Rediscovering the Parables (Nova York, Scribner, 1966), p. 113.

dedica-se somente ao serviço de Deus... Tal é então a forma perfeita da vida cristã. E o outro, mais humilde, mais humano, permite aos homens... ter mentalidade para a lavoura, para o comércio e os outros interesses mais seculares do que a religião... E um tipo de grau secundário de piedade é atribuído a eles.[2]

Esta dicotomia sagrado-secular foi exatamente o que os Puritanos rejeitaram como ponto de partida para sua teoria do trabalho.

A SANTIDADE DE TODOS OS TIPOS LEGÍTIMOS DE TRABALHO

Foi Martinho Lutero, mais do que qualquer outro, que derrubou a noção de que clérigos, monges e freiras engajavam-se em trabalho mais santo do que a dona de casa e o comerciante.[3] Calvino rapidamente acrescentou seu peso ao argumento.[4] Os puritanos foram unânimes em seguir a direção de Lutero e Calvino.

Como os reformadores, os puritanos rejeitaram a dicotomia sagrado-secular. William Tyndale disse que, se olhamos externamente, "há uma

2 Demonstratio Evangelica [Forrester, p. 421.] Forrester comenta: "O sagrado e o secular nesta visão diferenciavam-se não meramente em grau mas em espécie. Dentro do monastério ou convento, os 'religiosos' que tinham uma 'vocação' visavam a perfeição, dedicavam-se grandemente (embora não exclusivamente) à contemplação, enquanto fora, na família, no mercado, nos campos ou no mar, os outros mantinham as rodas do trabalho do mundo correndo, ao custo da condenação de suas almas em uma vida espiritual de segunda ordem" (p. 45). Como mostra Forrester, houve tentativas individuais por parte de clérigos (notadamente Francisco de Assis) de santificar o trabalho comum, mas estas tentativas nunca se tornaram a posição dominante do catolicismo medieval.

3 Lutero declarou, por exemplo: "Quando uma empregada cozinha e faz outros serviços de casa, porque está ali a ordem de Deus, mesmo tão pequeno trabalho deve ser louvado como um serviço a Deus superando em muito a santidade e o ascetismo de todos os monges e freiras" (Works [Forrester, p. 148]). Em outra obra, o serviço de casa "não tem aparência de santidade; e, no entanto, estes mesmos trabalhos em conexão com o lar são mais desejáveis do que todos os trabalhos de todos os monges e freiras... Da mesma forma, os trabalhos seculares são um culto a Deus e uma obediência que muito agrada a Deus" (Comentário em Gênesis 13.13). E ainda, "seu trabalho é um assunto muito sagrado. Deus se compraz nele, e através dele quer derramar sua bênção sobre você" (Exposição de Salmo 128.2 [Plass, 3:1493]).

4 Calvino escreveu coisas tais como estas: "É um erro que aqueles que fogem dos afazeres do mundo e engajam-se em contemplação estão vivendo uma vida angélica... Sabemos que os homens foram criados para ocuparem-se com o trabalho e que nenhum sacrifício é mais agradável a Deus do que quando cada um atende ao seu chamado e procura viver completamente em prol do bem comum" (Comentário sobre Lucas 10.38).

diferença entre lavar louças e pregar a Palavra de Deus; mas, no tocante a agradar a Deus, nenhuma em absoluto".[5] William Perkins concordou: "A ação de um pastor guardando ovelhas... é um trabalho tão bom diante de Deus como a ação de um juiz ao sentenciar, ou de um magistrado ao regulamentar, ou de um ministro ao pregar".[6] Esta rejeição da dicotomia entre trabalho sagrado e secular teve implicações de longo alcance.

Primeiro, dota toda tarefa de valor intrínseco e integra toda vocação com a vida espiritual de um cristão. Faz todo trabalho consequencial, tornando-o a arena para glorificação e obediência a Deus e expressão do amor pessoal (por meio do serviço) ao seu próximo. Assim Hugh Latimer viu no exemplo de Cristo a verdadeira dignidade de todo trabalho:

> *Isto é uma coisa maravilhosa, que o Salvador do Mundo, e o Rei acima de todos os reis, não tenha se envergonhado de labutar; sim, e em uma tão simples ocupação. Assim Ele santificou todas as espécies de ocupações.*[7]

John Dod e Robert Cleaver escreveram que "o grande e reverendo Deus nunca despreza um ofício honesto... mesmo sendo bem humilde, mas o coroa com sua bênção".[8]

A convicção puritana quanto à dignidade de todo trabalho tem tam-

---

5 The Parable of the Wicked Mammon [Louis B. Wright, Middle-Class Culture, p. 171]. Thomas Shepard escreveu: "Vendo-se trabalhar assim em empregos seculares por [Cristo], você pode facilmente compreender que... honra a Deus... mais pelos atos servis mais inferiores do que se tivesse passado todo aquele tempo em meditação, oração, ou qualquer outro emprego espiritual" (Works [Edmund Morgan, Puritan Family, pp. 70-71]).

6 Works [Davies, Worship and Theology...1534-1603, p.66]. Perkins também escreveu: "Com isto é derrubada a condição de monges e freiras, que alegam viverem num estado de perfeição, porque vivem apartados das sociedades dos homens em jejum e oração; mas, ao contrário, este tipo monacal de viver é condenável, pois além dos deveres gerais de jejum e oração, que pertence a todos os cristãos, todo homem deve ter um chamado particular e pessoal para ser um membro bom e benéfico de alguma sociedade ou corpo" (A Treatise of the Vocations or Callings of Men [Edmund Morgan, Political Ideas, p.52]).

7 The Third Sermon Upon the Lord's Prayer [Louis B. Wright, Middle-Class Culture, p. 174]. Lutero havia expressado a opinião de que se víssemos todo trabalho como uma forma de serviço a Deus, "o mundo inteiro estaria cheio de serviço a Deus, não apenas nas igrejas mas também nos lares, na cozinha, nos celeiros, nas oficinas e nos campos do povo da cidade e dos fazendeiros" (Sermão sobre Mateus 6:24-34 [Plass, 2:560]).

8 A Godly Form of Household Government [Walzer, p. 214].

bém o importante efeito de santificar o comum. John Cotton disse isto sobre a habilidade da fé cristã de santificar a vida e o trabalho comuns:

> *A fé... encoraja um homem em seu chamado por mais simples e difícil...* *A tais empregos simples um coração carnal não sabe como submeter-* *-se; mas agora a fé havendo-nos convocado, se requer algum emprego* *simples, encoraja-nos nele... Assim a fé dispõe-se a abraçar qualquer* *serviço simples que faz parte do seu chamado, no qual um coração car-* *nal ficaria envergonhado de ser visto.*[9]

William Perkins declarou que as pessoas podem servir a Deus "em qualquer espécie de chamado, mesmo que seja o de varrer a casa ou guardar ovelhas".[10] Nathaniel Mather disse que a graça de Deus "espiritualiza toda ação". Mesmo as mais simples, como "um homem amar sua mulher e filho", tornam-se "atos graciosos", e o "seu comer e beber são atos de obediência e, portanto, acham-se em grande conta aos olhos de Deus".[11]

Para os puritanos, toda a vida era de Deus. Seu objetivo era integrar seu trabalho diário com sua devoção religiosa a Deus. Richard Steele afirmou que é na oficina "onde se pode mais confiantemente esperar a presença e bênção de Deus".[12] Os puritanos revolucionaram as atitudes em relação ao trabalho diário quando levantaram a possibilidade de que "cada passo e aspecto do seu ofício é santificado"[13] John Milton, na sua famosa Areopagitica, satirizou os homens de negócios que deixam sua religião em

---

9 Christian Calling [Milier/Johnson, 1.322-23]. "Nosso Salvador Cristo foi um carpinteiro", pregou Latimer; "portanto que nenhum homem despreze... o segui-Lo num... chamado e ocupação comuns" (Sixth Serrnon Preached before King Edward VI [Green, p. 70]).

10 A Treatise of the Vocations... [Edmund Morgan, Political Ideas, p. 51]. Noutro lugar Perkins observou que "Deus vê não... o trabalho, mas o coração dos trabalhadores", de modo que as tarefas comuns, "não importando quão rudes pareçam exteriormente, no entanto são santificadas" (Works [George, pp. 138, 139]).

11 A Sermon... [Elliot, p.179].

12 The Tradesman's Calling [Tawney, p. 245]. Calvino havia dito que "não há qualquer parte da nossa vida ou conduta, por insignificante que seja, que não devesse relacionar-se à glória de Deus" (Comentário sobre I Coríntios 10:13).

13 Steele, The Tradesman's Calling [Kitch, p.115].

casa e "comerciam todo o dia sem sua religião". Thomas Gataker não viu tensão entre o sagrado e o secular quando escreveu:

> Um homem não deve imaginar..., quando é chamado para ser um cristão, que deve prontamente rejeitar todos os empregos seculares... e dedicar-se inteiramente... à oração e à contemplação, mas deve reter tanto um chamado como o outro, seguindo àquele junto a esse.[14]

O objetivo puritano era servir a Deus não simplesmente no trabalho no mundo, mas por intermédio do trabalho. John Cotton aludiu a isto quando escreveu:

> Um verdadeiro crente... vive na sua vocação pela sua fé. Não apenas minha vida espiritual mas até minha vida civil neste mundo, e toda a vida que vivo, é pela fé no Filho de Deus: ele não isenta qualquer parte da vida da agência de sua fé.[15]

Cotton Mather disse:

> Um cristão deveria ser capaz de prestar boa conta não somente do que é sua ocupação, mas também do que é na sua ocupação. Não é bastante um crente ter uma ocupação; ele deve cuidar de sua ocupação como convém a um crente.[16]

Com a ênfase puritana em que toda vida é de Deus, não surpreende que um panfleto intitulado "São Paulo, o Fazedor de Tendas" pudesse observar que o movimento protestante havia produzido um "deleite nos empregos seculares.[17]

---

14 Sermons [Kitch, p.155].
15 Christian Calling [Miller/Johnson, 1:319].
16 A Christian at His Calling [McGiffert, p. 124].
17 Citado em Hill, Society and Puritanism, p. 136.

O CONCEITO PURITANO DE CHAMADO

Uma segunda forte afirmação dos puritanos, além de declarar a santidade de todos os tipos de trabalho, foi que Deus chama cada pessoa para sua vocação. Todo cristão, diziam os puritanos, tem um chamado. Segui-lo é obedecer a Deus. O efeito importante desta atitude é que ela torna o trabalho uma forma de corresponder a Deus.

Para começar, a ênfase puritana em doutrinas como a Eleição e a Providência tornou fácil afirmarem que cada pessoa tem um chamado em relação ao trabalho. O teólogo puritano Richard Steele escreveu:

> Deus chama todo homem e mulher... para servi-Lo em algum emprego peculiar neste mundo, tanto para o seu próprio bem como para o bem comum... O Grande Governador do mundo determinou para todo homem seu próprio posto e província.[18]

William Perkins, em seu clássico Treatise of The Vocations or Callings of Men (Tratado das Vocações ou Chamados dos Homens), escreveu:

> Uma vocação ou chamado é um certo tipo de vida, ordenado e imposto ao homem por Deus, para o bem comum... Toda pessoa de todo grau, estado, sexo ou condição, sem exceção, deve ter algum chamado pessoal e particular em que caminhar.[19]

A doutrina do chamado foi ainda mais proeminente no puritanismo americano. Cotton Mather afirmou: "Todo cristão ordinariamente deveria ter um chamado. Isso quer dizer que deveria haver alguma ocupação especial... em que um cristão devesse usar seu tempo em maior escala; e isto para que assim possa glorificar a Deus".[20] John Cotton falou em termos semelhantes:

---

18 The Tradesman's Calling [Tawney, pp. 240, 321].

19 Edmund Morgan, Political Ideas, pp. 36,51.

20 A Christian at His Calling [McGiffert, p. 123].

A fé leva o coração de um cristão a viver em algum chamado justifi-cável. Tão logo um homem comece a olhar para Deus e os meios da sua graça, não descansará até encontrar algum chamado ou emprego justificável.[21]

Um efeito do conceito puritano de chamado é fazer do trabalhador um mordomo que serve a Deus. Deus, de fato, é aquele que designa às pessoas as suas tarefas. Nesta perspectiva, o trabalho deixa de ser impessoal. Além do mais, sua importância não repousa em si: o trabalho é antes um meio pelo qual uma pessoa vive sua relação pessoal com Deus. "Sejam quais forem nossos chamados", reivindicou uma fonte puritana, "servimos ao Senhor Jesus Cristo neles".[22] Richard Steele via o trabalho como uma mordomia, quando escreveu:

Aquele que lhe emprestou talentos, também disse: "Ocupe-se até que Eu venha!" Como é que passa o dia todo ocioso?... Seu ofício é sua própria província.[23]

"Deus é o General", Perkins escreveu, "apontando a cada homem seu chamado particular... Deus mesmo é o autor e a origem dos chamados".[24] Se Deus é quem chama a pessoa para o seu trabalho, então tal trabalho pode ser uma forma de serviço a Deus. John Cotton expressou-se desta forma:

Um homem, portanto, que serve a Deus no serviço aos homens... faz seu trabalho como na presença de Deus, como quem tem uma ocupação ce-lestial em mãos, e, por isso, confortavelmente, sabendo que Deus aprova seu caminho e trabalho.[25]

---

21 Christian Calling [Miller/Johnson, 1:319].
22 John Dodd e Robert Cleaver, Ten Sermons... [Davies, Worship and Theology... 1534-1603, p. 661.]
23 The Tradesman's Calling [Tawney, p. 245].
24 A Treatise of the Vocations... [Edmund Morgan, Political Ideas, p. 37].
25 Christian Calling [Miller/Johnson, 1:322].

Trabalhar no para que se foi chamado, na perspectiva puritana, é trabalhar debaixo do olhar de Deus. Cotton Mather exclamou: "Oh, que todo cristão ande com Deus quando trabalha no seu chamado, aja na sua ocupação com a vista em Deus, aja sob a vista de Deus".[26]

Um outro resultado prático da doutrina do chamado cristão é que ela leva ao contentamento pessoal no trabalho. Se o chamado de um cristão vem de Deus, há inerente a esta crença uma estratégia para aceitar-se uma tarefa pessoal. Cotton Mather escreveu que

> *um cristão deveria seguir sua ocupação com contentamento... É o favor singular de Deus a um homem que este possa atender à sua ocupação com contentamento e satisfação... Seu negócio neste assunto está entravado com quaisquer dificuldades ou inconveniências? O contentamento sob essas dificuldades não é parte pequena da sua homenagem àquele Deus que lhe colocou onde você está.*[27]

O senso do chamado como uma mordomia e como uma razão para contentamento encontra-se belamente no poema que um jovem puritano escreveu por ocasião do seu vigésimo terceiro aniversário. Este famoso sétimo soneto de Milton abre-se com uma autocensura por não ter realizado algo até aquela data. Mas a consolação expressa no aforismo com que o poema foi concluído é tipicamente puritana:

---

26 A Christian at His Calling [McGiffert, p. 127]. Isto é reminiscente do comentário de Lutero em seu sermão sobre Mateus 6: "Fique contente com o fato de que seu Pai que está no céu vê isto... A vida de todo cristão é direcionada para os olhos de Deus somente... é suficiente que nossa vida seja direcionada a satisfazer e glorificar Aquele que a vê"(Sermão sobre Mateus 6.16-18 [Plass, 1:241]).

27 A Christian at His Calling [McGiffert, p. 127]. Contentamento com o chamado pessoal havia sido um dos temas principais tanto de Lutero como de Calvino. Lutero escreveu: "Nada é tão ruim..., antes torna-se doce e tolerável, se apenas sei e estou certo de que é agradável a Deus" (The State of Marriage [Lutero, Works, 45:49]). Calvino escreveu assim sobre o contentamento que vem da consciência do chamado de Deus: "Em todos os nossos cuidados, labutas, chateações e outras cargas, não será pequeno alívio saber que todos estes estão sob a superintendência de Deus... Cada um em seu molde particular de vida irá, sem murmuração, sofrer suas inconveniências, cuidados, desconfortos e ansiedades, persuadido de que Deus infligiu a carga. Isto, também, renderá admirável consolação ao seguir seu chamado próprio. Nenhum trabalho será tão inferior e sórdido a ponto de não ter um esplendor e valor à vista de Deus" (Institutes of the Christian Religion, 3.10.16).

Tudo está se tenho a graça de assim usar,
Como sempre na mira do meu grande Superintendente.

A interpretação mais plausível destas linhas é: "Tudo que importa é que tenha a graça de usar meu tempo como se sempre estivesse vivendo na presença do meu grande Superintendente". Milton obviamente via-se responsável diante de Deus, e o epíteto "meu grande Superintendente" capta vividamente a consciência puritana de Deus como aquele que chama pessoas a realizar tarefas.

Se todos têm um chamado, como as pessoas podem saber para o que foram chamadas? Os puritanos desenvolveram uma metodologia para determinar seu chamado sem mistificarem o processo. Richard Steele declarou, de fato, que, "nos últimos dias", Deus raramente chama as pessoas diretamente, e que qualquer um que alegue ter tido uma revelação de Deus "deve produzir dons e qualificações extraordinárias, a menos que não passe de presunção e engano".[28]

Os puritanos preferiam confiar em tais coisas como "os dotes e inclinações internos", "circunstâncias externas que podem levar... a um curso de vida em vez de outro", o conselho de "pais, guardiões, e em alguns casos magistrados", e "a natureza, a educação e os dons... adquiridos".[29] Eles também criam que se as pessoas estivessem no chamado certo, Deus lhes equiparia para realizar seu trabalho: "Quando Deus tem-me convocado para uma posição, Ele tem-me dado alguns dons para aquela posição".[30]

Os puritanos acreditavam na lealdade a um chamado. Uma vocação não era para ser assumida nem abandonada levianamente. Sobre a questão da escolha da vocação, Milton, que desde a infância teve um forte chamado para ser poeta, escreveu que "a natureza de cada pessoa deveria ser especialmente observada e não desviada noutra direção, porque Deus não pretende todas as pessoas para uma só coisa, mas cada uma para seu próprio trabalho".[31] Richard

---

28 The Tradesman's Calling [Kitch, p. 158].

29 Estas sugestões vieram de, em ordem, William Ames, The Marrow of Theology, pp. 322-23; Richard Steele, The Tradesman's Calling [Kitch, p. 158]; Thomas Dudley a John Woodbridge [Foster, p.100].

30 John Cotton, The Way of Life [Edmund Morgan, Puritan Family, p.72]. Samuel Willard disse à sua igreja (Old South Church): "Deus nunca chama ninguém para qualquer serviço sem o capacitar para ele, donde temos um juiz para julgar o nosso chamado" (Sermões de Boston [Edmund Morgan, Puritan Family, p.72]).

31 Commonplace Book [CPW, 1:405].

Steele avisou que era "despropositado" escolher "um chamado ou condição de vida sem uma cuidadosa ponderação sob o equilíbrio da razão sadia".[32] John Cotton enfatizou a idéia de talentos na escolha de uma vocação:

> *Uma outra coisa que torna um chamado justificável é quando Deus dá a um homem dons para isso... Deus o leva àquele chamado, 1 Coríntios 7:17... Quando Deus tem-me convocado para uma posição, Ele tem-me dado alguns dons apropriados para aquela posição, especialmente se a posição é adequada e apropriada a mim e a meus melhores dons; pois Deus... teria seus melhores dons aperfeiçoados para maior vantagem."[33]*

A ideia puritana do chamado foi igualmente resistente ao fácil abandono de uma vocação. Embora os puritanos em geral não cressem que uma pessoa nunca pudesse mudar legitimamente de ocupação, eram claramente cautelosos quanto à prática. William Perkins falou de "uma perseverança nos bons deveres" e alertou contra "ambição, inveja, impaciência", acrescentando que "a inveja... quando vemos outros colocados em melhores chamados e condições do que nós... é um pecado comum, e a causa de muita dissensão na comunidade".[34] Cotton Mather concordou:

> *Um cristão deveria seguir sua ocupação com contentamento. Um cristão não deveria ser muito ligeiro em abandonar seu chamado... Muitos homens, simplesmente por cobiça e por descontentamento, abandonam seus negócios.[35]*

---

32 The Tradesman's Calling [Tawney, p. 241]. Tawney comenta: "O chamado não é uma condição na qual nasce um indivíduo, mas um empreendimento vigoroso e severo, a ser executado, de fato, debaixo da direção da Providência, a ser escolhido por cada um, com um sentimento profundo de suas responsabilidades solenes"(p. 241).

33 Christian Calling [Miller/Johnson, 1:320].

34 Works [George, p. 135]. Calvino havia escrito que "cada um deveria se contentar com seu chamado, e persistir nele, e não ser ávido por mudar para outra coisa", acrescentando que Paulo em 1 Coríntios 7:20 "deseja corrigir a impensada avidez que impele alguns a mudar sua situação sem qualquer razão adequada" e condenar "a inquietação que priva os indivíduos de permanecerem contentes como estão" (Comentário sobre 1 Coríntios 7:20). Lutero igualmente castigou "espíritos volúveis e instáveis" que "não podem continuar no seu chamado" (Sermão sobre 1 Pedro 4:8-11 [Plass, 3:1497]).

35 A Christian at His Calling [McGiffert, p. 127].

Para resumir, a ideia Puritana de chamado cobria um conjunto de ideias correlatas: a providência de Deus em arranjar tarefas humanas, trabalho como resposta de um mordomo a Deus, contentamento com as tarefas pessoais e lealdade à vocação pessoal. Estas ideias foram admiravelmente captadas na exortação de John Cotton de "servir a Deus no seu chamado, e fazê-lo com regozijo, fidelidade e uma mentalidade celeste".[36]

A MOTIVAÇÃO E AS RECOMPENSAS DO TRABALHO

As crenças Puritanas sobre a motivação e os objetivos do trabalho precisam ser cuidadosamente diferenciadas daquilo que tem passado durante três séculos como a "ética puritana do trabalho". Desde a época em que Benjamin Franklin proferiu seus provérbios experientes sobre a riqueza como o objetivo do trabalho até nosso próprio século, quando gigantes industriais têm reivindicado que o seu sucesso era prova de que eram os eleitos de Deus, nossa cultura tem visto o trabalho primordialmente como o caminho para as riquezas e posses. Esta ética do trabalho secularizada tem sido atribuída aos puritanos e seu precursor Calvino, e tem sido aceito como um axioma que essa ética baseia-se na riqueza como a recompensa máxima pelo trabalho e a prosperidade como um sinal de santidade.

Mas era nisso que os puritanos realmente criam? As recompensas do trabalho, de acordo com a teoria puritana, eram morais e espirituais, isto é, o trabalho glorificava a Deus e beneficiava a sociedade. Ao ver o trabalho como uma mordomia para com Deus, os Puritanos abriram caminho para uma nova concepção das recompensas do trabalho, como sugerido no comentário de Richard Steele: "Vocês trabalham para Deus, que certamente os recompensará para contentamento do seu coração".[37] Que essas recom-

---

36 Christian Calling [Miller/Johnson, 1:326].

37 The Tradesman's Calling [Kitch, p. 115]. Lutero havia semelhantemente teorizado que "o trabalho deveria... ser feito para servirmos a Deus por meio dele, evitarmos a ociosidade e cumprirmos seus mandamentos" (Sermão sobre a Quarta Petição da Oração do Pai Nosso [Plass, 3:1494]). Calvino disse que "sabemos que

Uma gravura de um cordoeiro eum tecedor de corda.
De Johann A. Comenius, *Orbis Sensualium Pictus*; cortesia da Biblioteca *Folger Shakespeare* (Wing C5525 p.166)

pensas eram principalmente espirituais e morais é abundantemente claro nos comentários puritanos.

William Perkins afirmou que o principal fim das nossas vidas é servir a Deus no serviço aos homens e nos afazeres de nossos chamados. Alguns homens talvez dirão: O quê, não devemos labutar nos nossos chamados para manter nossas famílias? Respondo: isto deve ser feito, embora não seja este o escopo e a finalidade de nossas vidas. A verdadeira finalidade de nossas vidas é prestar serviço a Deus no serviço ao homem.[38]

John Preston disse que devemos labutar "não para nosso próprio benefício, mas para o benefício dos outros".[39]

---

os homens foram criados para se ocuparem com o trabalho... para o bem comum" (Comentário sobre Lucas 10:38).

38   A Treatise of the Vocations... [Edmund Morgan, Political Ideas, pp. 56-57]. William Tyndale disse que uma pessoa deveria "aplicar sua perícia e ocupação à riqueza comum, e servir a seus irmãos como serviria a Cristo mesmo" (The Parable of the Wicked Mammon [Louis B. Wright, Middle-Class Culture, p. 172]).

39   The New Covenant [George, p. 137].

Richard Baxter compartilhou esta visão dos fins morais e espirituais do trabalho. A finalidade do trabalho, disse ele, é "obedecer a Deus e fazer o bem aos outros". Além do mais, "o bem-estar público, ou o bem da maioria, deve ser valorizado acima do nosso. Todo homem, portanto, é obrigado a fazer todo o bem que possa a outros, especialmente à igreja e à comunidade". Quanto às riquezas que devem vir do trabalho, elas "podem nos capacitar para aliviarmos nossos irmãos necessitados e promover boas obras para a igreja e para o Estado".[40]

Puritanos americanos compartilhavam o mesmo ponto de vista. De acordo com Cotton Mather, a razão por que uma pessoa deveria perseguir um chamado é "para que assim possa glorificar a Deus, fazendo bem aos outros e adquirindo bem para si mesmo".[41] E novamente,

> *Deus fez o homem uma criatura de sociedade. Esperamos benefícios da sociedade humana. Isto equivale a que a sociedade humana deveria receber benefícios de nós. Somos benéficos à sociedade humana pelos trabalhos naquela ocupação especial em que devemos nos empregar, de acordo com a ordem de Deus.[42]*

John Cotton afirmou que no nosso chamado "devemos visar não só ao nosso próprio bem, mas ao bem-estar público... e, portanto, a fé não pensará que teve um chamado satisfatório a menos que sirva não somente para seu próprio proveito mas ao proveito de outros homens".[43]

O que é notável com respeito a tais frases é a integração entre Deus, a sociedade e o "ego", que convergem no exercício do chamado pessoal. O interesse próprio não é totalmente negado, mas é definitivamente minimizado nas recompensas do trabalho.

---

40 A Christian Directory [Perry, pp. 307, 315]. Richard Steele afirmou que as pessoas receberam um chamado "tanto para seu próprio bem como para o bem comum" (The Tradesman's Calling [Tawney, p. 240]).

41 Two Brief Discourses [Perry, p. 312].

42 A Christian at His Calling [McGiffert, p. 122].

43 Christian Calling [Miller/Johnson, 1:320]. Um grupo de ministros em Boston, em 1699, concordou em que nenhuma ocupação "é legal senão a que é útil à sociedade humana" (Cotton Mather, Magnalia Christi Americana [Edmund Morgan, Puritan Family, p. 71]).

Ao manter sua visão dos fins morais e espirituais do trabalho, os puritanos extraíram a conclusão lógica de que estes mesmos objetivos deveriam governar a escolha pessoal de uma vocação. Richard Baxter instou:

> *Escolha aquele emprego ou chamado no qual você pode ser mais útil a Deus. Não escolha aquele no qual possa ser mais rico ou ilustre no mundo, mas aquele no qual possa fazer maior bem e manter-se longe de pecar.*[44]

Noutro lugar, Baxter escreveu que ao escolher um ofício ou chamado, a primeira consideração deveria ser "o serviço a Deus e o bem público, de modo a ser preferido o chamado que conduza ao bem público". Além disso, "quando dois chamados igualmente conduzem ao bem público, e um deles tem a vantagem das riquezas e o outro é mais vantajoso à alma, o último deve ser preferido".[45]

O complemento desta ênfase nas recompensas morais e espirituais do trabalho é a frequente denúncia de pessoas que usam o trabalho para gratificar ambições egoístas. Contrariamente ao que muitos pensam, a ideia da pessoa "autorrealizada" não atraía os Puritanos, se por "autorrealizada" queremos dizer as pessoas que alegam ter sido bem-sucedidas por seus próprios esforços e que ostensivamente gratificam suas inclinações materialistas com o dinheiro que ganham.

Baxter falou desdenhosamente da autoexaltação: "Cuidai para que, sob a pretensão de diligência no seu chamado, não sejam inclinados à mentalidade terrena e aos cuidados excessivos ou cobiçosos planos de prosperar no mundo".[46] "Cada homem por si, e Deus por nós todos", escreveu Perkins, "é vil e diretamente contra o propósito de todo chamado".[47] Ele, então, acrescentou:

---

44 A Christian Directory [Green, p. 72].

45 Ibid., p. 60.

46 Ibid., p. 59.

47 A Treatise of the Vocations... [Edmund Morgan, Political Ideas, p. 39]. Lutero havia semelhantemente falado com desprezo de pessoas que "não usam seus talentos em seu chamado ou no serviço ao próximo; eles os

Profanam suas vidas e chamados os que os aplicam à aquisição de honras, prazeres, benefícios, comodidades do mundo etc., pois assim vivemos para outro fim diferente do que Deus indicou, e desse modo servimos a nós mesmos, e, por conseguinte, nem servimos a Deus nem aos homens.[48]

O puritano Hugh Latimer disse, com respeito à riqueza, que "não devemos fazer como muitos que, gananciosa e cobiçosamente, a buscam dia e noite".[49]

SUCESSO É BÊNÇÃO DE DEUS, NÃO ALGO CONQUISTADO

O puritanismo e o calvinismo mais comumente consideravam o trabalho como o meio pelo qual as pessoas conquistam seu próprio sucesso e riqueza? É normalmente afirmado que sim, mas procuro em vão pela comprovação da afirmativa. O calvinismo não ensina uma ética de autoconfiança, como ensina nossa ética moderna do trabalho. É, ao contrário, uma ética da graça: quaisquer recompensas tangíveis advindas do trabalho são o dom da graça de Deus.

Calvino mesmo havia negado que o sucesso material é sempre o resultado do trabalho. Era Benjamin Franklin, e não os primeiros protestantes, quem tinha a confiança que "cedo dormir e cedo levantar tornam um homem saudável, abastado e sábio". Na visão calvinista, apenas trabalho não garante sucesso. Mesmo quando Deus abençoa o trabalho com prosperidade, é sua graça e não o mérito humano que produz a bênção. Nas palavras de Calvino: "Os homens em vão desgastam-se com labuta, e desperdiçam a si mesmos para adquirir riquezas, visto que estas também são um benefício de

---

usam apenas para sua própria glória e vantagem" (Sermão sobre 1 Pedro 4:8-11 [Plass, 3:1497]).

48 A Treatise of the Vocations... [Edmund Morgan, Political Meas, p. 56].

49 A Sermon... [Louis B. Wright, Middle-Class Culture, p. 174].

Deus somente".[50] E novamente: "Longe de nós pensar que temos qualquer direito à vã confiança. Consequentemente, sempre que encontrarmos a palavra 'recompensa', ou ela passar por nossa mente, compreendamos que é a extrema grandeza da bondade divina em relação a nós".[51]

O mesmo espírito permeia o pensamento puritano na relação entre o esforço humano e a bênção divina. Cotton Mather afirmou: "Em nossas ocupações estendemos nossas redes, mas é Deus quem põe nas nossas redes tudo que vem nelas".[52] Robert Crowley disse a uma audiência em London Guildhall que nem a cobiça nem o trabalho árduo poderiam torná-los ricos, visto que só Deus abençoa as pessoas com o sucesso.[53] De acordo com George Swinnock, o homem de negócios bem-sucedido nunca pode dizer que seus próprios esforços foram responsáveis pelo seu sucesso; muito embora os humanos façam a sua parte, "não há a menor roda na engrenagem da natureza que não dependa de Deus para seu movimento a cada instante".[54]

É verdade que o estilo de vida puritano, uma mistura de diligência e frugalidade, tendia a fazer as pessoas relativamente prósperas, ao menos parte do tempo. A coisa importante, porém, é como os puritanos viam sua riqueza. A atitude puritana era de que a riqueza era um bem social, não uma propriedade pessoal – um dom de Deus, não o resultado do esforço humano somente, ou um sinal da aprovação de Deus. A maciça pesquisa de fontes primárias de Richard L. Greaves revela que os puritanos afirmavam que "nenhuma correlação direta existe entre riqueza e santidade... Não as riquezas, mas a fé e o sofrimento por causa do Evangelho são sinais de eleição"[55]

---

50 Comentário sobre o Salmo 127:2. Lutero, comentando o mesmo texto, escreveu: "Você deve, é claro, labutar – mas o esforço é fútil se não faz nada senão labutar e imaginar que está sustentando a si mesmo... Você deveria labutar, mas o sustentar-lhe e providenciar-lhe pertence a Deus somente [Plass, 3:1496].

51 Comentário sobre Lucas 17:7. Lutero escreveu em linha semelhante: "Quando as riquezas vêm, o coração ímpio do homem pensa: Consegui isto com meu trabalho. Ele não considera que estas são puramente as bênçãos de Deus, bênçãos que às vezes chegam a nós através de nossos trabalhos e às vezes sem nossos trabalhos, mas nunca por causa de nossos trabalhos; pois Deus sempre lhes dá da sua misericórdia imerecida (Exposição sobre Deuteronômio 8:17-18 [Plass, 3:1495]).

52 Sober Sentiments [Perry, p. 312].

53 A Sermon... [Greaves, Society and Religion, p. 549].

54 The Christian Man's Calling [Schlatter, p. 200].

55 Society and Religion, p. 550.

Os puritanos nunca conceberam o trabalho à parte do contexto espiritual e moral do serviço a Deus e ao homem. A mensagem muito citada de Richard M. Nixon, no Dia do Trabalho (1971), provavelmente resumiu a concepção popular da "ética puritana do trabalho", mas, se podemos dizer, é um quadro impreciso:

> A "ética do trabalho" sustenta que o trabalho é bom em si; que um homem ou mulher tornam-se uma pessoa melhor em virtude do ato de trabalhar. O espírito competitivo americano, a "ética do trabalho" deste povo... o valor da realização, a moralidade da autoconfiança – nenhum destes sai de moda.

Acredito ter mostrado que os puritanos não estariam contentes com tal teoria do trabalho. Seus ideais eram obediência a Deus, serviço à humanidade e confiança na graça de Deus. Na ética puritana, a virtude do trabalho dependia quase completamente dos motivos pelos quais as pessoas o realizavam.[56]

MODERAÇÃO NO TRABALHO

Uma última herança que os puritanos legaram na sua visão do trabalho foi a necessidade de um senso de moderação. Eles tentaram em teoria manter uma posição intermediária entre os extremos da ociosidade ou preguiça por um lado e escravismo ao trabalho por outro. Na prática, possivelmente erraram na direção do excesso de trabalho. Há um ponto no qual a moderna interpretação da ética puritana está correta – que os Puritanos escarneciam do ócio e louvavam a diligência.

---

56 H.M. Robertson, Aspects of the Rise of Economic Individualism, apresenta evidência para uma tese que seria amplamente sustentada em círculos eruditos hoje – aquilo que as pessoas erroneamente chamam de "a ética puritana do trabalho" é uma evolução secular que se estabeleceu com o séc. XVIII. Robertson escreve: "A doutrina do 'chamado' não gerou um espírito de capitalismo. O espírito do capitalismo foi responsável pela modificação e desgaste gradativos da doutrina puritana, desgaste que mal havia começado na Inglaterra antes da Restauração" (p. 27).

Baxter expôs sua rudeza usual na questão da ociosidade: "É suíno e pecaminoso não trabalhar".[57] Robert Bolton chamou a ociosidade de "a própria ferrugem e o câncer da alma".[58] "Deus não permite que ninguém viva ociosamente", escreveu Arthur Dent em seu influente livro The Plain Man's Pathway to Heaven (O Caminho do Homem Comum para o Céu).[59] Elizabeth Joceline escreveu em The Mother's Legacy to Her Unborn Child (O Legado de uma Mãe a seu Filho não Nascido): "Envergonhe-se da ociosidade por ser um homem, mas estremeça diante dela por ser um cristão".[60] É óbvio por tais afirmativas que a ética puritana do trabalho fazia do trabalho uma responsabilidade individual, bem como uma obrigação social.

A crítica puritana da ociosidade equiparava-se a seu louvor à diligência no trabalho, nem tanto por ser ele inerentemente virtuoso, mas por ser o meio designado por Deus para prover às necessidades humanas. Baxter escreveu: "Deus ordenou-lhe um meio ou outro de trabalhar pelo seu pão de cada dia".[61] Thomas Watson teorizou que "a religião não sela garantias à indolência... Deus dispõe todos os seus filhos para o trabalho... Deus abençoará nossa diligência, não nossa preguiça".[62]

Parte da repulsa puritana contra a ociosidade por um lado e o louvor ao trabalho por outro era a convicção de que o trabalho era uma exigência

---

57 The Catechizing of Families [Hill, Society and Puritanism, p. 139]. Lutero havia sido igualmente enfático quanto ao assunto da ociosidade: "Deus... não quer que eu me sente em casa, a vadiar, a submeter a Deus os assuntos, a esperar até uma galinha frita voar à minha boca. Isso seria tentar a Deus" (Exposição em Êxodo 13:18 [Plass, 3:1496]).

58 Works [George, p. 130]. Dalby Thomas acreditava que "somente pessoas industriosas e laboriosas são a riqueza da nação" (An Historical Account of the Rise and Growth of the West India Colonies [Hill, Society and Puritanism, p. 136]).

59 Hill, Society and Puritanism, p. 139.

60 Ibid., p. 124.

61 A Christian Directory [Tawney, p. 262]. No esforço de visualizar a necessidade do trabalho como uma ordem de Deus, Calvino havia escrito: "Quão poucos se acharão que, deixados à sua própria escolha, desejariam viver por seu próprio labor... O profeta, portanto, conclama os tementes a Deus a se contentarem com... a certeza de que, tendo a Deus por seu pai adotivo, serão adequadamente mantidos pelo labor de suas próprias mãos" (Comentário sobre Salmo 128:2).

62 The Beatitudes, p. 257. Richard Bernard escreveu que se recusar a trabalhar é "contrário à injunção de Deus de que os homens devem labutar, contrário à prática de todos os santos... Deixai-o, ou a eles quem sejam, que se acha religioso de fato, tomar consciência de esmerar-se em algum chamado e guardar-se de viver ociosamente" (Ruth's Recompense [Hill, Society and Puritanism, p. 140]).

da criação e, assim, uma necessidade para o bem-estar humano. "Adão na sua inocência tinha todas as coisas à sua vontade", escreveu William Perkins, "no entanto, Deus o ocupou num chamado".[63] De acordo com John Robinson,

> *Deus, que fez nosso primeiro pai, mesmo em inocência... trabalhar, não permitiria à sua posteridade pecadora levar a vida na ociosidade... O homem nasce para trabalhar arduamente, com o corpo ou com a mente, tão certo como acendem as faíscas.*[64]

Baxter escreveu: "Adão inocente foi posto no Jardim do Éden para cultivá-lo... E o homem na carne deve ter trabalho para seu corpo e para sua alma".[65] Ao ver o trabalho como uma exigência da criação tanto quanto como um chamado, os puritanos reconheciam a dignidade do trabalho em si mesmo e como resposta a Deus.

Mesmo a "espiritualidade" não era desculpa alguma para a ociosidade, na visão dos puritanos. Richard Steele falou contra "negligenciar os afazeres necessários do homem sob a alegação de culto religioso".[66] Thomas Shepard tinha o seguinte conselho para um zelote que reclamava que os pensamentos religiosos o distraíam enquanto estava no trabalho:

> *Como é pecado nutrir pensamentos mundanos quando Deus lhe designou um trabalho em empregos espirituais e celestiais, assim é, em alguns aspectos, tão grande pecado fazer-se distrair por pensamentos espirituais quando Deus lhe põe a trabalhar em empregos... civis.*[67]

---

63 Works [George, p. 132]. Lutero tinha a mesma ideia: "Quão mais perfeito [o trabalho] teria sido naquele jardim no estado de inocência. Mas é apropriado aqui também apontar que o homem foi criado não para o lazer, mas para o trabalho, mesmo no estado de inocência" (Exposição de Gênesis 2:14 [Plass, 3:1494]).

64 Observations of Knowledge and Virtue [Reinitz, p. 66].

65 A Christian Directory [Kitch, p. 156].

66 Citado em Tawney, p. 245.

67 Citado por Miller, Seventeenth Century, p. 44. Baxter sustentou a mesma concepção: negligenciar o trabalho "e dizer: 'Vou orar e meditar', é como se seu servo negligenciasse seu maior trabalho e se ativesse a alguma

Mas a ética puritana não levaria inevitavelmente à síndrome do trabalho excessivo? De acordo com os puritanos, não. Eles tentaram equilibrar sua diligência com restrições definidas contra o excesso de trabalho. Mais uma vez seu ideal era moderação. "Cuidado com muitos negócios ou com o planejá-los demais ou desordenadamente", advertiu John Preston.[68] Philip Stubbes advertiu que "todo cristão está comprometido pela consciência diante de Deus" a não permitir que "seus cuidados imoderados" ultrapassem "os limites da verdadeira santidade", acrescentando:

> O Senhor deseja que nos afastemos tão longe da cobiça e do cuidado imoderado que neste dia não deveríamos cuidar do amanhã, pois (diz Ele) suficiente ao dia é o cuidado com o mesmo.[69]

O teólogo escocês Robert Woodrow comentou:

> O pecado da nossa grande predileção pelo comércio, ao ponto de negligenciarmos interesses de maior valor, eu humildemente penso que se registrará para o julgamento.[70]

Sobre a questão de "fazer bicos", Richard Steele alegou que uma pessoa não deve "acumular dois ou três chamados meramente para aumentar suas riquezas".[71]

O objetivo dos Puritanos era moderação entre os extremos. Trabalhar com zelo e ainda não dar sua própria alma pelo trabalho era aquilo pelo que lutavam. John Preston expressou-se dessa forma:

---

parte menor ou mais fácil" (A Christian Directory [Tawney, p. 242]).

68 The Saint's Qualification [George, p. 172].

69 The Anatomy of the Abuses in England [Tawney, p.216].

70 Citado em Tawney, p. 238. Tais autoacusações tornaram-se comuns entre os puritanos. Foster corretamente reivindica que enquanto os puritanos "continuavam a se denunciar, enquanto estavam certos de que haviam desertado de seu ideal, foram fiéis a ele. Quando pararam de lamentar sua secularidade e não mais sentiram um senso de culpa, ao menos uma parte da ética protestante havia finalmente dado lugar ao espírito do capitalismo" (p. 125).

71 The Tradesman's Calling [Tawney, p. 244].

Você deve lidar com as coisas do mundo e não se corromper por elas, tendo afeições puras. Mas, quando você tem cobiça desordenada por qualquer coisa, então ela profana seu espírito.[72]

O meio termo entre o preguiçoso e o viciado no trabalho em excesso também era o ideal de John Cotton:

Há outra combinação de virtudes estranhamente misturada em cada santo e cristão vivaz, e ela é a diligência nos negócios do mundo e, no entanto, indiferença ao mundo. Tal mistério ninguém pode decifrar senão aqueles que o conhecem... Embora trabalhe muito diligentemente no seu chamado, seu coração não está posto nestas coisas; ele pode dizer o que fazer com o seu patrimônio, quando o tiver adquirido.[73]

SUMÁRIO

Para um resumo da doutrina de trabalho dos puritanos, fazemos bem em voltar ao épico de John Milton, Paradise Lost (Paraíso Perdido). Milton incorporou muito do que os puritanos criam sobre o trabalho em seu retrato da vida de perfeição de Adão e Eva, no Jardim do Éden. Milton repetidamente enfatizou que o trabalho no Paraíso não era apenas agradável, mas também necessário. Alguém que fez uma completa comparação entre a visão paradisíaca de Milton e aquelas dos escritores antigos descobriu que retratar o trabalho como necessário era "a característica mais marcante e original do tratamento de Milton".[74] O que separou Milton dos seus precursores medievais a este respeito foi seu puritanismo.

---

72 Citado em Miller, Seventeenth Century, p. 42. Lutero tinha um ideal semelhante da média áurea: "O meio termo correto não é ser preguiçoso ou indolente ou depender do próprio trabalho e dos próprios feitos, mas trabalhar e agir e ainda esperar todo sucesso de Deus somente" (Exposição de Salmo 147:13 [Plass, 3:1495]).

73 Citado em Miller, Seventeenth Century, p. 42.

74 J.M. Evans, Paradise Lost and the Genesis Tradition (Oxford, Oxford University Press, 1968), p. 249.

Não há melhor sumário da ética puritana do trabalho do que estas palavras de Adão para Eva em Paralise Lost:

> *O homem tem seu trabalho diário de corpo ou mente*
> *Designado, o que declara sua dignidade,*
> *E a estima do céu em todos os seus caminhos.*[75]

Podemos vislumbrar aqui a crença puritana sobre Deus como aquele que chama as pessoas a realizar tarefas, sobre a dignidade do trabalho, sobre como a atitude apropriada dirigida aos objetivos do trabalho pode transformar toda tarefa em atividade sagrada.

> *O grande e reverendo Deus nunca despreza um ofício honesto.*
> – John Dodd e Robert Cleaver

> *O principal fim das nossas vidas... é servir a Deus no serviço aos homens nos afazeres de nossos chamados.*
> – William Perkins

> *O homem tem seu trabalho diário de corpo ou mente*
> *Designado, o que declara sua dignidade,*
> *E a estima do céu em todos os seus caminhos.*
> – John Milton

---

75 Paradise Lost, Livro 4, linhas 618-620. Max Weber traça um interessante contraste entre o final da Divina Comédia do poeta católico Dante (que termina com o protagonista traspassado pela visão beatífica de Deus no céu) e o final da épica puritana de Milton (que termina com Adão e Eva deixando o Paraíso com o mundo "inteiro diante deles"): "Sente-se de imediato que esta poderosa expressão da séria atenção dos puritanos a este mundo, sua aceitação da vida no mundo como uma tarefa, possivelmente não poderia ter vindo da pena de um escritor medieval" (pp. 87-88).

"Fale por si, John", Priscilla Mullens disse a John Alden quando ele veio cortejá-la para seu senhor, capitão Miles Standish. O poeta americano Henry Wadsworth Longfellow maistarde tornou famosa esta clássica história de amor Puritana. Priscilla casou-se com John, e aqui está o quadro da procissão do casamento. *Priscilla and John Alden*, por Charles Yardley Turner, cortesia do coronel e sra. Emanuel A. Pelaez.

CAPÍTULO 3

SEXO E CASAMENTO

Todas as pessoas casadas devem acima de tudo amar,
respeitar e valorizar a graça que há no outro.

THOMAS TAYLOR

O s Puritanos, como todos sabemos, eram sexualmente inibidos e reprimidos. Ou não eram?

Quando uma esposa da Nova Inglaterra reclamou, primeiro para seu pastor e depois para toda a congregação, que o seu marido estava negligenciando a vida sexual deles, a igreja efetuou a excomunhão do homem.[1]

Um importante pregador puritano, ao fazer uma exposição de Provérbios 5:18-19 (que compara uma esposa à "corça de amores e gazela graciosa"), disse que a corça e a gazela foram mencionadas porque eram enamoradas por seus companheiros "e até loucas no seu calor e desejo por eles".[2]

Quando o jovem Seaborn Cotton era um estudante em Harvard College, copiou algumas passagens apaixonadas de poesia de amor da Renascença no seu caderno. Anos mais tarde, após tornar-se ministro em Hampton, New Hampshire, ele não viu qualquer incongruência em usar o mesmo caderno para suas anotações das reuniões da igreja.[3]

---

1 Chad Powers Smith, Yankees and God [Nova York, Hermitage House, 1954], p. 11.

2 William Gouge, Of Domestic Duties [Frye, p. 153].

3 Edmund Morgan, Puritan Family, p. 63.

Para envergonhar a teoria dos puritanos sexualmente reprimidos estão as frases de pregadores puritanos supostamente cordatos. Cotton Mather chamou sua segunda esposa de "uma criatura adorabilíssima e tal dom do céu para mim que o senso disso... dissolve-me em lágrimas de alegria".[4] O livro de William Secker, A Wedding Ring (Um Anel de Casamento), retratava marido e mulher como dois instrumentos fazendo música e duas correntes num só curso.[5] O mais impressionante é a seguinte descrição de Thomas Hooker:

> *O homem cujo coração foi cativado pela mulher que ele ama... sonha com ela à noite, tem-na sob sua mira e apreensão quando se levanta, distrai-se com ela ao sentar-se à mesa, anda com ela quando viaja... Ela repousa em seu peito e seu coração confia nela, o que força a todos a confessar que o curso de sua afeição, como uma poderosa corrente, despeja-se com abundância de fluxo e vigor.*[6]

O estereótipo moderno recusa-se obstinadamente a se reconciliar com as frases dos próprios puritanos. Poderá ser que a imagem moderna esteja errada? Uma autoridade que pensa desse modo descreve o ideal do casamento puritano como um "perfeito compartilhar" e o chama de "a maior e mais admirável realização cultural do puritanismo".[7]

SEXO NA IDADE MÉDIA

Para entender as atitudes puritanas em relação ao casamento e ao sexo, precisamos vê-los no seu cenário histórico. Quando fazemos isso, fica óbvio que eles eram revolucionários em seus dias. Com espantosa ra-

---

4   Citado em Hunt, pp. 242-243.

5   Ulrich, Good Wives, p. 221.

6   Os excertos citados de duas fontes separadas, The Application of Redemption e A Comment Upon Christ's Last Prayer [Edmund Morgan, Puritan Family, pp. 61-62].

7   Schucking, p. 37.

pidez eles desarraigaram uma tradição católica que havia persistido por pelo menos dez séculos.

A compreensão dominante na igreja católica, durante toda a Idade Média, era de que o amor sexual em si era mau, e não cessava de ser assim ainda que seu objeto fosse o cônjuge da pessoa.[8] Tertuliano e Ambrósio preferiam a extinção da raça humana à sua propagação pelo pecado, isto é, através do intercurso sexual. Para Agostinho o ato sexual era inocente no casamento, mas a paixão que sempre o acompanha era pecaminosa. Gregório, o Grande, concordou, adicionando que quando um marido ou mulher engajam-se na relação sexual pelo prazer em vez de pela procriação, seu prazer macula seu ato sexual.

Alberto e Aquino fizeram objeção ao ato sexual porque ele sujeita a razão às paixões. Orígenes tomou Mateus 19:12 tão literalmente que castrou a si mesmo antes de ser ordenado.[9] Tertuliano alegou que "casamento e adultério... não são intrinsecamente diferentes, mas apenas no grau de sua ilegitimidade".

Essa rejeição do sexo resultou na glorificação católica da virgindade e do celibato. Pelo quinto século, os clérigos foram proibidos de casar. Atanásio declarou que a apreciação pela virgindade, que nunca antes havia sido considerada meritória, era a suprema revelação de Cristo. Agostinho frequentemente elogiava cônjuges que se abstinham do sexo. Jerônimo disse que o benefício do casamento é que ele produz virgens, e também afirmou que enquanto houve santos casados, estes sempre permaneceram virgens.

Virtualmente todos os pais da igreja têm frases louvando a virgindade como superior ao casamento. Joviniano foi excomungado por ousar

---

8 Os detalhes que cito na minha pesquisa do ensino medieval católico sobre o sexo são abundantes em qualquer pesquisa sobre o assunto, e tenho em conformidade não documentado as fontes de minha informação. Boas e breves pesquisas incluem Robert Briffault, The Mothers, vol. 3 [Nova York, Macmillan, 1927], pp. 372-75; Maurice Valency, In Praise of Love: An Introduction to the Love-Poetry of the Renaissance [Nova York, Macmillan, 1958], pp. 19-24; e Oscar E. Feucht, ed., Sex and the Church [St. Louis, Concordia, 1961], pp. 41-73. Estudos mais detalhados incluem E.C. Messenger, The Mystery of Sex and Marriage [Westminster, Md., Newman, 1948]; Derrick Sherwin Bailey, Sexual Relation in Christian Thought [Nova York, Harper and Brothers, 1959], pp. 19-166; William G. Cole, Sex in Christianity and Psychoanalysis [Nova York, Oxford University Press, 1966], pp. 43-99.

9 De acordo com Briffault, que cita Justino e Orígenes como fontes, numerosos outros tiveram realizada a mesma cirurgia (p. 372). A igreja, oficialmente, condenava a prática.

sugerir que o casamento não era pior na visão de Deus do que a virginda-de. Uma interpretação comum da parábola do semeador era que a colheita de trinta por um representava o casamento, a colheita de sessenta por um a viuvez, e a colheita de cem por um a virgindade. Esta tradição culminou com o Concílio de Trento denunciando as pessoas que negavam que a virgindade era superior ao estado de casado.

Juntamente com o louvor da virgindade havia constante depreciação do casamento, o que era ao mesmo tempo uma rejeição do sexo. De acordo com Ambrósio, "as pessoas casadas devem corar de vergonha com o estado em que estão vivendo". A igreja continuou multiplicando os dias – até meta-de de um ano ou mais – em que o sexo era proibido para as pessoas casadas, com alguns autores chegando ao ponto de recomendar abstinência em cin-co dos sete dias da semana. De acordo com Jerônimo, Deus conteve-se de pronunciar uma bênção no segundo dia da criação porque o número dois prefigurava o casamento, o qual Jerônimo associava ao pecado.

Os comentários medievais católicos sobre o começo de Gênesis são um bom índice das atitudes predominantes em relação ao sexo e ao casamento. Crisóstomo disse que Adão e Eva não poderiam ter tido relações sexuais antes da Queda. Orígenes concordou, e inclinava-se à teoria de que se o pecado não houvesse entrado no mundo, a raça humana ter-se-ia propagado de alguma maneira angélica misteriosa em vez de pela união sexual. O Bispo Gregório de Nissa alegou que Adão e Eva haviam sido originalmente criados sem desejo sexual e que se a Queda não tivesse acontecido, a raça humana ter-se-ia repro-duzido por alguma modalidade de vegetação inofensiva.

A REJEIÇÃO PURITANA DA ATITUDE MEDIEVAL

As atitudes católicas da Idade Média providenciam o pano de fundo necessário contra o qual devemos entender a visão puritana do sexo e do casamento. Em geral, os puritanos afirmavam o que os católicos negavam, e negavam o que os católicos haviam tradicionalmente afirmado. Muitos dos pronunciamentos puritanos, de fato, ocorreram em debates face a face com católicos.

Depois que a Reforma irrompeu no princípio do séc. XVI, o católico Thomas More e o puritano William Tyndale argumentaram não apenas que ministros eram livres para casar, mas que Paulo lhes havia ordenado que casassem, citando versículos como I Timóteo 3:2 ("o bispo seja... esposo de uma só mulher"). Thomas More, com seus pontos de vista católicos sobre penitência e ascetismo, considerava a teologia puritana de Tyndale como indulgente ao ponto da licenciosidade, acusando os protestantes de "viver sensual e licencioso".[10] More falou dos protestantes como pessoas que "comiam e bebiam e desregradamente cobiçavam na sua devassidão".[11]

Pregadores puritanos foram francos no seu repúdio ao ponto de vista católico. Repetidas vezes atribuíram ao diabo a proibição católica do sexo. William Gouge escreveu que "se considera a proibição do casamento uma doutrina de demônios. Pois é uma doutrina contrária à Palavra de Deus".[12] "Foi o diabo que introduziu a baixa estima por aquela honrosa condição" do casamento, escreveu Richard Sibbes.[13] De acordo com Thomas Gataker, "o leito do matrimônio (disse o apóstolo) é em si livre de impureza... Mas diz o espírito de Satanás, falando por esses homens, ou melhor, bestas: o casamento é desonroso".[14]

No seu tratado sobre o casamento o teólogo católico Erasmo havia louvado como ideal o casamento no qual marido e mulher aprendiam a viver sem relação sexual. Contrariamente, o puritano John Cotton, da Nova Inglaterra, pregou um sermão de casamento no qual chamou a abstinência

10 "A Dialogue of Comfort Against Tribulation", em C.S. Lewis, English Literature in the Sixteenth Century Excluding Drama [Oxford, Oxford University Press, 1944], p. 34.

11 Citado por C.S. Lewis, "Donne and Love Poetry in the Seventeenth Century", em Seventeenth Century Studies Presented to Sir Herbert Grierson [Oxford, Oxford University Press, 1938], p. 74.

12 Works [George, p. 265].

13 The Spiritual Man's Aim [G. F. Sensabaugh, "Platonic Love and the Puritan Rebellion", Studies in Philology 37 (1940), p. 469].

14 A Good Wife [George, p. 169]. Lutero havia escrito: "Agora é certamente óbvio que estas leis humanas que proíbem o casamento de padres realmente não são as leis do homem, mas do diabo" (crítica da ordem espiritual do papa e bispos [Plass, 2:890]).

marital de "os ditames de uma mente cega... e não daquele Santo Espírito que diz: Não é bom que o homem esteja só".[15]

O regulamento eclesiástico católico havia por séculos insistido no celibato como uma condição para a ordenação. O puritano William Gouge denunciou "a coibição impura e tirânica da igreja de Roma, pela qual todos os que entram em qualquer das suas ordens sagradas são resguardados do casamento".[16] A doutrina católica havia declarado a virgindade superior ao casamento; a réplica Puritana foi que o casamento "é um estado... muito mais excelente que a condição da vida de solteiro".[17] Muitos comentaristas católicos alegaram que a relação sexual tinha sido um resultado da Queda e não ocorrera no Paraíso; a resposta puritana é que o casamento foi ordenado por Deus, "e isso não neste mundo pecaminoso, mas no Paraíso, aquele mais alegre jardim de prazer".[18]

Não é apenas na Física que cada ação produz uma reação proporcional. Séculos de doutrina católica haviam denegrido o sexo e o casamento. Os puritanos foram de igual modo veementes ao reagirem àquela atitude e estabeleceram uma tradição que persiste até hoje.

A AFIRMAÇÃO PURITANA DO CASAMENTO

Poucas ideias desencadearam tais fontes de sentimentos entre os puritanos como sua defesa do ideal de camaradagem no casamento. Um deles escreveu:

> *Não há sociedade mais próxima, mais inteira, mais necessária, mais gentil, mais agradável, mais confortável, mais constante, mais contínua, do que a sociedade entre homem e mulher, a principal raiz, fonte e padrão de todas as outras sociedades.*[19]

---

15 Erasmus, Modest Means to Marriage [Frye, p. 152]; Cotton, A Meet Help [Edmund Morgan, Puritan Family, pp. 62-63].

16 Works [George, p. 266].

17 William Perkins, Christian Economy [James Johnson, p. 67].

18 Thomas Becon, The Christian State of Matrimony [Lerner, p. 111].

19 Thomas Gataker, A Wife Indeed [Schnucker pp. 139-40].

Gataker escreveu que o casamento é "uma das maiores bênçãos exteriores que o homem goza neste mundo".[20] Para Thomas Adams, "não há tal fonte na terra como o casamento".[21]

O ideal da amizade, que na antiguidade clássica havia sido amplamente confinado a amigos homens, agora foi transferido para a relação do casamento. No casamento, escreveu um puritano, "unis a vós um amigo".[22] Richard Baxter escreveu com respeito à camaradagem no casamento:

> *É uma misericórdia ter um amigo fiel que lhe ama inteiramente... a quem você pode abrir sua mente e comunicar suas preocupações... E é uma misericórdia ter tão perto um amigo para ser um ajudador da sua alma e... suscitar em você a graça de Deus.*[23]

A tradição católica havia visto a mulher como uma tentação. Os puritanos tiveram outra ideia. Uma boa esposa, declarou Henry Smith, é "tal dom que poderíamos considerá-lo de Deus somente, aceitá-lo como se Ele nos enviasse um presente do céu com seu nome nele – O dom de Deus".[24]

A VIRTUDE DO SEXO NO CASAMENTO

Dado o pano de fundo católico contra o qual escreveram e pregaram, a defesa puritana do casamento era ao mesmo tempo um endosso implícito do sexo no casamento como sendo bom. Eles elaboraram este ponto específica e frequentemente. Torna-se clara sua posição, uma vez esclarecidos os termos obsoletos pelos quais costumeiramente referiam-se à relação sexual: "dever matrimonial", "coabitação", "ato matrimonial", e (especialmente) "devida benevolência".

---

20 A Good Wife God's Gift [Emerson, English Puritanism, p. 210].

21 Works [George, p. 268].

22 Christopher Niccholes, A Discourse of Marriage and Wiving [James Johnson, p. 116].

23 A Christian Directory [Halkett, p. 20].

24 The Gift of God [Davies, Worship and Theology... 1534-1603, p. 318].

Onde quer que encontremos o assunto nos escritos puritanos, o sexo é afirmado como bom em princípio. Gouge referiu-se à união física como "um dos mais apropriados e essenciais atos do casamento".[25] Era a opinião de Milton que o texto "tornando-se os dois uma só carne" (Gênesis 2:24) estava incluído na Bíblia para justificar e tornar legítimos os ritos do leito matrimonial; o que era necessário, visto que mesmo com todo este mandato eram suspeitos de poluição por alguns segmentos da filosofia e das antigas religiões, e mais tarde pelos papistas.[26]

William Ames alistou como um dos deveres do matrimônio a "mútua comunhão de corpos".[27]

Tão proximamente ligadas eram as ideias de casamento e sexo que os puritanos geralmente definiam o casamento em termos da união sexual. Perkins definiu o casamento como a "conjunção legal de duas pessoas casadas; isto é, de um homem e uma mulher numa só carne".[28] Outra definição bem conhecida era esta: Casamento

> *é um acoplamento de duas pessoas numa só carne, de acordo com a ordenança de Deus... Por jungir, unir ou acoplar, quer-se dizer não apenas o aparente habitar juntos das pessoas casadas..., mas também um acordo uniforme de mente e uma participação comum de corpo e bens.*[29]

Sexo no casamento não só era legítimo na visão puritana, como deveria ser também exuberante. Gouge disse que as pessoas casadas deveriam engajar-se no sexo "de boa vontade e com prazer, voluntaria, pronta e

---

25 Of Domestical Duties [Frye, p. 155].

26 Tetrachordon [CPW, 2:606-7].

27 Conscience with the Power and Cases Thereof [James Johnson, p. 64]. Tanto Lutero como Calvino haviam preparado o caminho para a afirmação puritana do sexo conjugal. Calvino, por exemplo, havia escrito que a "relação conjugal é algo puro, honrável e santo, porque é uma instituição pura de Deus" (Commentary on First Corinthians [Cole, p. 120]).

28 Christian Economy [Halkett, p. 11].

29 Robert Cleaver, A Godly Form of Household Government [Halkett, p. 11].

jubilosamente".[30] Um puritano anônimo alegou que quando dois tornam-
-se um pelo casamento, eles

> *podem alegremente conceder a devida benevolência um ao outro; como*
> *dois instrumentos musicais corretamente ajustados fazem uma das*
> *mais agradáveis e doces harmonias num bem afinado dueto.[31]*

Alexander Niccholes teorizou que no casamento "não apenas unis a
vós um amigo e conforto para a sociedade, mas também um companheiro
para o prazer".[32]

Nesta aceitação do sexo, os puritanos mais uma vez rejeitaram o ascetismo e o dualismo implícito entre o sagrado e o secular, que governara
o pensamento cristão por tão longo tempo. Na visão puritana, Deus havia
dado o mundo físico, incluindo o sexo, para o bem-estar humano. Robert
Croftes escreveu que

> *aquele que usa estas felicidades exteriores do mundo, tal como esta do*
> *amor nupcial, para a glória de Deus e para bons fins... será mais bem*
> *reputado do que aquele que... negligencia tão grandes bens que Deus*
> *livremente nos oferece.[33]*

Na visão puritana, Deus não era um sovina celestial que privava suas
criaturas das boas coisas:

O grande sábio Salomão, num de seus mais sérios provérbios, aprova
uma espécie de arrebatamento... nos entretenimentos dos lazeres matri-
moniais; e em Cântico dos Cânticos... canta sobre milhares de enlevos

---

30 Of Domestical Duties, [Schucking, p. 38].

31 The Office of Christian Parents [Frye, pp. 155-56].

32 Discourse of Marriage and Wiving [James Johnson, p. 23].

33 The Lover: or, Nuptial Love [Schnucker, p. 307]. Gouge frequentemente menosprezava o que denominava
"abstinência estoica", chamando a isso em certo ponto de "uma disposição de modo algum autorizada pela
Palavra" (Of Domestical Duties [Frye, p. 154]).

entre aqueles amoráveis muito aquém do gozo carnal. Por estes exemplos, e outros mais que poderiam ser trazidos, podemos imaginar com que indulgência Deus supriu a solidão do homem.[34]

Os puritanos rejeitaram o ascetismo por causa de sua firme compreensão da doutrina da criação. Na sua visão, era Deus que havia criado as pessoas como seres sexuais. Assim William Whately pôde alegar que "o Autor da natureza havia designado esta união entre um homem e uma mulher", enquanto William Perkins estava seguro de que o casamento "foi ordenado por Deus no Paraíso".[35] Robert Cleaver falou do casamento como um "acoplamento de duas pessoas numa só carne... de acordo com a ordenança de Deus".[36]

Contrariamente à errônea concepção popular, os puritanos não eram melindrosos com relação ao contato físico ou erótico entre casais. Thomas Gataker disse que "o Espírito Santo permitiu alguns divertimentos e comportamentos particulares a pessoas casadas entre si que para outros pode parecer tontice".[37] Muitos escritores puritanos usaram Gênesis 26:8, que descreve Isaque acariciando Rebeca, para argumentar que o amor erótico era legítimo.[38] Um deles comentou que no casamento "um companheiro vem para tornar feliz nossa vida, como Isaque e Rebeca divertiram-se juntos", enquanto Gouge citou a mesma passagem para acusar os maridos que rejeitavam tal contato, por não terem mais prazer em suas próprias esposas do que em quaisquer outras mulheres.[39] Perkins descreveu um dos modos pelos quais os casais deveriam demonstrar "devida benevolência" um ao outro como "por uma santa espécie de regozijar-se e confortar-se um com o outro", e em conexão mencionou o beijar.[40]

---

34 Milton, Tetrachordon [CPW, 2:597].

35 Whately, A Care-Cloth [James Johnson, p. 115]; Perkins, Works [George, p. 268].

36 A Godly Form of Household Government [James Johnson, p. 56].

37 A Bride-Bush [Frye, p. 156].

38 Vide Schnucker, pp. 340-42, para exemplos.

39 Henry Smith, Sermons [Schnucker, p. 341]; Gouge, Of Domestical Duties [Schnucker, pp. 341-421.]

40 Christian Economy [James Johnson, p. 701.]

A NATUREZA DO SEXO

Embora escritores e pregadores puritanos não tivessem dado uma anatomia do que é o sexo, com uma pequena análise podemos facilmente reunir seu pensamento. Em primeiro lugar, sexo é um apetite natural e biológico implantado por Deus. Edward Taylor, poeta e ministro de Nova Inglaterra, falou do "uso do leito matrimonial" como "fundamentado na natureza do homem".[41] William Perkins classificou o casamento como uma das coisas que é espiritualmente "indiferente", acrescentando que "o reino de Deus não se situa mais nele do que nas comidas e bebidas", mais uma vez revelando uma suposição de que o sexo é tão natural como o apetite por comida.[42]

Se o sexo é deste modo um impulso natural, é ao mesmo tempo planejado para ser mais do que um ato físico. É parte de uma união total de duas pessoas, incluindo suas mentes, emoções e almas, assim como seus corpos. Para Robert Cleaver, a união sexual no casamento implicava em "um acordo uniforme de mente" bem como "participação comum de corpo".[43] Milton argumentou com respeito à união do casamento que "por solidão não apenas se quer dizer a necessidade da copulação", já que "o homem não está menos só ao unir a si um corpo, a menos que haja dentro dele uma mente responsável".[44]

Em terceiro lugar, o sexo é necessário no casamento. O casamento é o meio ordenado por Deus para satisfazer ao impulso sexual. Perkins

---

41   Commonplace Book [Edmund Morgan, "Os Puritanos e o Sexo", p. 5]. Alguns dos melhores comentários sobre o sexo como natural aparecem em Martinho Lutero, que escreveu, por exemplo: "Se uma moça não se sustém de grande e excepcional graça, ela pode viver sem um homem tão pouco quanto pode viver sem comer, beber, dormir e outras necessidades naturais. Nem, por outro lado, pode um homem dispensar uma esposa. A razão para isto é que procriar filhos é um instinto plantado tão profundamente na natureza humana quanto comer e beber" (crítica da ordem espiritual do papa e bispos [Plass, 2:889]).

42   Works [George, p. 268].

43   A Godly Form of Household Government [James Johnson, p. 56].

44   Tetrachordon [CPW, 2:598].

chamou o casamento de "um meio soberano de evitar a fornicação".[45] William Whately disse a cônjuges que o casamento "manterá seus desejos em ordem, permitindo que se satisfaçam um no outro, como nos dons de Deus".[46]

A necessidade da satisfação sexual como uma condição humana levou os puritanos a dizer muito sobre o sexo como um dever no casamento, com 1 Coríntios 7:1-5 servindo como texto central. Henry Smith chamou o versículo 3 desta passagem de "um comando a ceder a este dever [da relação sexual]... e não fazê-lo é uma infração do comando".[47] De acordo com Whately, nem marido nem mulher podem "sem sério pecado, negar relação sexual ao outro".[48] Negar união sexual, disse Gouge, "é negar um débito devido e dar a Satanás grande vantagem".[49]

O medo da separação física entre os cônjuges era um dos temas principais de escritores puritanos quanto ao sexo. Típico foi o conselho de Benjamin Wadsworth de que cônjuges não permitissem que as brigas "os façam viver separadamente, nem se alojarem separadamente: porque se uma vez chegar a isto, Satanás terá grande vantagem sobre vocês".[50] Considerar o sexo como um dever do casamento não era, porém, torná-lo uma coisa triste. William Whately encorajou parceiros de casamento a amarem um ao outro "com amor ardente" e os admoestou que não deveriam "ceder a si mesmos com malevolência e indocilidade, mas prontamente e com toda demonstração de afeição abundante".[51] Em quarto lugar, os puritanos ensinavam que o sexo é privado não porque é ruim, mas por causa de sua natureza inerente como uma união total entre duas pessoas que se comprometem

45   Christian Economy [James Johnson, p. 67].
46   A Care-Cloth [Schnucker, p. 364].
47   A Preparative to Marriage [Frye, p. 155].
48   A Bride Bush [Frye, p. 155].
49   Of Domestical Duties [Schnucker, p. 302].
50   The Well-Ordered Family [Edmund Morgan, Puritan Family, p. 63].
51   A Bride Bush [Frye, p. 155].

um com outro permanentemente. Os puritanos tinham um desdém pelas demonstrações eróticas em público, onde os impulsos sexuais dos outros podem ser inflamados.[52] Mas esta atitude de censura em relação à demonstração pública não se estendia ao amor particular. Gouge alegou que "muito maior liberdade é concedida a marido e mulher quando estão a sós do que acompanhados".[53]

Em nenhum lugar nos aproximamos mais do centro revolucionário do ensino puritano sobre o sexo do que na sua insistência de que o sexo conjugal é uma forma de castidade. A doutrina católica havia igualado a castidade à virgindade, uma interpretação errada que ainda está conosco. William Gouge atacou a posição do Concílio de Trento com a frase:

> *Aqui, por falar nisso, observe a tontice dos nossos adversários, que pensam que não há castidade senão de pessoas solteiras: sobre o que em seus discursos e escritos eles opõem a castidade e o matrimônio um ao outro, como dois contrários.[54]*

William Ames definiu a "castidade virginal" como "aquela que deveria ser mantida até o matrimônio", e "castidade conjugal" como "aquela que deveria ser mantida no matrimônio", acrescentando que "um casamento legalmente contraído e observado inclui a castidade conjugal".[55] O poeta protestante Edmund Spenser devotou um capítulo inteiro do seu poema The Faerie Queene (A Fada Rainha) a um retrato da castidade, pelo qual quis dizer abstinência antes do casamento e "amor ativo, honesto e dedicado" após o casamento.[56]

---

52 Como exemplos, vide Frye, pp. 156-57, e Schnucker, pp. 344-45.

53 Of Domestical Duties [Schnucker, p. 345].

54 Ibid., p. 306.

55 The Marrow of Theology, p. 318.

56 As descrições citadas do quadro de castidade, de Spenser, vêm de Graham Hough, A Preface to the Faerie Queen [Nova York, Norton, 1962], p. 170.

Como sugere este quadro da mulher Puritana vestida em roupas de domingo,
os Puritanos estavam longe de serem indiferentes à atração física.
De Wensceslaus Hallar, *Ornatus Muliebris Anglicanus*; cortesia da Biblioteca *Folger Shakespeare*.

O PROPÓSITO DO SEXO E DO CASAMENTO

Os puritanos também tinham uma teoria totalmente desenvolvida sobre os propósitos do sexo e do casamento. O contexto mais amplo em que devemos colocar seus comentários é a tradição protestante unificada que incluía tanto anglicanos como puritanos. Enquanto autores individuais podem modificar o esquema, a estrutura geral era uma finalidade tríplice para o casamento, ou seja, procriação, um remédio contra o pecado sexual e uma sociedade mútua.

A contribuição distintiva dos puritanos dentro desta estrutura foi mudar a ênfase primária da procriação para o companheirismo.

A ordem adotada no Livro de Oração Comum foi (1) a procriação de filhos, (2) a restrição e o remédio do pecado, e (3) sociedade, ajuda e conforto mútuos. James Johnson escreveu um capítulo inteiro para mostrar que à medida que se desenvolveu o pensamento puritano, o primeiro e terceiro propósitos do casamento mudaram de lugar na lista do Livro de Oração. Johnson fornece numerosas citações dos puritanos, as quais não tenho espaço para reproduzir, mas este resumo vale a pena ponderar:

> É o resultado da ênfase puritana sobre o companheirismo no casamento que faz a primeira e última razões mudarem de lugar. Outra maneira de dizer isto é observar que os puritanos normalmente consideram um versículo do segundo capítulo de Gênesis – "Disse mais o Senhor Deus: Não é bom que o homem esteja só; far-lhe-ei uma auxiliadora que lhe seja idônea" em vez daquele normalmente citado do primeiro: "Sede fecundos, multiplicai-vos" – para sua explicação sobre por que o casamento foi instituído por Deus em primeiro lugar.[57]

---

57 James Johnson, p. 114. Johnson também observa que "exaltar o companheirismo acima da procriação não significa para o puritano que a procriação tem menos espaço no casamento. Ao contrário, de um casamento cristão se espera que produza descendentes como resultado da vida sociável" (p. 116).

Na doutrina católica, a única coisa que havia salvo o sexo no casamento era a procriação. Os puritanos discordaram. Perkins afirmou que "alguns escolásticos erram ao sustentar que a união secreta do homem e da mulher não pode ser sem pecado a menos que seja feita para a procriação de filhos".[58] Isto é semelhante à opinião de Milton de que

> *Deus, na primeira ordenação do casamento, nos ensinou para que fim o fez... para confortar e refrescar o homem contra o mal da vida solitária, não mencionando até mais tarde a finalidade da geração.*[59]

Se a principal finalidade do sexo no casamento é a expressão de amor e companheirismo mútuos, é uma perversão do sexo reduzi-lo a um ato meramente físico. "Como podem dois... tornarem-se uma só carne legalmente", indagou Cleaver, "quando existe a falta de união e conjunção do coração, a mãe verdadeira e natural de todos os deveres do casamento?".[60] Perkins tinha algo semelhante em mente quando escreveu: "Nada é mais vergonhoso do que amar uma esposa como se ela fosse uma prostituta".[61] E Milton escreveu:

> *Embora a copulação esteja entre os fins do casamento, o ato em si, numa correta avaliação, não pode ser mais matrimonial do que um efeito do amor conjugal. Quando o amor... se desvanece... o ato carnal até pode continuar, mas não santo, não puro, não apropriado ao sagrado laço do matrimônio, sendo quando muito nada mais que uma excreção animal.*[62]

---

58 Christian Economy [James Johnson, p. 68].

59 The Doctrine and Discipline of Divorce [CPW, 2:2351]. Lutero havia semelhantemente escrito: "A propagação não está em nossa vontade ou poder, pois casal nenhum é capaz de prever se eles... darão à luz um filho ou uma filha. Meu pai e minha mãe não consideraram que queriam trazer um Dr. Martinho Lutero ao mundo. A criação é de Deus somente e nós não somos capazes de percebê-la" (Tischreden [Roland Bainton, What Christianity Says About Sex, Love, and Marriage (Nova York, Association, 1957), p. 79]). Lawrence Stone, Family, conclui que "teólogos protestantes de todas as persuasões haviam há muito identificado o conforto mútuo e o apreço como duas das finalidades do ato sexual no casamento" (p. 625).

60 A Godly Form of Household Government [Schnucker, p. 302].

61 A Godly and Learned Exposition of Christ's Sermon in the Mount [Schnucker, p. 360].

62 Tetrachordon [CPW, 2:608-9].

INTEGRANDO OS FINS ESPIRITUAL E FÍSICO DO MATRIMÔNIO

Com toda sua ênfase nos propósitos humano e físico do matrimônio, os puritanos, é claro, não negligenciaram a primazia do propósito espiritual. A integração do espiritual e físico, que é uma característica do puritanismo, não os abandonou aqui. Daniel Rogers chamou o amor romântico de "um doce composto de ambos, religião e natureza".[63] John Robinson acreditava que Deus havia ordenado o casamento "para o benefício da vida natural e espiritual do homem.[64]

Os puritanos nunca duvidaram de que o casamento deveria ser subordinado ao amor de Deus, embora vissem os dois como complementares em vez de opostos. Na primeira carta de John Winthrop à sua esposa Margaret, após seu casamento, ele a chamou de o "principal de todos os confortos abaixo da esperança de salvação".[65] A natureza complementar do amor humano e divino foi belamente apreendida pela definição poética de Milton sobre o amor conjugal em Paradise Lost:

> o amor refina
> Os pensamentos, e o coração aumenta, tem sua base
> Na razão, e é judicioso, é a escala
> Pela qual para o amor celestial deves ascender.[66]

Thomas Gataker manteve como ideal Deus tomar seu dom do casamento entre um marido e uma mulher tanto "para sua glória como para o bem mútuo deles".[67]

---

63 Matrimonial Honour [Haller, "The Puritan Art of Love", p. 264].

64 Works [George, p. 268].

65 Life and Letters of John Winthrop [Edmund Morgan, Puritan Family, p. 50]. Edward Taylor, após declarar que "o amor conjugal deve exceder todos os outros", acrescentou que o amor humano "também deve ser mantido dentro de limites. Pois deve ser subordinado à glória de Deus" (History of Norwich, Connecticut [Edmund Morgan, Puritan Farnily, p. 50]).

66 Paradise Lost, livro 8, linhas 589-92.

67 A Good Wife God's Gift [James Johnson, p. 96].

No que insistiam os puritanos, aqui como em outro lugar, era em que uma atividade comportasse propósito mais elevado que ela mesma. John Cotton advertiu contra o erro de dirigir-se "a outro propósito mais elevado que o casamento em si" e encorajou pessoas a verem os seus cônjuges "não como para seus próprios fins, mas para serem mais bem equipados para o serviço de Deus e para trazê-los mais perto de Deus".[68] Thomas Taylor escreveu:

> *Todas as pessoas casadas devem acima de tudo amar, respeitar e valorizar a graça que há no outro: não baseia teu amor sobre beleza, riquezas, porção, juventude ou tais fundamentos falhos: mas lança-o primeiro em Deus e na graça, e ele se susterá.[69]*

A visão puritana dos propósitos do matrimônio, compreendendo a união sexual mas indo além dela, é bem capsulada na seguinte definição da pena de Thomas Becon: o matrimônio é uma

> *alta, santa e abençoada ordem de vida, ordenada não pelo homem, mas por Deus... na qual um homem e uma mulher são acoplados e entretecidos numa carne e corpo no temor e amor de Deus, pelo livre, amável, entusiástico e bom consentimento de ambos, com a intenção de que os dois habitem juntos como uma carne e corpo, e uma mente e vontade, em toda honestidade, virtude e santidade, e passem suas vidas a compartilhar igualmente de todas as coisas quantas Deus lhes enviará, com ação de graças.[70]*

AMOR ROMÂNTICO COMO CONTEXTO PARA O SEXO

Os puritanos foram além do ideal do casamento santo e de companheirismo até a paixão romântica? Geralmente se diz que eram muito

---

68 Practical Commentary Upon John [Edmund Morgan, Puritan Family, p. 48].
69 A Good Husband and a Good Wife [Halkett, p. 38].
70 Book of Matrirnony [Powell, pp. 126-27].

racionais, práticos e domesticamente orientados para encontrarmos neles o que hoje chamaríamos de paixão romântica. Eu sugeriria que, se ouvirmos o que os puritanos disseram sobre o amor sexual, podemos captar a ressonância de um romance.

O poeta e ministro americano Edward Taylor escreveu à sua amada que sua paixão era "uma bola dourada de puro fogo".[71] O pastor John Pike chamou sua esposa de "o desejo dos meus olhos".[72] William Whately disse que o amor mútuo de marido e mulher deveria ser "o mais fervoroso e abundante".[73]

As cartas de John Winthrop à sua esposa são em especial um bem conhecido exemplo de romantismo puritano. Winthrop tipicamente concluía suas cartas a sua esposa com frases tais como estas: "Eu te beijo e amo com a mais terna afeição"; "assim te beijo e te dou adeus"; "Beijo minha doce esposa e permaneço sempre seu fiel esposo"; "muitos beijos de amor te envio"; "assim com os mais doces beijos e puros abraços da minha mais amável afeição permaneço teu".[74]

O amor do qual falam estes puritanos é um êxtase emocional que arrebata o que ama à sua órbita. Henry Smith disse a seus congregados que no matrimônio deve haver "um unir de corações e um entretecer de afeições".[75] William Gouge instou com esposas "a amarem seus maridos, tanto quanto os maridos deveriam amar suas esposas", acrescentando: "Sob o amor, todas as outras tarefas estão contidas: pois sem ele nenhum dever pode ser bem realizado... É como fogo, que não é apenas quente em si, mas também transmite calor ao que está próximo".[76]

Alguns escritores puritanos foram até intencionais em preservar o mistério do amor romântico. Thomas Gataker escreveu:

---

71 Citado em Edmund Morgan, Puritan Family, p. 50.
72 The Probate Records of Essex County [Ulrich, Good Wives, p. 108].
73 Prototypes... [Schnucker, p. 302].
74 Life and Letters of John Winthrop [Edmund Morgan, Puritan Family, p. 601.]
75 Sermons [Halkett, p. 65].
76 Of Domestical Duties [Lerner, p. 121].

Como a fé, assim o amor não se pode constranger. Como não há afeição mais vigorosa, também não há uma tão livre de força e compulsão... Há secretos elos de afeição que nenhuma razão pode verter.[77]

Daniel Rogers fez soar uma nota semelhante:

Maridos e mulheres deveriam ser como dois doces amigos gerados sob uma constelação, sazonados por uma influência do céu da qual nenhum dos dois pudesse dar razão alguma, salvo que a misericórdia e providência primeiro os fizesse assim e depois os unisse; dizendo, vê, Deus nos determinou a partir deste vasto mundo um para o outro.[78]

Tem-se dito corretamente que "de magnificar a significação do casamento, o pensamento puritano procedeu a magnificar os aspectos emocionais, românticos e idealistas da relação matrimonial".[79]

Há outra razão para darmos crédito aos puritanos por nutrirem o amor romântico, e ela vem da história da literatura. Durante a Idade Média, a poesia romântica e as histórias de amor enalteceram adultérios amorosos. Ao alcançarmos o final do séc. XVI, o ideal do amor conjugal romântico havia substituído o ideal de cortejo amoroso adúltero da Idade Média como o assunto habitual da literatura. C. S. Lewis havia mostrado que "a conversão do cortejo amoroso em amor monogâmico romântico foi... grandemente o trabalho de poetas ingleses e mesmo de puritanos".[80] Alguém mais afirma que os puritanos "fizeram o que cortejadores amorosos nunca ousaram fazer; ao combinarem o amor romântico com o matrimônio, criaram a nova instituição social do casamento romântico".[81]

---

77 A Good Wife God's Gift [Lerner, p. 121].

78 Matrimonial Honour [James Johnson, p. 110].

79 Haller, "The Puritan Art of Love", p. 265.

80 "Donne and Love Poetry in the Seventeenth Century", p. 75. Para um comentário sobre a influência da ética protestante do amor romântico conjugal na literatura, ver também Laurence Lerner, Love and Marriage: Literature and Its Social Context; e Leven L. Schucking, The Puritan Family: A Social Study from the Literary Sources.

81 Herbert Richardson, p. 67. Richardson alega que "o surgimento do casamento romântico e sua validação

O ideal puritano era amor conjugal romântico. Sem tal amor, o sexo no casamento estava fadado a ser uma decepção. "Quanto ao amor", escreveu William Whately, "é a vida, a alma do casamento".[82] Benjamin Wadsworth declarou que as pessoas não deveriam casar "a menos que tenham um amor cordial real" por seu cônjuge, "pois Deus ordena estritamente o amor mútuo nesta relação".[83] De acordo com John Wing, o amor de um marido por sua mulher "deve ser o mais caro, íntimo, precioso e completo que um coração possa dirigir a uma criatura; nenhum exceto o amor de Deus... está acima dele, nenhum exceto o amor por nós mesmos é companheiro dele, todo o amor pelos outros é inferior a ele".[84] Um erudito moderno resumiu a situação dizendo que "o amor era o cimento da família puritana e o sexo era visto como um dos meios de expressar esse amor".[85]

CASAMENTO É PARA PECADORES

Apesar de toda a idealização do casamento que tenho delineado, os puritanos não se achavam sob qualquer efeito de ilusão quanto ao casamento. Eles combinaram realismo com idealismo. Eles sabiam que o casamento não escapou dos efeitos da Queda.

Um puritano de Boston observou que o casamento é "muito difícil por causa das suas muitas enfermidades"; sabendo disso, um casal deve exercitar "paciência e mansidão, tolerância, perdão e esquecimento de provocações".[86] "Não busque a perfeição no seu relacionamento", advertiu

pelos puritanos... representa uma relevante inovação dentro da tradição cristã" (p. 69).

82 A Bride-Bush [James Johnson, p. 107].

83 The Well-Ordered Family [Edmund Morgan, Puritan Family, p. 541.] Gataker disse que o casamento "necessariamente deve levar o marido não somente a amar, mas amar sua esposa com um amor acima de qualquer outro amor" (Marriage Duties [Schnucker, p. 1051]).

84 The Crown Conjugal [Schnucker, p. 104]. Isto é semelhante ao comentário de Gouge de que "nem amigo, nem filho, nem pai ou mãe devem ser tão amados quanto uma esposa; ela é designada, a mulher do seu peito, para mostrar que deve ser como seu coração no seu peito" (Of Domestical Duties [Schnucker, p. 105]).

85 Bremer, p. 177.

86 Thomas Thatcher, Sermões de Boston [Edmund Morgan, Puritan Family, pp. 51-52].

Thomas Thatcher; "Deus reserva isso para outro estado onde o casamento não é necessário".[87]

John Oxenbridge recomendou que os cônjuges poderiam preparar-se para os rigores do casamento "limitando sua expectativa" e lembrando-se que "casam com um filho de Adão".[88]

ATITUDES EM RELAÇÃO A MULHERES

Uma autoridade sobre a história das atitudes em relação ao amor romântico tem observado que "em qualquer cultura há geralmente uma conexão estreita entre a visão prevalescente do casamento e a sexualidade física e a atitude adotada em relação às mulheres".[89] A glorificação puritana do sexo e do casamento tinha um efeito correspondente positivo no ponto de vista com respeito às mulheres. Esta elevação do status das mulheres tem sido variadamente atribuída às doutrinas da criação e do sacerdócio de todos os santos e ao papel da mulher como consorte num casamento de companheirismo.[90]

Qualquer que seja a razão, os puritanos exaltavam as mulheres, especialmente no seu papel de esposas e mães cristãs: Daniel Rogers chamou a esposa de "uma verdadeira amiga" e "após a paz da alma com Deus... o maior contentamento debaixo do sol".[91] Roberto Cleaver escreveu:

---

87 Ibid., p. 52.

88 Ibid.

89 Bailey, Sexual Relation, p. 61. A correspondência entre as atitudes dirigidas ao sexo e às mulheres está ilustrada pela misoginia (ódio a mulheres) que prevaleceu durante a Idade Média católica. Alguém que fez um estudo da misoginia concluiu que "enquanto uma condenação do sexo não inclui necessariamente a misoginia, há uma conexão óbvia entre elas: aversão pelo sexo leva à aversão pelo objeto sexual" (Katharine M. Rogers, The Troublesome Helpmate: A History of Misogyny in Literature [Seattle, University of Washington Press, 19661, p. 8).

90 Ulrich, Good Wives, crê que a perspectiva puritana da esposa "baseava-se na doutrina da criação que enfatizava a igualdade de homens e mulheres" (p. 109). Roberta Hamilton, The Liberation of Women (Londres, Allen and Unwin, 1978), escreve: "Enquanto a igualdade espiritual básica entre homens e mulheres é um princípio cristão fundamental, os protestantes dedicaram-se de forma especial a enfatizá-lo. Procedeu logicamente da doutrina do sacerdócio de todos os crentes verdadeiros" (p. 66). Os Georges concluíram que "toda a ênfase sobre o companheirismo entre homem e mulher... contribui para esta visão da mulher como uma adjutora de seu marido" (p. 287).

91 Matrimonial Honour [Powell, p. 139].

Muito verdadeiro é que as mulheres são, como os homens, criaturas ra-
cionais e têm aptidão flexível, tanto para o bem como para o mal... E
embora haja algumas mulheres más e lascivas, isso não prova mais a
malícia da sua natureza que a dos homens e, portanto, mais ridículos e
tolos os que censuraram todo o sexo por causa de alguns males.[92]

Algo do louvor Puritano às mulheres era bem obviamente uma refutação implícita aos ataques católicos medievais a elas. Volumes de escritos patrísticos haviam visto as mulheres como tentações para os homens. A atitude puritana foi bem expressa neste conselho a maridos recém-casados: "Tua mulher será uma bênção, nenhuma tentação; tuas liberdades serão puras para ti, e visitarás tua habitação sem pecado".[93] John Cotton escreveu que

mulheres são criaturas sem as quais não há viver confortável para
os homens... São uma espécie de blasfemadores os que as desprezam
e vituperam e as chamam um mal necessário, porque são um bem
necessário.[94]

Cleaver semelhantemente escreveu:

Uma esposa é chamada de ajudadora pelo próprio Deus, e não um
impedimento ou um mal necessário, como alguns inadvertidamente o
dizem... Estes e tais dizeres, pretendendo o desprezo às mulheres, al-
guns maliciosa e indiscretamente vomitam fora, contrários à mente do
Espírito Santo, que disse ser ela ordenada como uma ajudadora, e não
uma estorvadora.[95]

---

92 A Godly Form of Household Government [Irwin, p. 76].
93 Rogers, Matrimonial Honour [Frye, p. 159].
94 A Meet Help [Edmund Morgan, "The Puritans and Sex", p. 41].
95 A Godly Form of Household Government [Irwin, p.76].

Num capítulo subsequente sobre o tópico da família puritana, terei ocasião de registrar uma forte ênfase puritana na liderança do marido e na subordinação da mulher. No contexto do presente capítulo, é importante notar que as ideias Puritanas sobre sexo e casamento tiveram o efeito de mitigar a hierarquia na direção da igualdade marital. Lawrence Stone o resume dizendo que "o desejo puritano de preservar a autoridade masculina... foi na prática minada por um zelo puritano pelo santo matrimônio".[96]

Nas discussões puritanas sobre hierarquia na relação conjugal, a palavra "igualdade" continua a aparecer. "De todas as ordens que são desiguais", escreveu Samuel Willard, aquela de marido e mulher "chegam mais próximas de uma igualdade, e sob vários aspectos apoiam-se numa mesma base. Estes formam um par, que exige que exista paridade".[97] Nenhum puritano cria mais fervorosamente na liderança do marido do que John Milton; entretanto, observe como ele tenta manter a igualdade sob o guarda-chuva da hierarquia: "O homem... a recebe dentro de uma parte desse império que Deus concede a ele, embora não igualmente, no entanto grandemente, como sua própria imagem e glória".[98]

De acordo com William Secker, Deus fez Eva uma "linha paralela desenhada igual" a Adão, não criada da cabeça "para alegar superioridade, mas do lado para se contentar com a igualdade".[99] Para Rogers, "a sujeição da qual tratamos não é escravista, mas de alguma forma igual e real".[100] "De todos os graus nos quais há qualquer diferença entre pessoa e pessoa", disse Gouge, "há a menor disparidade entre homem e esposa". Ele explicou:

---

96 Stone, Family, p. 14.

97 A Complete Body of Divinity [Ulrich, Good Wives, p.8].

98 Tetrachordon [CPW, 2.589].

99 A Wedding Ring [Ulrich, Good Wives, p. 107].

100 Matrimonial Honour [Stenton, p. 150].

Embora o homem seja como a cabeça, entretanto a mulher é como o coração, que é a parte mais excelente do corpo depois da cabeça, muito mais excelente que qualquer outro membro abaixo da cabeça, e quase igual à cabeça sob muitos aspectos, e tão necessário quanto ela.[101]

Tais frases não eliminam a liderança do marido. Ao contrário, mostram que o ideal puritano do casamento de companheirismo tendia a suavizar as reivindicações de domínio masculino e a produzir uma versão iluminada da hierarquia marital.

SUMÁRIO

A doutrina puritana do sexo foi um divisor de águas na história cultural do Ocidente. Os puritanos desvalorizaram o celibato, glorificaram o casamento de companheirismo, afirmaram o sexo conjugal como necessário e puro, estabeleceram o ideal do amor conjugal romântico e exaltaram o papel da mulher.

Este complexo de ideias e valores recebeu sua mais eloquente e bela expressão na obra de Milton, sobre a vida conjugal de Adão e Eva, em seu épico Paradise Lost. Ao retratar o casamento perfeito no Livro IV, Milton esmerou-se em mostrar que Adão e Eva gozaram da união sexual antes da Queda. Quando Adão e Eva retiram-se para seu caramanchão à noite, lemos:

Bem lado a lado se puseram, não se virou, suponho,
Adão de sua bela esposa, nem Eva os ritos
Misteriosos de amor conubial recusou:
Que quer que falem austeramente hipócritas
De pureza, ordem e inocência,
Difamando como impuro o que Deus declarou

---

101 Of Domestical Duties [Irwin, p. 98].

Puro, e ordena a alguns, deixa livre a todos.

Nosso Criador ordena crescei, quem ordena abstende

Senão nosso destruidor, inimigo de Deus e dos homens?[102]

Havendo-se dissociado da tradição católica, Milton faz seu famoso apóstrofe (dircuso) ao amor conjugal:Saudai o amor conjugal, lei misteriosa, verdadeira fonte

Da descendência humana, única decência

No paraíso de todas as coisas comuns além.

Por ti a cobiça adúltera foi afastada dos homens

Entre as hordas bestiais a vagar, e por ti

Fundadas na razão, leal, justa e pura,

Relações preciosas, e todas as caridades

De pai, filho e irmão primeiro se conheceram.

Longe esteja, que te imprimisse pecado ou culpa,

Ou te pensasse indecoroso lugar santíssimo,

Fonte perpétua de doçuras domésticas,

Cujo leito é imaculado e pronunciado casto.[103]

Todos os temas comuns estão aqui: a base bíblica para legitimar o sexo (como evidenciado por várias alusões), a diferenciação entre a lascívia animal e o amor sexual humano, o contexto doméstico no qual é posta a realização sexual e as suas demonstrações românticas. Isto, e não o moderno estereótipo, é o que os Puritanos realmente disseram sobre o sexo.

Quanto ao amor, é a vida, a alma do casamento.

– William Whately

---

102 Paradise Lost, Livro IV, linhas 741-49.

103 Ibid., linhas 750-61.

Embora o homem seja como a cabeça, entretanto é a mulher como o coração.
– William Gouge

O homem cujo coração foi cativado pela mulher que ele ama... força a todos a confessar que o curso de sua afeição, como poderosa corrente, despeja-se com abundância de fluxo e vigor.
– Thomas Hooker

A ética puritana do trabalho, uma mistura de diligência e frugalidade, às vezes produz riqueza. O uso cristão do dinheiro foi uma ideia sobre a qual os Puritanos dispensaram muita atenção. Gravura em madeira de Jost Amman, *Book of Trades*; cortesia da Biblioteca Britânica.

CAPÍTULO 4

DINHEIRO

Deus nunca deu um presente sem providenciar ocasião,
uma vez ou outra, de exibi-lo para a glória de Deus.
Pois, enviando riquezas, Ele enviaria homens pobres para
serem ajudados por ela. – HUGH LATIMER

Um dos livros mais influentes e controvertidos do nosso século foi *Protestant Ethic and the Spirit of Capitalism* (A Ética Protestante e o Espírito do Capitalismo – Companhia das Letras), 1930, de Max Weber. Começando com a observação de que o aparecimento do comércio da classe média ocorreu principalmente entre os protestantes, Weber se dispôs a explorar as conexões entre "a ética protestante" e "o espírito do capitalismo moderno". Encontrou muitas conexões: uma crença de que se pode servir a Deus no chamado pessoal secular, uma tendência a viver vidas disciplinadas e até ascéticas, um espírito de individualismo, uma ênfase no trabalho árduo e uma boa consciência referente ao ganho de dinheiro. Embora Weber fosse altamente seletivo nos dados que escolheu para considerar, sua análise descobriu muito de importante sobre o movimento protestante.

A chamada tese de Weber produziu alguns resultados infelizes, porém. Os protestantes têm sido descritos como tendo elevado o lucro ao mais alto objetivo da vida, como vendo o acúmulo de riquezas como uma obrigação moral e como aprovando virtualmente todo tipo de competição nos negócios. Uma olhada nas atitudes e práticas puritanas relacionadas ao dinheiro mostrará que a tese de Weber era uma boa ideia que acabou pervertendo seriamente a verdade.[1]

O DINHEIRO É BOM OU RUIM?

Quando Martinho Lutero tornou-se um monge, fez um voto de pobreza. Isto refletia uma antiga visão católica de que a pobreza é inerentemente virtuosa. Mas os reformadores – incluindo até mesmo Lutero – não a viam assim. O ponto de partida do seu pensamento sobre o dinheiro e sobre os bens era de que estas coisas, em princípio, eram boas.

Os puritanos concordaram com Calvino que "o dinheiro em si é bom".[2] Quando Samuel Willard elogiou John Hull em seu funeral, não viu contradição no fato do comerciante ter sido "um santo no mundo" que "viveu acima do mundo", tendo sido industrioso no seu negócio, de forma que se poderia dizer dele que "a Providência havia lhe dado uma porção próspera dos bens deste mundo".[3] De acordo com Richard Baxter, "todo o amor da criatura, o mundo ou as riquezas não são pecado. Pois todas as obras de Deus são boas, como tais".[4]

Samuel Willard teorizou que "as riquezas são consistentes com a santidade, e quanto mais um homem tem, mais condição tem de fazer o bem, se Deus lhe dá um coração para isso".[5] William Adams considerava o empreendimento econômico também digno da atenção de um cristão; ele escreveu que o cristão "tem muito negócio a fazer no mundo, e envolvendo o mundo, a que deve atender vigorosamente".[6]

Ao afirmar a virtude do dinheiro, os puritanos acharam necessário

---

1 A tese de Weber tem estado em declínio há algum tempo, e com boas razões. Ver as críticas por Hyma, Christianity, Capitalism and Communism; Robertson, Aspects of the Rise of Economic Individualism; vários autores em Protestantism and Capitalism: The Weber Thesis and Its Critics, ed. Robert W. Green; e Walzer, The Revolution of the Saints, pp. 304-307.

2 Comentário sobre Mateus 19:24 [Hyma, p.182].

3 The High Esteem Which God Hath of the Death of His Saints [Miller, Nature's Nation, p.38].

4 A Christian Directory [Kitch, p. 113].

5 A Complete Body of Divinity [Foster, p. 111].

6 Citado em Emerson, Puritanism in America, pp. 141-42.

defender os aspectos legítimos do dinheiro contra suas depreciações. William Perkins o fez num sermão sobre Mateus 6:19-20, no qual alistou o que Cristo não proibiu:

> *Labor diligente numa vocação principal, pela qual uma pessoal provê as coisas necessárias para si e para aqueles que dele dependem... A fruição e posse de bens e riquezas, pois são a boa bênção de Deus, quando bem usadas... O ajuntar e amontoar tesouros não é simplesmente proibido, pois a Palavra de Deus o permite num certo sentido. 2 Coríntios 12:14.*[7]

Os puritanos não sentiam culpa com relação a ganhar dinheiro; ganhar dinheiro era uma forma de mordomia. Uma das passagens a que muito recorreu Weber em sua tese é a seguinte frase de Richard Baxter:

> *Se Deus mostrar-lhe um meio pelo qual você possa legalmente ganhar mais do que por outro meio (sem prejuízo à sua alma, ou à qualquer outra), se você o recusa e escolhe o meio menos lucrativo, você cruza uma das fronteiras do seu chamado e recusa-se a ser o mordomo de Deus.*[8]

No contexto mais amplo do escrito de Baxter sobre economia, este chamado à eficiência e produtividade é simplesmente uma evidência de senso comum e de um forte senso do desejo de ser um mordomo dos dons de Deus.

Por que os puritanos estavam tão certos de que o dinheiro era algo bom? Principalmente porque criam que dinheiro e riquezas eram presentes de Deus. "Se acontece de termos herdado muita propriedade", escreveu Perkins, "devemos desfrutar delas de boa consciência como bênçaos e pre-

---

7 Works [Kitch, pp. 108-9].

8 A Christian Directory [Harkness, pp. 184-85].

sentes de Deus".[9] John Robinson comentou: "A bênção do Senhor torna rico... E como as riquezas são em si as bênçãos de Deus, assim devemos desejá-las, para o confortável curso de nossos estados natural e civil".[10] Se dinheiro e propriedade são presentes de Deus, Richard Sibbes podia afirmar: "As coisas do mundo são em si boas e dadas para adoçar nossa passagem ao céu".[11]

Por verem a prosperidade como um presente de Deus, os Puritanos decididamente a dissociavam da ideia de mérito humano. Se é um dom, como pode ser conquistado?[12] O esforço humano apenas não garante o sucesso; mesmo quando Deus abençoa o trabalho com prosperidade, é sua graça e não o mérito humano que produz a bênção. Cotton Mather afirmou: "Em nossas ocupações, estendemos nossas redes; mas é Deus quem põe nas nossas redes tudo que vem nelas".[13] "Se os bens se adquirem pelo trabalho, providência e habilidade", escreveu John Robinson, "é a bênção de Deus que tanto dá a faculdade quanto o uso e o sucesso nela".[14] A ética puritana é uma ética da graça, não do mérito humano.

A defesa dos puritanos pela propriedade privada foi uma extensão da sua crença na legitimidade do dinheiro.[15] William Ames escreveu que a propriedade privada fundamenta-se "não apenas no direito humano mas

---

9 Works [Hyma, p. 233].

10 Observations of Knowledge and Virtue [Reinitz, p. 73].

11 The Saints' Cordials [George, p. 125].

12 Proponentes da tese de Weber concentraram seus ataques especialmente em Calvino, afirmando que ele fez do ganhar dinheiro um sinal de que alguém era eleito. No entanto, Calvino negou que a prosperidade tenha qualquer conexão com a virtude. Ele declarou, por exemplo: "Devemos reconhecer isto como um princípio geral, que as riquezas não chegam aos homens através de suas virtudes, nem sabedoria, nem luta, mas apenas pela bênção de Deus" (Sermão sobre Deuteron8mio 8:14-20 [Harkness, p. 217]). Em seu comentário sobre o Salmo 127:2, Calvino escreveu: "Salomão afirma que nem o viver a um baixo custo nem a diligência nos negócios irão, por si, beneficiar em nada".

13 Sober Sentiments [Perry, p.312]. Calvino havia escrito que "os homens em vão se cansam com a labuta, e desgastam-se correndo para adquirir riquezas, já que estes também são um benefício apenas por Deus" (Comentário sobre o Salmo 127:2).

14 Observations of Knowledge and Virtue [Reinitz, p. 73].

15 Uma fonte padrão é H.G. Wood, "The Influence of the Reformation on Ideas Concerning Wealth and Property", pp. 141-77, em Property: Its Duties and Rights [sem editor] (Nova York, Macmillan, 1922).

também no direito natural e divino".[16] Noutro lugar Ames escreveu que há justiça "na custódia legal das coisas que temos".[17] Quando John Hull, um dos primeiros príncipes mercantes de Massachusetts, perdeu seus navios para os holandeses, tomou consolação na providência de Deus: "A perda do meu patrimônio não será nada, se agradar ao Senhor aproximar de Si a minha alma e desprendê-la mais dos confortos da criatura". Mas quando seu feitor roubou seus cavalos, Hull tomou a perspectiva de que "o faria saber que são, pela boa providência de Deus, meus".[18]

O endosso puritano do dinheiro e da propriedade não deveria ser interpretado como uma elevação dos bens materiais acima dos valores espirituais. John Winthrop desprezava aqueles que confundem "a prosperidade exterior com a verdadeira felicidade".[19] Peter Bulkeley escreveu que um cristão "pode fazer muitas coisas por si", entretanto, apenas enquanto "isto não está em oposição, mas em subordinação a Deus e a sua glória".[20]

Richard Rogers, na privacidade de seu diário, sumarizou a perspectiva na qual os puritanos afirmavam a riqueza:

> *Assim, pode-se dizer de nossa prosperidade exterior que, sendo que Deus nos tem dado tão grande encorajamento, podemos de boa vontade nos deleitar com os outros nas coisas que são boas. Mas devemos descobrir que o nosso abraçar entusiástico da doutrina de Deus e do amor a ela e o esforço para em boa consciência apreciar a redenção de Cristo é o que faz nossas vidas alegres, pois isso não pode por qualquer malícia do homem ou do diabo ser tomado de nós.[21]*

---

16 Conscience with the Power and Cases Thereof [Miller, Nature's Nation, p. 341.]

17 The Marrow of Theology, p. 323.

18 Hull, Diaries [Miller, Nature's Nation, p. 37].

19 Winthrop Papers [McGee, p.45]. Isto concorda com a visão de Lutero de que "ninguém é rico, seja ele imperador ou papa, exceto o homem que é rico em Deus" (Exposição de Êxodo 20:5 [Plass, 3:1438]).

20 The Gospel-Covenant; or the Covenant of Grace Opened [MeGiffert, pp. 36-37].

21 Knappen, Two Elizabethan Puritan Diaries, p. 73.

E QUANTO À POBREZA?

Se as riquezas são uma bênção de Deus, então a pobreza deve ser uma maldição e um sinal do desfavor de Deus – certo? Errado, disseram os puritanos, que discordaram de toda uma série de pressupostos frequentemente atribuídos a eles no séc. XX.

Em primeiro lugar, os puritanos discordavam de que a santidade é uma garantia de sucesso. Thomas Watson foi ao ponto de dizer que "a verdadeira santidade é geralmente acompanhada de perseguição... Os santos não têm carta de isenção de provações... Sua piedade não lhes protegerá dos sofrimentos".[22]

Se a santidade não é uma garantia de sucesso, então o inverso também é verdadeiro: o sucesso não é um sinal de santidade. É assim que os puritanos entendiam o assunto. John Cotton afirmou que um cristão "igualmente suporta os bons e maus sucessos como Deus os dispensa a ele".[23] Samuel Willard escreveu: "As riquezas não são evidências do amor de Deus, assim também a pobreza não o é de sua raiva ou ódio".[24] Samuel Hieron disse que assim como muitos dos "amados servos" de Deus "sentem de fato a dor da pobreza, também muitos dos mais ímpios... têm uma boa porção nesta vida".[25]

Com o elo causal entre o sucesso e a santidade assim rompido, os puritanos concluíram várias coisas sobre a pobreza. Uma foi que a pobreza não é necessariamente algo mau ou vergonhoso. "A pobreza", escreveu Ames, "não é um crime em si, ou uma falha de que se envergonhar: mas é

---

22 The Beatitudes, p. 259. Lutero havia afirmado o caso ainda mais decididamente: "Deus pode encher os cofres de um maroto. Mas disto não se segue que a pessoa é piedosa... Por outro lado, Ele pode deixar o homem piedoso ter um lote difícil e amargo(Sermão em Êxodo 20:2 [Plass, 1:434]).

23 Christian Calling [Miller/Johnson, 1:324]. Noutro lugar Cotton teorizou que "nenhum homem pode ao certo discernir o amor ou o ódio de Deus por ele mesmo ou pelos outros a partir de eventos ou condições exteriores" (A Brief Exposition of Ecclesiastes [Foster, p. 128]).

24 A Complete Body of Divinity [Foster, p. 128]. Willard afirmou que a riqueza e a pobreza são "coisas [que] em si mesmas não tornam o homem melhor ou pior e são igualmente irrelevantes para a salvação eterna".

25 "A Prayer Fit for One Whom God Hath Enriched with Outward Things" [Emerson, English Puritanism, p. 182]. Lutero havia chamado de "completamente sem nexo" a "ilusão" que levava as pessoas a concluir que se alguém "tem boa fortuna, riqueza e saúde..., eis que Deus está morando aqui" (Exposição em Gênesis 19:2-3 [Plass' 3:1436]).

várias vezes enviada por Deus aos santos, ou como correção, ou provação ou sondagem, ou ambos".[26] Richard Baxter concluiu:

> *Ninguém é excluído da igreja por carência de dinheiro, nem é a pobre-*
> *za ofensiva a Cristo. Um coração vazio pode barrá-los, mas não uma*
> *bolsa vazia. Seu reino de graça sempre foi mais consistente com a des-*
> *prezada pobreza do que com a riqueza e com a honra.[27]*

De fato, os Puritanos alegaram que a pobreza pode muito bem ser o modo de Deus abençoar ou ensinar espiritualmente uma pessoa. Ao lidar com passagens bíblicas que prometem as bênçãos de Deus aos crentes, Samuel Bolton escreveu:

> *Mas julgaremos em nada ter a natureza da bênção senão no gozo das*
> *boas coisas temporais e exteriores? Não podem as perdas serem bên-*
> *ções, assim como os prazeres?[28]*

E Thomas Watson, numa lista de "coisas que concorrem para o bem dos filhos de Deus", incluiu a pobreza, com este comentário:

> *A pobreza trabalha para o bem dos filhos de Deus. Ela enfraquece suas*
> *cobiças. Ela aumenta suas graças. "Pobre no mundo, rico na fé" (Tiago*
> *2.5). A pobreza tende à oração. Depois que Deus poda as asas de seus*
> *filhos pela pobreza, eles voam velozes ao trono de graça.[29]*

Ao vindicarem a pobreza, os puritanos foram cuidadosos em distinguirem-se do ensino católico sobre a pobreza como meritória em si. William Ames tornou claro isto quando denunciou os votos de pobreza

---

26 Conscience with the Power and Cases Thereof, p. 253.
27 The Saints' Everlasting Rest, pp. 62-63.
28 The True Bounds of Christian Freedom, p. 175.
29 The Beatitudes, p. 251.

dos monges como "loucura, uma presunção supersticiosa e perversa, sendo que vendem esta pobreza por uma obra de perfeição... que em muito prevalecerá para satisfação e mérito diante de Deus".[30] Os puritanos usaram a frase "pobreza evangélica" para descrever seu ideal de aprender lições espirituais da pobreza que Deus lhes pudesse enviar em seus chamados comuns no mundo.[31]

Os puritanos não idealizaram a pobreza como algo a ser buscado. Contrariamente à teoria monástica católica, os puritanos julgaram que a pobreza não é um meio seguro de se evitar a tentação. Richard Baxter comentou:

> *A pobreza também tem suas tentações... Pois mesmo os pobres podem angustiar-se com o amor àquela riqueza e abundância que nunca alcançam; e podem perecer por amar demasiadamente o mundo os que ainda não prosperaram no mundo.*[32]

Os puritanos também rejeitaram a ética do descaso, que se contenta com deixar os pobres permanecerem pobres. Na sua visão, a pobreza não é infortúnio não aliviado, mas certamente não é o objetivo que deveríamos ter para as pessoas. "O homem rico confortar o pobre pela liberalidade", disse Thomas Lever num sermão.[33] "Deus nunca deu um presente", pregou Hugh Latimer, "sem providenciar ocasião, uma vez ou outra, de exibi-lo para a glória de Deus. Pois, enviando riquezas, Ele enviaria homens pobres para serem ajudados por ela."[34] Latimer foi até o ponto de dizer que "o ho-

---

30 Conscience with the Power and Cases Thereof, pp. 252-253.

31 A discussão de Thomas Watson sobre a "pobreza evangélica" num sermão sobre as Bem-aventuranças é típico. Devemos distinguir, escreveu ele, "entre pobre num sentido evangélico e pobre num sentido papista. Os papistas dão um brilho errado ao texto. Por 'pobre de espírito' eles entendem aqueles que, renunciando a seus patrimônios, votam uma pobreza voluntária, vivendo retiradamente em seus monastérios. Mas Cristo nunca quis dizer isto. Ele não lhes pronuncia a benção aos que se fazem pobres, deixando seus patrimônios e vocações, mas aos que são evangelicamente pobres" (The Beatitudes, p. 41).

32 A Christian Directory [Kitch, p. 114].

33 A Sermon Preached at Paul's Cross [Hyma, p. 182].

34 The Sixth Sermon Preached Before King Edward VI [Green, p. 70].

mem pobre tem título dos bens do homem rico; de forma que o homem rico deve deixar o homem pobre ter parte de suas riquezas para ajudá-lo e confortá-lo também".[35]

Em matéria de pobreza, então, os puritanos ensinaram que ela é às vezes a porção dos santos e que pode ser uma bênção espiritual. Não é, porém, meritória em si, e os pobres requerem a generosidade das pessoas que têm os recursos para ajudá-los.

OS PERIGOS DA RIQUEZA

Em vez de considerar o sucesso um sinal da aprovação de Deus ou da sua própria virtude, os puritanos estavam muito mais dispostos a olharem a prosperidade como uma tentação. Uma nota sobre Gênesis 13:1, na Bíblia de Genebra, fala com intensidade: "As grandes riquezas" de Abraão "adquiridas no Egito não o impediram de seguir sua vocação", dando a entender que suas riquezas poderiam facilmente ter-se tornado uma tentação para ele. "Tanto a pobreza como as riquezas", escreveu John Robinson, "têm suas tentações... E dos dois estados... as tentações das riquezas são as mais perigosas".[36] Thomas Lever declarou: "O que busca ser rico... cairá em diversas tentações e ciladas do diabo".[37] Richard Rogers, ao acordar pouco depois da meia-noite, foi convencido do fato de que as bênçãos de Deus "tornaram-se muito doce para mim e... perigosas".[38]

Para nossa grande surpresa, os puritanos viram uma relação inversa entre a riqueza e a santidade. Não precisava ser assim, mas em sua visão geralmente acontecia. "Lembre-se de que as riquezas tornam mais difícil a salvação do homem", advertiu Richard Baxter.[39] Samuel Willard acreditava que "é coisa rara ver homens que têm as maiores vantagens visíveis...

---

35 The Fifth Sermon on the Lord's Prayer [Tawney, p. 262].

36 Observations of Knowledge and Virtue [Reinitz, p. 73].

37 A Sermon Preached Before the King [Hyma, p. 181].

38 Diary [Knappen, Two Elizabethan Puritan Diaries, p. 81].

39 A Christian Directory [Hyma, p. 241.]

serem muito zelosos por Deus".[40] Richard Sibbes observou que "quando o mundo possui nosso coração, torna-nos falsos para Deus e falso para o homem, torna-nos infiéis a nossos chamados e falsos à própria religião".[41]

Edmund Morgan está certo quando diz que "os puritanos sempre sentiram-se mais à vontade quando a adversidade os fazia apertar seus cintos".[42] "A busca da abundância é um prejuízo à salvação da alma", disse William Perkins, que noutra parte foi ainda mais brusco: "Consideremos o que moveu Judas a trair seu mestre: a saber, o desejo de riqueza".[43] Richard Greenham afirmou que "é mais difícil crer tendo abundância de recursos mundanos do que na carência deles".[44]

Ao elaborar o tema dos perigos da riqueza, os puritanos deram uma anatomia das razões por que o dinheiro é perigoso. Em primeiro lugar está a tendência de o dinheiro substituir Deus como objeto de devoção máxima. Bens mundanos "são véus postos entre Deus e nós, eles fixam nossa vista neles de modo que não penetrem até Deus".[45] "Quão pronto está [o homem] a limitar sua felicidade a exterioridades", observou Thomas Watson.[46] John Robinson disse o mesmo: "Se um homem é rico, e pleno, está em perigo de negar a Deus, e a dizer com orgulho e desprezo por Ele...: quem é o Senhor?"[47] Richard Rogers observou com respeito aos bispos e clérigos abastados da igreja anglicana que "eles nunca pareciam ter gravemente abandonado a Deus até crescerem em riqueza".[48]

Uma segunda razão pela qual as riquezas são perigosas é que instilam confiança no eu em vez de em Deus. Richard Baxter foi da opinião que "quando os homens prosperam no mundo, suas mentes são elevadas

---

40 Citado em Miller, Seventeenth Century, p. 473.

41 The Saints' Cordials [George, p. 125].

42 "The Puritan Ethic and the American Revolution", em McGiffert, p. 185.

43 Works [Kitch, p. 108; George, p. 172].

44 Grave Counsels and Godly Observations [White, p. 228].

45 Ibid.

46 The Beatitudes, p. 25.

47 Observations of Knowledge and Virtue [Reinitz, p. 73].

48 Diary [Knappen, Two Elizabethan Puritan Diaries, p. 79].

com seus patrimônios, e mal podem crer que são tão ruins, quando eles mesmos sentem-se tão bem".[49] "Do orgulho dos homens ricos", disse John Robinson, "normalmente nasce desprezo pelos outros, especialmente pelo pobre".[50] A oração modelo de Samuel Hieron para uso de pessoas ricas toca no mesmo ponto:

> Apto estarei a elevar meu coração, a me orgulhar em minha própria vaidade, a confiar na minha própria riqueza, a desprezar os outros, a crescer no amor por este mundo presente..., porque Tu me enriqueceste.[51]

A aquisição da riqueza, disseram os puritanos, também tem uma maneira de absorver tanto da energia e do tempo de uma pessoa que o leva para longe da preocupação religiosa e moral pelos outros. Richard Mather, em seu sermão de despedida, disse:

> A experiência mostra que é algo fácil em meio aos negócios seculares perder a vida e o poder da religião, nada restando disso senão apenas a forma externa, como se fosse o cadáver ou a casca, tendo o mundanismo carcomido o miolo, tendo consumido a própria alma e a vida da santidade.[52]

Cotton Mather ficou igualmente alarmado pela tendência ao materialismo na sociedade da Nova Inglaterra: "A religião gerou a prosperidade e a filha devorou a mãe".[53]

Os puritanos também compreenderam que o dinheiro é perigoso porque gera um apetite que nunca pode satisfazer. O dinheiro nunca

---

49 The Practical Works [Hyma, pp. 224-25].

50 Observations of Knowledge and Virtue [Reinitz, p. 74].

51 "A Prayer Fit for One Whom God Hath Enriched with Outward Things" [Emerson, English Puritanism, p. 181].

52 A Farewell Exhortation to the Church and People of Dorchester in New-England [Miller, Colony, p. 4].

53 Magnalia Christi Americana [Foster, p. 121].

cumpre suas promessas, eles observaram. "As riquezas são como uvas pintadas", escreveu Henry Smith, "que parecem como se satisfizessem um homem, mas não saciam sua fome nem extinguem sua sede. As riquezas de fato fazem um homem cobiçar, ter inveja e manter a mente sob cuidado".[54] Thomas Watson concordou:

> A alma é algo espiritual, as riquezas são de um extrato terreno, e como poderão estas preencher aquela?... Como os homens têm sede do mundo... mas, infelizmente, ele foge à sua expectativa. Não pode preencher o hiato e a ânsia de sua alma.[55]

"Esforça-te para atender às tuas maiores necessidades, as quais a riqueza do mundo não suprirá", advertiu Richard Baxter.[56]

Se o dinheiro é tão perigoso assim, não deveria uma pessoa simplesmente evitá-lo? Não de acordo com os puritanos. William Ames afirmou que "as riquezas... moralmente não são boas nem más, mas coisas indiferentes que o homem pode usar bem ou mal".[57] Thomas Adams disse a sua congregação urbana: "Ensinamo-lhes não a jogar fora a bolsa, mas a cobiça".[58]

O antídoto aos pecados que a riqueza pode trazer é desobstruir-se da devoção à riqueza. O constante tema dos puritanos a este respeito foi a aliança interna entre a mente e as afeições de uma pessoa. Baxter escreveu:

> Cuidado com este abismo na mente terrena... Guarda as coisas terrenas como trajes externos, ainda desprendidos de ti, para que os possa deixar de lado quando for o caso: mas permita que Deus e a glória estejam junto a teu coração, até como o próprio sangue e espírito pelo qual vives.[59]

---

54 Works [Irvonwy Morgan, p. 109].
55 The Beatitudes, pp. 26, 28-29.
56 A Christian Directory [Hyma, p. 224].
57 Conscience with the Power and Cases Thereof, p. 253.
58 Works [Hill, Change, p. 96].
59 The Saints' Everlasting Rest, p. 124.

Richard Sibbes tinha conselho semelhante: "Esforça-te, portanto, para ter o mundo em seu lugar apropriado, sob teus pés".[60]

Em suma, o meio de evitar os perigos do dinheiro é colocar em primeiro lugar as primeiras coisas. Como escreveu Baxter:

No comércio, na agricultura ou em qualquer outro empreendimento lucrativo, estamos acostumados a dizer de um homem que ficou rico que ele fez uso do seu tempo; mas quando o céu e a comunhão com Deus no dia a dia, e uma vida santa e o conforto de uma morte cheia de gozo estão em vista, com que alegria se deveria remir o tempo para estas coisas?[61]

QUANTO É O BASTANTE?
O IDEAL PURITANO DE MODERAÇÃO

Para os puritanos, a questão crucial não era o valor da renda de uma pessoa, mas quanto era gasto consigo mesmo. O ideal puritano era a moderação. Tal ideal tem atraído, é claro, a muitas pessoas além dos puritanos, mas o conceito de "temperança", em seu tempo, estava associado a eles.

Os puritanos conceberam a moderação ou temperança como uma média áurea entre extremos. John Downame escreveu que "o estado médio deve ser preferido bem antes da maior prosperidade... O estado médio... preserva-nos do esquecimento de Deus, da ausência de religião e da impureza. " [62] Uma das respostas de William Perkins à pergunta: "Como pode um homem de boa consciência possuir e usar riquezas?", foi: "Devemos usar especialmente a moderação da mente no possuir e no usar as riquezas, e contentar-nos com nossa condição".[63] John Cotton falou em termos

---

60 The Saints' Cordials [George, p. 125].
61 A Christian Directory [Hyma, p. 224].
62 The Plea of the Poor [George, p. 162].
63 The Whole Treatise of the Cases of Conscience [White, p. 263].

semelhantes: "A fé... recebe com moderação todo sucesso que recai [sobre uma pessoa] em seu chamado... A fé ajusta o coração à moderação".[64]

Se a moderação é o objetivo, precisa ser protegida contra seus opostos. Um destes é a ganância pela riqueza, que é frequentemente entrelaçada à cobiça. Num sermão sobre Mateus 6.19-20, Perkins alistou o seguinte como algo que Cristo proíbe: "variadas práticas da cobiça, das quais a primeira é a busca excessiva da riqueza do mundo, quando os homens não mantêm qualquer medida ou moderação".[65] Richard Steele advertiu que

> *o comerciante deve manter-se em guarda contra a cobiça como o peca-*
> *do mais repugnante ao contentamento... Por cobiça quero dizer aqui*
> *qualquer desejo insaciável pelas riquezas, quando um homem quer ser*
> *rico e pensa que doutra forma não pode ser feliz.*[66]

No cenário americano, Cotton Mather denunciou "o desejo insaciável por terras e acomodações do mundo... apenas para que tenham liberdade de ação no mundo".[67]

Outra coisa a que se opõe a moderação é à luxúria. Os puritanos olhavam de soslaio o estilo de vida regalado, não importando que forma tomasse – casa, roupa, recreação ou hábitos alimentares. Quando Richard Baxter denunciou os "vícios da riqueza", incluiu uma discussão sobre a sensualidade, o comer em excesso, a excessiva indulgência nos esportes e na recreação.[68] Suas "orientações contra a prodigalidade e o pecaminoso desperdício" incluíam comentários contra "mal acostumar o estômago com excesso... ou com o dispendioso comer e beber", "visitas e entretenimentos desnecessários e custosos" e "prédios suntuosos desnecessários".[69]

---

64 Christian Calling [Miller/Johnson, 1:324].
65 Works [Kitch, p. 109].
66 The Tradesman's Calling [Kitch, p.116].
67 Magnalia Christi Americana [Hyma, p. 250].
68 Chapters from a Christian Directory, ed. Jeannette Tawney (Londres, G. Bell and Sons, 1925), pp. 55-57.
69 Ibid., pp. 157-63.

Tais advertências contra a luxúria eram comuns entre os puritanos. Havendo definido a essência da luxúria com a fórmula "riqueza mais do que necessária à natureza e à pessoa", William Perkins procedeu a mostrar sua avaliação negativa dela: é "uma faca nas mãos de uma criança, apta a ferir, se não for tomada".[70] Samuel Ward, em seu diário escolar, alistou como um dos "pecados da universidade" o "excesso no trajar".[71]

Seria errado concluir que os puritanos eram ascéticos porque se opunham à luxúria. Eles não pensavam que negar a si mesmos indulgências legítimas era inerentemente virtuoso. De fato, estavam tão alertas quanto às tentações da pobreza quanto o estavam em relação às tentações da luxúria. A lista de tentações de Baxter fluía assim: "cuidado demasiado com seus desejos e assuntos mundanos", descontentamento, cobiça, inveja dos ricos, negligência dos deveres espirituais e negligência da "santa educação de seus filhos".[72]

Os puritanos encontraram três chaves para o viver moderadamente. Uma é estar contente com um estilo de vida moderado. De acordo com um Puritano, devemos

> contentar a mente com aquilo que já temos... Pois se nossos afetos vêm a transbordar sobre as margens de nossa própria condição, de forma que mentalmente ardemos com o desejo de algo maior, nossos atos nunca podem ser persuadidos [de que temos o bastante].[73]

Uma segunda chave para o viver moderado é a habilidade de voluntariamente definir limites a nosso gasto e indulgência. "O homem pode de boa consciência desejar e buscar bens necessários", escreveu Perkins, "mas não deve desejar e buscar bens mais do que necessários, pois, se o faz, peca".[74]

---

70 Of the Cases of Conscience [Hyma, p. 235].

71 Knappen, Two Elizabethan Puritan Diaries, p. 122.

72 Chapters from a Christian Directory, pp. 43-46.

73 John Knewstub, Ninth Lecture on the Twentieth Chapter of Exodus [Trinterud, p. 357].

74 Works [Hill, Change, p. 96]. Noutro lugar Perkins acrescentou: "Súditos nos reinos deveriam contentar-se

Como se sabe o que é "necessário"? Obviamente não podemos confiar em nossos desejos inatos; nas palavras de Perkins: "Devemos estimar a suficiência, não pela inclinação de homens cobiçosos, pois, para eles, nada jamais será suficiente".[75] Perkins admitiu que "as Escrituras não dão instruções específicas sobre este assunto".[76] Mas sua própria sugestão era eminentemente prática: "devemos seguir o exemplo dos mais sóbrios de mente e dos mais modestos em nossa classe social e dos de mesma idade que nós".[77] Em suma:

> *Coisas e bens serão julgados necessários e suficientes não pela inclinação do homem cobiçoso, que é insaciável, mas por duas outras coisas: o juízo de homens sábios e santos e o exemplo de pessoas sóbrias e frugais.*[78]

Uma terceira chave para a moderação é pôr riqueza e bens em perspectiva. De acordo com a visão puritana, o espiritual e o eterno são mais dignos de nosso tempo e atenção que o físico e o temporal. Richard Baxter escreveu: "As riquezas parecerão poeira e moinha a ti, se crês e consideras o estado eterno".[79] John Knewstub ofereceu como antídoto à "nossa corrupta inclinação aos bens do nosso próximo" o princípio que chamou de "o remédio da redenção (trazido a nós por Jesus Cristo)".[80]

Pode ser visto, então, que quando os puritanos adquiriam dinheiro e propriedade, sentiam uma necessidade de ser moderados em sua autogratificação. Embora não fossem ascéticos, reconheciam uma necessidade de controle contra a ganância e a luxúria. Positivamente, viam virtudes no contentamento com um estilo de vida moderado e em colocar valores espirituais acima da riqueza material.

---

tendo o suficiente para lhes prover alimento e vestes" (Works [Kitch, p. 107]).

75 Works [Kitch, p. 107].

76 Works [Hyma, p. 233].

77 Ibid. Noutro lugar o modelo foi dito ser "o exemplo e julgamento dos homens e mulheres santos e sérios de nosso estado e ordem" (Works [Kitch, p. 107].

78 Works [Hyma, p. 234].

79 A Christian Directory [Kitch, p. 114].

80 Ninth Lecture on the Twentieth Chapter of Exodus [Trinterud, p. 377].

PARA QUE É O DINHEIRO?

Quanto mais exploramos as atitudes puritanas, mais aparente se torna que a chave de tudo que disseram sobre o assunto era sua convicção de que o dinheiro é um bem social, não uma propriedade privada. Sua principal finalidade é o bem-estar de todos na sociedade, não o prazer pessoal da pessoa que acaso tenha controle sobre ele.

O gênio do puritanismo foi sua percepção clara sobre a razão das coisas, e esse gênio não desertou deles em matéria de dinheiro. Tudo depende de como uma pessoa o usa. Baxter afirmou: "A questão é como usam aquilo pelo que trabalham tão arduamente e economizam tão frugalmente. Se o usam para Deus e para fins caritativos, homem algum há que tome curso mais certo".[81]

Quais são os fins ou as utilidades do dinheiro? Os puritanos podem falar por si sobre o assunto. "As riquezas podem nos capacitar a aliviar nossos irmãos carentes e a promover boas obras para a igreja e para o Estado."[82] "Dinheiro existe para a glória de Deus e o bem dos outros."[83] "Quanto mais diligentemente perseguimos nossos diversos chamados, mais somos capacitados a estender nossa caridade aos que estejam em pobreza e miséria."[84] "Os filhos de Deus buscam o uso espiritual daquelas coisas que as pessoas do mundo usam carnalmente."[85] Em nenhum destes comentários sobre a finalidade de se ganhar dinheiro tem-se a impressão de que a renda é algo que as pessoas têm o direito de gastar consigo mesmos simplesmente porque o ganharam.

William Perkins forneceu um resumo adequado de como os puritanos pensavam que o dinheiro deveria ser usado:

---

81 A Christian Directory [Kitch, p. 114].

82 Ibid., p. 113.

83 Edward Browne, A Rare Pattern of Justice and Mercy [Hill, Society and Puritanism, p. 137]. John Hooper escreveu que as pessoas não deveriam confiar nas riquezas, "nem guardá-las para além do que servissem para a glória de Deus" (Early Writings of John Hooper [Hyma, p. 180]).

84 St. Paul the Tent-Maker [Hill, Society and Puritanism, p. 136].

85 Richard Greenham, Works [Hill, Change, p. 96].

*Devemos usar de tal modo os bens que temos, que o uso e posse deles
devem tender à glória de Deus e à salvação de nossas almas... Nossas
riquezas devem ser empregadas em usos necessários. Vem primeiro a
manutenção de nosso bom estado e condição. Em segundo lugar, o bem
dos outros, especialmente daqueles que são de nossa família e parentesco... Em terceiro, a assistência aos pobres... Em quarto, a manutenção
da igreja de Deus e da verdadeira religião... Em quinto lugar, a manutenção da comunidade.*[86]

Já que Calvino foi muito caluniado neste assunto, deveríamos pausar para observar que sua atitude com relação à finalidade do dinheiro é a
mesma que tenho atribuído aos puritanos. "Se adquirimos bens em ouro e
prata", ele escreveu, "é nosso dever... fazer o bem aos próximos".[87] Noutro
lugar Calvino escreveu:

*Todos os ricos, quando têm propriedade com que podem prestar servi-
ço a outros, estão aqui... para assistir seus próximos... Aqueles a quem
Deus deu muito grão e vinho devem oferecer parte destes bens àqueles
que estão em necessidade dos mesmos.*[88]

Numa discussão sobre "o uso legal das riquezas", Calvino escreveu:
"Quanto mais rico é qualquer homem, mais abundantes são seus meios de
fazer o bem aos outros".[89]

A convicção de que o dinheiro é um bem social é também a chave
para as perspectivas puritanas sobre a tomada de juros. A literatura sobre
o tópico da usura nos séc. XVI e XVII é imensa, e não posso fazer mais
que resumir a matéria aqui.[90] No séc. XVI os puritanos eram preponde-

---

86 Works [Kitch, p. 108].

87 Sermão em 1 Timóteo 6:9 [Hyma, p. 82].

88 Works [Hyma, p. 82].

89 Comentário em I Timóteo 6:18.

90 Fontes sobre juros/usura incluem estas: Kitch, pp. 117-43; Harkness, p. 204-9; Hyma, passim; Robertson,

rantemente contrários à prática de se emprestar dinheiro a juros. Eram contrários a isto por causa de proibições contra a prática no Velho Testamento e pelo que sentiram ser o espírito por trás dela, a saber, a cobiça e a ganância. Enquanto mudava a sociedade, tornando-se menos agrária e mais industrial e comercial, os puritanos progressivamente fizeram uma distinção entre juros e usura (juros exploradores).

À primeira vista, as duas atitudes pareciam contraditórias, mas de fato não o são. Veja o que os puritanos antijuros e pró-juros tinham em comum: ambos concordavam que o dinheiro é um bem social e que, portanto, o acúmulo e a exploração não eram permissíveis. Numa sociedade crescentemente comercial, o maior ato de compaixão passou a ser a disposição de emprestar dinheiro a taxa de juros modesta. Nas palavras de Baxter: "Há usura que não é nem contra a justiça nem contra a caridade", e continuou a descrever as condições sob as quais é caridosa.[91]

Por que os puritanos viam o dinheiro como um bem social quando, como mostra nossa visão moderna, é tão mais natural vê-lo como a posse individual de uma pessoa? A perspectiva puritana originava-se de uma firme convicção de que as pessoas são mordomos do que Deus lhes confiou. Em última análise, o dinheiro é de Deus, não nosso. Nas palavras de um influente livro puritano, o dinheiro é "aquilo que Deus te emprestou".[92] William Perkins propôs o seguinte:

> Os que têm riquezas devem considerar que Deus não é apenas o Senhor soberano, mas o Senhor de suas riquezas, e que eles mesmos são apenas mordomos de Deus, para empregá-las e dispensá-las de acordo com a

---

pp. 111-32; Baxter, Chapters from a Christian Directory, ed. Tawney, pp. 118-31; Benjamin Nelson, The Idea of Usury, 2ª ed. (Chicago, University of Chicago Press, 1969). A última fonte inclui uma bibliografia extensa.

91 Chapters from a Christian Directory, pp. 125-29. William Ames permitiu algumas formas de juros mas se opôs à "tal usura que é praticada por usurários e banqueiros", a que considerava imerecidamente a mais condenável de todas, porque era uma arte contagiosa e sem consideração pela caridade ou pela igualdade, ficando à espera dos bens dos outros homens" (Conscience with the Power and Cases Thereof [Hyma, p. 218]).

92 John Dod e Robert Cleaver, A Godly Form of Household Government [Hill, Change, p. 96].

*vontade dEle e, além disso, de que devem dar conta a Ele daquelas ri-
quezas, que têm e usam.*[93]

De acordo com Baxter: "Assim como mantemos nossas propriedades subjugadas a Deus, como proprietário, rei e benfeitor, assim devemos
dedicá-las a Ele".[94]

Esta teoria da mordomia fornece um teste seguro sobre se as pessoas
estão gastando seu dinheiro bem ou pobremente. Nas palavras de Baxter:

> *Se você desejou riquezas apenas para o serviço do seu Senhor e as tem
> usado para Ele, e pode verdadeiramente dar este testemunho de que as
> dispôs não para o prazer ou o orgulho desnecessários da carne, mas
> para suprir a si mesmo, sua família e a outros para o serviço de Deus...,
> de acordo com a vontade dEle, e para uso dEle, então deve esperar a
> recompensa de servo bom e fiel.*[95]

A CRÍTICA PURITANA DAS ATITUDES
MODERNAS EM RELAÇÃO AO DINHEIRO

Os puritanos são sempre acusados de terem sido a origem das atitudes modernas em relação ao dinheiro. Sob escrutínio, as coisas atribuídas
a eles revelam-se versões secularizadas de algo que os puritanos aceitaram
apenas no contexto da lealdade suprema a Deus e da obediência a padrões
morais cristãos. Para mostrar a distância entre as atitudes puritanas e as
modernas, organizei opiniões puritanas como uma série de críticas a perspectivas modernas.

A Crítica Puritana da Ética do Sucesso. A cultura moderna ocidental
baseia-se preponderantemente na ética do sucesso – a convicção de que

---

93 The Whole Treatise of the Cases of Conscience [White, p. 263].
94 Chapters from a Christian Directory, p. 157.
95 A Christian Directory [Kitch, pp. 114-15].

a prosperidade material é o valor máximo na vida e que o valor de uma pessoa pode ser medido por padrões materiais e sociais. Em contraste, o puritano Thomas Watson afirmou que "a bem-aventurança... não consiste na aquisição de coisas do mundo. A felicidade não pode, por qualquer arte da química, ser extraída daqui".[96] Samuel Hieron estava longe da ética do sucesso quando orou:

> Oh, não permita que meus olhos sejam ofuscados nem meu coração enfeitiçado com a glória e a doçura destes tesouros mundanos... Atrai minha afeição ao amor daquelas coisas duráveis, ao fruto da sabedoria celeste que é melhor que o ouro e cujos benefícios ultrapassam os da prata, para que meu cuidado maior seja ter uma alma enriquecida e guarnecida com a Tua graça.[97]

A Crítica Puritana da Pessoa Autorrealizada. A cultura americana enamorou-se estranhamente da imagem da "pessoa autorrealizada" – a pessoa que torna-se rica e famosa através de seus próprios esforços. A ideia de ter o status concedido como uma dádiva não é atraente a tal perspectiva. No entanto, os puritanos negavam que até possa haver tal coisa como a pessoa autorrealizada. Baseado numa ética da graça, o puritanismo via a prosperidade unicamente como dom de Deus. John Preston escreveu com respeito às riquezas que "é Deus que as dá, é Ele que as dispensa, é Ele que dá a recompensa... Somente o cuidado do trabalho nos pertence".[98]

---

96 The Beatitudes, p. 25.

97 "A Prayer Fit for One Whom God Hath Enriched with Outward Things" [Emerson, English Puritanism, pp. 182-83]. Em contraste com a prática moderna de se chamar prédios pelo nome de doadores ricos, Baxter falou desdenhosamente assim deste tipo de pessoa: "De bom grado deixarias atrás de ti algum monumento de teu valor, para que a posteridade possa admirar quando estiveres morto e acabado" (The Saints' Everlasting Rest, p. 127).

98 The New Covenant [George, pp. 137-38]. Lutero havia há muito estabelecido o mesmo ponto de vista: "Quando vêm as riquezas, o coração ímpio do homem pensa: 'Consegui isto com meu trabalho'. Ele não considera que estas são puramente as bênçãos de Deus, bênçãos que às vezes chegam a nós por intermédio de nossos trabalhos e às vezes sem eles, mas nunca por causa de nossos trabalhos; pois Deus sempre lhes dá da sua misericórdia imerecida" (Exposição de Deuteronômio 8.17-18 [Plass, 3:1495]).

A Crítica Puritana da Moderna Ética dos Negócios. Tornou-se um axioma dos negócios modernos que o objetivo deles é lucrar tanto quanto possível, e que qualquer tipo de competição ou prática de venda é aceitável contanto que seja legal. Os puritanos não concordariam. Para começar, viam os negócios como um serviço à sociedade. "Devemos, portanto, pensar", escreveu John Knewstub, "que quando tratamos de comprar e vender, tratamos de testemunhar do nosso amor para com o nosso próximo pelo nosso lidar bem com ele a respeito de seus bens".[99] William Perkins disse: "O propósito do chamado de um homem não é adquirir riquezas para si mesmo..., mas servir a Deus no serviço ao homem, e buscar o bem de todos os homens".[100]

Nem concordariam os puritanos com os métodos modernos de competição e exploração. Quando cidadãos em Boston reclamaram de que Robert Keayne cobrava preços excessivos, os magistrados multaram-no em duzentas libras, e ele quase se viu excomungado da igreja.[101] John Cotton usou o julgamento como ocasião para traçar alguns princípios de negócios numa palestra pública sobre economia. Cotton denunciou como falsas as seguintes premissas:

> Que um homem possa vender tão caro quanto possível e comprar tão barato quanto puder... Que possa vender como comprou, embora tenha pago muito alto, etc., e o valor da comodidade tenha caído, etc. Que, como um homem pode aproveitar de sua própria experiência e habilidade, assim possa tomar proveito da ignorância ou necessidade de outrem.[102]

Na Inglaterra, John Knewstub mostrou que grande distância interpõe-se entre os puritanos e as práticas comerciais modernas, quando escreveu desdenhosamente sobre homens de negócios que

---

99   Ninth Lecture on the Twentieth Chapter of Exodus [Trinterud, p. 351].

100 Of the Cases of Conscience [Hyma, p. 235].

101 O Journal de Winthrop contém o relato [McGiffert, pp. 115-16].

102 Winthrop, The History of New England... [MeGiffert, pp. 115-16].

tratam de comprar e vender como se tratassem de arrasar e saquear alguma cidade inimiga..., onde todo homem pega, toma e carrega o que quer que lhe venha à mão. E é considerado o melhor o que leva mais... Mas o Espírito Santo nos trará a um outro julgamento do nosso amor.[103]

A Crítica Puritana da Filosofia da "Vida Simples". O materialismo moderno tem produzido sua própria antítese na forma de pessoas que veem afluência e bens como inerentemente corrompidos. Os puritanos achavam-se mais próximos deste tipo de perspectiva do que de um que apoiasse um estilo de vida afluente, mas também não se podem encaixar confortavelmente aqui. William Perkins escreveu: "Estas coisas terrenas são os bons presentes de Deus, os quais nenhum homem pode simplesmente condenar, sem prejuízo à mão designadora de Deus e à sua providência, que as ordenou para a vida natural".[104] Os puritanos também eram precavidos contra condenações generalizadas de pessoas que têm um padrão de vida mais elevado que algumas outras. Nas palavras de Perkins:

Não devemos fazer uma medida de suficiência de bens necessários para todas as pessoas, pois ela varia de acordo com as mais diversas condições, como o tempo e o lugar. Mais coisas são necessárias a uma pessoa pública que a uma privada, e mais àquele que tem dependentes que a um homem solteiro.[105]

---

103 Ninth Lecture on the Twentieth Chapter of Exodus [Trinterud, p. 351]. Arthur Dent catalogou a "opressão" econômica de sua época, denunciando tais práticas como a usura e os aluguéis exorbitantes, o "alugar para homens pobres acima de suas posses" (The Plain Man's Pathway to Heaven [George, p. 150]). William Tyndale ordenou: "Os senhores cristãos se contentem com seu aluguel e taxas, não subindo o aluguel ou trazendo novas taxas para oprimir seus locatários" (Obedience of a Christian Man [Knappen, Tudor Puritanism, p. 405]).

104 Works [George, p. 123]. William Ames semelhantemente acreditava que as riquezas "são corretamente chamadas de dons e bênçãos de Deus" (Conscience with the Power and Cases Thereof, p. 253).

105 Works [Hyma, p. 234].

A Crítica Puritana do Socialismo. Uma força recente na vida moderna à qual os puritanos não aprovariam é o socialismo, quer na sua forma aberta de propriedade governamental quer na sua forma sutil do bem-estar através do Estado. William Ames escreveu: "Propriedade e diferenças na quantidade de bens são ordenanças de Deus e aprovadas por Ele, Provérbios 22:2; 2 Tessalonicenses 3:12".[106] John Robinson comentou:

> *Deus poderia, se quisesse, ter tornado o patrimônio dos homens mais igual, ou ter dado a todos o suficiente para si. Mas antes escolheu tornar alguns ricos e alguns pobres, para que um possa achar-se em necessidade do outro, e ajudar ao outro, para assim testar a misericórdia e a bondade daqueles que podem, ao suprirem as carências dos outros.[107]*

Como minha discussão tem sugerido, os puritanos teriam concordado com algumas das suposições de muitos grupos diferentes no cenário econômico de hoje. Mas ficariam consternados diante do que o secularismo e o interesse próprio fizeram dos princípios que aplicaram num contexto cristão.

SUMÁRIO

Uma das ironias da história dos puritanos é que sua própria industriosidade e vida simples tendiam a torná-los relativamente afluentes. Suas virtudes produziam tentações correspondentes. Por um lado, os puritanos sustentavam atitudes conducentes ao acúmulo de riqueza e propriedade: a visão de que o dinheiro e a propriedade eram bons em princípio, a des-

---

106 The Marrow of Theology, p. 323. Calvino já havia estabelecido a mesma crítica ao socialismo: "Os pobres... não têm direito à pilhagem da riqueza... Deus distribuiu os bens deste mundo como achou conveniente, e mesmo a pessoa mais rica... não deve ser roubada de seus bens por aqueles em direta necessidade" (Works [Hyma, p. 82]).

107 Observations of Knowledge and Virtue [Reinitz, p. 73]. Dudley Fermer, replicando à teoria social em que todo mundo é intitulado à mesma renda e quantidade de bens, afirmou: "Deverá haver uma diversidade nas recompensas dadas, conquanto nenhum devesse ter muito pouco nem ninguém devesse ter demais" (A Counter-Poison Modestly Written for the Time [Knappen, Tudor Puritanism, p. 403]).

crença em que o dinheiro era meritório em si, uma convicção de que um estilo de vida disciplinado e de trabalho árduo é virtuoso.

Por outro lado, para restringir o potencial para a autoindulgência que acompanhava seu estilo de vida, os puritanos tinham uma lista ainda mais longa de precauções: uma consciência de que Deus envia pobreza assim como riquezas, uma obsessão pelos perigos da riqueza, o ideal de moderação, uma doutrina da mordomia na qual Deus é visto como o proprietário máximo dos bens e uma visão do dinheiro como um bem social.

O lar Puritano era um centro de atividades espirituais e educacionais assim como de vida familiar. Aqui um pai Puritano instrui sua família no cântico. Frontispício de *The Whole Book of Psalms*; cortesia da Biblioteca *Folger Shakespeare* (STC 2431 frontispício).

CAPÍTULO 5

FAMÍLIA

Deve-se viver a religião tanto quanto
se deve falar em religião. – ELEAZAR MATHER

Um pastor bem conhecido fez as seguintes observações sobre o esfacelamento da família:

Hoje em dia tem-se mais que ver com o casamento do que com todos os outros assuntos. Por causa dele mal podemos ler, pregar ou estudar. Tenho observado muitos casais unirem-se em tão grande paixão que estavam prestes a se devorarem em amor, mas após uma metade de ano um fugiu do outro.

Conheci pessoas que se tornaram hostis um ao outro depois de terem cinco ou seis filhos e ficaram juntos não apenas pelo casamento, mas pelos frutos da sua união, até que se deixaram.

O citado pastor é Martinho Lutero.[1] Seu comentário permanece como um alerta aos ataques da sociedade à família cristã. Em face das mesmas pressões que nos confrontam hoje, os puritanos formularam uma teoria da família que oferece possibilidades atraentes para nossa própria época.

---

1 Sermão sobre Mateus 19:10-12; observação registrada por J. Aurifaber [Plass, 2:899-900].

PARA QUE É A FAMÍLIA?

O pensamento puritano sobre a família era guiado inteiramente por sua definição do propósito da família. De acordo com eles, a finalidade primeira da família é glorificar a Deus. Benjamin Wadsworth teorizou que

> todo cristão... deveria fazer tudo que pudesse para promover a glória de Deus e o bem-estar daqueles a seu redor; e a boa ordem dos assuntos em famílias específicas tende a promover estas coisas.[2]

Richard Baxter aplicou o mesmo princípio à criação de filhos quando escreveu que "não é pouca graça ser pais de uma semente santa: e este é o propósito da instituição do casamento".[3] De acordo com Isaac Ambrose, marido e mulher têm a tarefa de "erigir e estabelecer o reino glorioso de Cristo em sua casa".[4]

Os puritanos podiam com tanta confiança ver o propósito da família como sendo a glória de Deus porque criam que Deus havia estabelecido a instituição da família. Nas palavras de William Perkins, "o casamento foi feito... pelo próprio Deus, para ser uma fonte... de toda sorte de tipos de vida na comunidade e na igreja".[5]

O que há de importante em enxergar o propósito da família como a glória de Deus? A longo prazo, ele determina o que acontece com a família. Fixa as prioridades numa direção espiritual em vez de material. Isso determina o que uma família faz com seu tempo e como gasta seu dinheiro.

Uma vez definido o propósito primário da família, os puritanos avançaram afirmando objetivos posteriores. Eles criam que a família era a unidade

---

2 The Well-Ordered Family [Wilson Smith, p. 41]. Ao tratar sobre o que caracteriza uma família que existe para a glória de Deus, Wadsworth afirmou: "Uma família em que o verdadeiro culto a Deus, instrução e governo bons e piedosos são mantidos é bela aos olhos de Deus mesmo; Ele deleita-se em abençoá-la".

3 A Christian Directory [Halkett, p. 20]. Lutero era da mesma opinião: "A melhor coisa na vida conjugal, pelo que tudo deve se sofrer e fazer, é o fato de que Deus dá filhos e nos ordena a criá-los para servi-Lo. Fazer isto é o mais nobre e mais precioso trabalho na terra, porque nada pode ser feito que agrade mais a Deus do que salvar almas(Sermão sobre a vida conjugal [Plass, 2:907]).

4 Works [R.C. Richardson, p. 105].

5 Works [George, p. 268].

fundamental de uma sociedade santa. "Tais como são as famílias", escreveu James Fitch, "tal tem de ser afinal a igreja e a comunidade".[6] William Gouge caracterizou a família como "uma escola onde são aprendidos os primeiros princípios e fundamentos de governo e subordinação", enquanto chamou a família de "a verdadeira imagem da comunidade... Tudo estará bem na comunidade onde as famílias são apropriadamente ajustadas".[7]

De acordo com o pensamento puritano, a própria natureza e fibra moral da sociedade dependem do que as crianças apreenderam – ou deixaram de apreender – na família. "Famílias bem organizadas", disse Cotton Mather, "naturalmente produzem uma boa ordem em outras sociedades. Quando as famílias estão sob uma má disciplina, todas as outras sociedades [estarão] mal disciplinadas".[8]

Embora os puritanos enfatizassem a família como uma instituição designada primeiramente para a glória de Deus e o benefício da sociedade, eles não negligenciaram a ideia de que o propósito de uma família também é a realização pessoal de todo membro da família. Neste nível, os temas comuns são companheirismo e apoio mútuo. De acordo com Henry Smith, uma finalidade do casamento é "evitar a inconveniência da solidão". Deus providenciou o casamento e a família "para que os problemas infinitos que sobre nós recaem neste mundo possam ser aliviados com o conforto e a ajuda uns dos outros".[9] William Ames falou do casamento como "a instituição de Deus que estabelece o companheirismo individual de marido e mulher".[10]

Porque os puritanos tinham tão elevada visão da finalidade da família, naturalmente a viam como um chamado – um bem público e mesmo uma forma de ação social. De acordo com William Gouge:

---

6 An Explanation of the Solemn Advice [Edmund Morgan, Puritan Family, p. 143]. Outros escritores puritanos chamaram a família de "a raiz de onde vem a igreja e a comunidade", "o fundamento de todas as sociedades", "os berçários de todas as sociedades" (todas as três fontes citadas em Morgan, p. 143).

7 Gouge, Works [George, p. 275]; J. Bodin, Six Books of the Commonwealth [Hill, Society and Puritanism, p. 459].

8 A Family Well-Ordered [Edmund Morgan, Puritan Family, p. 143]. Richard Baxter concordou: "A vida da religião e o bem-estar e glória tanto da igreja como do Estado dependem muito do governo e dos deveres familiares. Se sofrermos a negligência disto, tudo desfaremos" (The Reformed Pastor, p. 100).

9 Sermons [Davies, Worship and Theology... 1534-1603, pp. 318-19].

10 The Marrow of Theology, p. 319.

As vocações privadas de uma família e funções a ela pertencentes são tais e quais as de cristãos chamados por Deus... Isto deve ser observado para satisfação de algumas fracas consciências, que pensam que se não têm nenhum chamado público não têm chamado algum... Um desempenho razoável de tarefas domésticas... pode-se considerar um trabalho público.[11]

A visão elevada dos puritanos sobre para que existe a família resultou no valor e dignidade com que dotavam os papéis e atividades familiares.

Para que é uma família? Robert Cleaver forneceu um sumário sucinto de tudo quanto tenho delineado:

Uma família é como se fosse uma pequena comunidade, por cujo bom governo a glória de Deus pode ser promovida; a comunidade, que é constituída por várias famílias, beneficiada; e todos que vivem nessa família podem receber muito conforto e comodidade.[12]

A LIDERANÇA DO MARIDO/PAI

A teoria de família dos puritanos baseava-se numa hierarquia de autoridade. Sua atitude pode ser resumida numa simples fórmula: eles aceitavam a autoridade do marido e pai como um mandamento bíblico e prosseguiam definindo a natureza dessa liderança de uma maneira responsável.

Hierarquia na família significa, primeiramente, que o marido e pai é o líder responsável por tudo o que acontece e, no fim das contas, responsável por assegurar que coisas essenciais estejam acontecendo na família. Lutero e Calvino haviam estabelecido a versão da doutrina que os puritanos aceitaram. Calvino havia escrito: "Que o marido reine de tal forma que seja o cabeça... de sua mulher. Que a mulher... ceda modestamente a suas demandas".[13] Lutero

---

11 Works [George, p. 276].

12 A Godly Form of Household Government [James Johnson, p. 25].

13 Comentário sobre Mateus 19:5 [Harkness, p. 153].

havia afirmado que "uma mulher deve de fato viver de acordo com a direção de seu marido; o que ele proclama e ordena deve ser feito".[14]

Os puritanos semelhantemente criam na liderança do marido/pai. William Perkins escreveu que "o marido é aquele que tem autoridade sobre a mulher, sendo os dois apenas uma só carne; ele é também o cabeça sobre a mulher".[15] Thomas Gataker declarou que "o marido é como a cabeça, a mulher como o corpo".[16]

Modelado no senhorio de Cristo sobre a igreja, o senhorio do marido, de acordo com os puritanos, não é um bilhete de privilégio, mas um encargo de responsabilidade. Isto não o autoriza a dizer aos outros o que fazer. De acordo com John Robinson, as duas coisas particularmente exigidas do marido são "amor... e sabedoria". Seu amor por sua esposa deve ser como o de Cristo por sua igreja: santo em qualidade e grande em quantidade".[17] Thomas Gataker usou termos semelhantes ao dizer que "o principal dever da mulher... é a sujeição, o do marido, o amor".[18]

Senhorio, para os puritanos, não significava tirania. Era liderança baseada no amor. Benjamin Wadsworth escreveu que um bom marido fará "seu governo sobre ela tão fácil e suave quanto possível, e lutará mais para ser amado que temido".[19] De acordo com Samuel Willard, um bom marido reinará de tal forma "que sua mulher possa deleitar-se na [sua liderança], tendo-a não como escravidão, mas como liberdade e privilégio".[20]

O LUGAR DA ESPOSA/MÃE

Na teoria puritana, o correspondente à liderança do marido era a submissão da esposa. William Ames escreveu que "a comunidade de ajuda mútua"

---

14 Sermão sobre 1 Pedro 3:7 [Plass, 2:903].
15 Works [George, p. 277].
16 Marriage Duties [George, p. 277].
17 Works [Demos, p. 91].
18 Marriage Duties [James Johnson, p. 105].
19 The Well-Ordered Family [Edmund Morgan, Puritan Family, p. 46].
20 A Complete Body of Divinity [Edmund Morgan, Puritan Family, p. 46].

que constitui o casamento é "mútua para marido e mulher, e deveria ser observada igualmente em todos os assuntos essenciais, dado que a diferença de função entre marido e mulher – que o marido governe e a mulher obedeça – se observe em tudo".[21] A tarefa da mulher, disse um pregador puritano, é "guiar a casa e não o marido".[22]

Um tema comum em discussões puritanas sobre a submissão da mulher foi que Deus o ordena na Escritura. De acordo com William Gouge, "embora pareça haver tão pequena disparidade, porque Deus designou tão expressamente a sujeição, esta deve ser reconhecida".[23] Thomas Gataker escreveu que uma mulher deveria "reconhecer seu marido e sua liderança", enquanto outro pastor puritano declarou que "Deus... designou à mulher o estar em sujeição a seu marido".[24]

O que significava a submissão neste contexto? Como definido pelos puritanos, hierarquia é uma questão de função e não de valor, um modo de gerir uma família, não uma avaliação do valor pessoal. John Robinson teorizou que Deus criou homem e mulher espiritualmente iguais, "nem está ela, desde a criação, mais afastada do que ele da bondade primitiva". Entretanto, um dos dois deve ter a autoridade final no casamento, já que "diferenças surgirão e serão percebidas, um devendo dar lugar e o outro devendo sobrepor-se; isto, Deus e a natureza atribuem ao homem".[25] De acordo com Robert Cleaver, a mulher deve "submeter-se a ele, reconhecendo-o como seu cabeça, para que afinal eles possam assim concordar como um, como a conjunção do casamento o requer".[26]

Submissão, é claro, é algo com que uma esposa deve consentir por sua própria iniciativa. Se um marido tem de forçá-la, a batalha já foi perdida. Tal-

---

21 The Marrow of Theology, p. 320.

22 Sermões de Boston, 30 de setembro, 1672 [Edmund Morgan, Puritan Family, p.43].

23 Of Domestical Duties [Irwin, p. 98].

24 Gataker, Marriage Duties [George, p. 279]; Christopher Goodman, How Superior Powers Ought to be Obeyed [R.C. Richardson, p. 107].

25 Works [Demos, p. 83].

26 A Godly Form of Household Government [Irwin, p. 81].

vez isto responda pela frequência com que pregadores puritanos apelavam às mulheres a que se submetessem a seus maridos. Seu modo de frasear o apelo variava. John Winthrop disse que a submissão da mulher cristã é "sua honra e liberdade... Tal é a liberdade da igreja sob a autoridade de Cristo".[27] Gataker admoestou a mulher "na santa sabedoria e santa discrição... a reconhecer seu marido como... seu cabeça".[28] A ênfase em todas as frases puritanas sobre o assunto era na atitude da mulher como o elemento crucial.

Como Calvino, os puritanos distinguiam entre igualdade espiritual e social. Espiritualmente marido e mulher são iguais. Na instituição social da família, porém, há uma hierarquia de autoridade. Robert Bolton expressou a igualdade espiritual dizendo que a "mulher" de um homem "tem uma alma tão nobre quanto a dele mesmo... As almas não têm sexo".[29] Robert Cleaver combinou igualdade espiritual com hierarquia funcional quando escreveu que "marido e mulher são iguais na... vida eterna", mas "desiguais no tocante ao governo e à conversação em casa".[30]

COMO O PADRÃO DE AUTORIDADE REALMENTE FUNCIONOU

Será útil explorar como a teoria que esbocei realmente funcionou. A liderança do marido não significava que a mulher era sua serva. John Downame tornou isto claro quando escreveu que Deus "deu a mulher ao marido para ser não sua serva, mas sua ajudadora, conselheira e consoladora".[31] O termo puritano mais comum para definir o relacionamento era chamar a mulher de

---

27 The History of New England from 1630-1649 [McGiffert, p. 39]. Samuel Willard disse que "a esposa deve levar de tal modo seu marido poder contentar-se com ela" (Complete Body of Divinity [Edmund Morgan, Puritan Family, p. 46]).

28 Marriage Duties [George, p. 279]. Robinson urgiu com as esposas para que demonstrassem "uma reverente sujeição" (Works [Demos, p. 83]).

29 Works [George, p. 282]. Gataker chamou marido e mulher "coparceiros na graça" (Marriage Duties [James Johnson, p. 98]). Johnson comenta sobre a teoria puritana que "receber a graça de Deus aqui e agora não destrói a ordem natural, que é em si um dom de Deus" (p. 99).

30 A Godly Form of Household Government [Irwin, p. 78].

31 The Plea of the Poor [George, p. 285].

uma assistente. Gataker chamou a mulher de "uma ajuda ou uma assistência; não apenas uma parceira, mas uma ajudadora; não uma companhia apenas, mas uma assistente também".[32]

Nem a submissão da mulher significava para os puritanos que as mulheres são menos inteligentes que os homens. Alguns puritanos de fato argumentaram, mas não todos eles. Samuel Torshell escreveu que "as mulheres são suscetíveis do mais elevado aperfeiçoamento e da maior glória a que o homem possa ser promovido".[33]

Hierarquia não significava que uma mulher não pudesse debater uma questão com seu marido. Samuel Willard esperava que o marido fosse obedecido somente se pudesse sustentar seu ponto de vista pela Bíblia, "e expor diante dela uma convicção suficiente de seu dever, para agir de acordo com ele; pois ele não tem nenhuma autoridade de coerção". Uma mulher, ele prosseguiu, "tem maior liberdade de debater a prudência da questão" do que têm outros subordinados. Há até mesmo um dever de advertência mútua: tanto marido como mulher deveriam "escolher ocasiões apropriadas para reprovarem um ao outro, por coisas que seu amor e dever exigem".[34]

Os puritanos criam que há esferas de responsabilidade numa família e que a mulher é autoridade em algumas delas. A mulher, por exemplo, era, depois do marido/pai, a autoridade sobre os filhos e os servos da casa. De acordo com Samuel Willard, "ela está investida de autoridade sobre eles por Deus; e seu marido deve permitir a ela... Pois embora o marido seja o cabeça da mulher, ela é uma cabeça da família".[35] Samuel Sewall registrou em seu diário que delegava as finanças da família à sua mulher porque ela tinha "uma melhor faculdade em tratar de negócios".[36]

---

32 A Good Wife [George, p. 287].

33 The Woman's Glory [R.C. Richardson, p. 106].

34 A Complete Body of Divinity [Ulrich, "Vertuous Women Found", pp. 221-22].

35 A Complete Body of Divinity [Edmund Morgan, Puritan Family, pp. 45-46].

36 Diary [Edmund Morgan, Puritan Family, p. 43]. Quando morreu a esposa de Richard Mather, ele achou a aflição "a mais dolorosa, pois, sendo ela uma mulher de singular prudência no gerir dos negócios, havia tomado de seu esposo todos os cuidados seculares" (Increase Mather, The Life and Death of that Reverend Man Of God, Mr. Richard Mather [Morgan, p. 43]).

O princípio envolvido aqui é o de que (nas palavras de John Milton) "exceções particulares" à autoridade do marido "podem ter lugar, se ela exceder seu marido em prudência e destreza, e ele contentemente ceder, pois então uma lei superior e mais natural se introduz, que os mais sábios deveriam governar os menos sábios, quer varão quer varoa".[37] William Gouge disse que "há muitas coisas no governo de uma família mais apropriadas para o envolvimento de um do que de outro", e deu exemplos tanto para marido como para mulher.[38]

A prática da hierarquia não impedia a mulher do ensino religioso ou da admoestação espiritual a um homem. "Mulheres podem e devem em particular e familiarmente exortar a outros", escreveu um escritor puritano sobre o assunto; "elas também podem particularmente advertir a homens e reprová-los".[39] O ministro de Chester Nicholas Byfield declarou que a mulher não era sujeita ao marido

> *em assuntos da sua alma e religião quando a vontade dele é contrária*
> *a de Deus... E novamente, ela não está sujeita, mas pode admoestar e*
> *advertir seu marido com certas precauções, tendo certeza de que a coisa*
> *contra a qual fala é pecaminosa e prejudicial.*[40]

Mesmo que o marido fosse, em última análise, o cabeça responsável pela família, ao supervisionar a família no dia a dia, o marido e a mulher compartilhavam da autoridade pelo que acontecia. "Em geral o governo da família... pertencia ao marido e à mulher", escreveu William Gouge.[41] William Perkins considerava o marido como o "principal governante" e a mulher como "a as-

---

37 Tetrachordon [CPW, 2:589].

38 Of Domestical Duties [Irwin, p. 95].

39 Samuel Torshell, The Woman's Glory [R.C. Richardson, p. 106]. As igrejas da Nova Inglaterra seguiam a ordem de Paulo de que as mulheres não falassem nos cultos da igreja; entretanto, Cotton Mather afirmou que as mulheres "falam pelo que vemos nelas, coisas a que devemos certamente prestar muita atenção", e louvou Abiel Goodwin por haver-lhe ensinado muito sobre salvação (Citado por Ulrich, "Vertuous Women Found", p. 255).

40 Commentary Upon the Three First Chapters... of St. Peter [R.C. Richardson, p. 106].

41 Works [George, p. 186]. Gouge elaborou seu ponto com o comentário de que "embora haja uma diferença entre pai e mãe em relação um ao outro, em relação a seus filhos, porém, eles são ambos como um, tendo uma autoridade semelhante sobre eles" (Ibid.).

sistente não somente em ofício e autoridade, mas também em advertência e conselho a ele".[42]

A RESPONSABILIDADE DOS PAIS PELOS FILHOS

As atitudes puritanas em relação aos filhos estavam arraigadas na convicção de que estes pertencem a Deus e são confiados aos pais como mordomia. "Os filhos nascidos em nossas famílias são nascidos para Deus", declarou Deodat Lawson; Deus "os estende a nós".[43] De acordo com Cotton Mather, os pais "devem dar conta das almas que pertencem a sua família".[44] Thomas Watson acreditava que pais cristãos "se esforçarão para que seus filhos sejam mais filhos de Deus do que seus".[45]

O modo costumeiro de expressar esta visão de que os pais são responsáveis a Deus por seus filhos era a terminologia familiar do pacto. Benjamin Wadsworth escreveu com respeito aos filhos que Deus

os chama dEle... Eles pertencem a Ele por pacto; eles foram solenemente consagrados ao serviço de Deus; e que: você não os criará para Ele, a quem solenemente os consagrou?[46]

De maneira semelhante, Thomas Cobbett escreveu que

o maior amor e fidelidade que os pais como pactuantes podem demonstrar a Deus e a seus filhos, que com eles são copactuantes com Deus, é educá-los, para que... as condições do pacto possam ser atendidas por seus filhos, e assim todo o pacto seja completamente efetuado.[47]

---

42 Works [George, pp. 286-87].

43 The Duty and Property of a Religious Householder [Edmund Morgan, Puritan Family, p.91].

44 Small Offers Towards the Service of the Tabernacle in this Wilderness [Stannard, p. 51].

45 The Beatitudes, p. 235.

46 The Well-Ordered Family [Edmund Morgan, Puritan Family, p. 91].

47 A Fruitful and Useful Discourse [Edmund Morgan, Puritan Family, p. 91].

A essência de um pacto é a ideia de uma obrigação contratual. O quadro de referência da teologia do pacto aumentou em vez de diminuir o senso puritano da responsabilidade por seus filhos. Algumas das mais solenes de todas as advertências puritanas são contra a negligência dos pais em treinar apropriadamente os filhos. Na mais memorável destas advertências, Richard Mather imaginou os filhos no Dia do Juízo dirigindo-se aos pais que negligenciaram seu treinamento:

> *Tudo isto que sofremos é por causa de vocês; deveriam ter-nos ensinado as coisas de Deus, e não o fizeram; deveriam nos haver impedido de pecar e nos corrigido, e não o fizeram; vocês foram o meio da nossa corrupção e culpabilidade originais, e, no entanto, nunca demonstraram qualquer cuidado competente para podermos ser livres disto... Ai de nós que tivemos pais tão carnais e imprudentes, e ai de vocês porque não tiveram mais compaixão e piedade para evitar a miséria eterna de seus próprios filhos.[48]*

Exatamente qual é a responsabilidade de um pai para com um filho? Esta obviamente inclui provisão física. "Se outros numa família sofrem necessidade", comentou Samuel Willard, "dos filhos, entretanto, certamente se cuidará, enquanto houver qualquer coisa a se possuir".[49] As leis da Nova Inglaterra insistindo na provisão dos filhos eram reforçadas.[50]

Como uma extensão da provisão física, os puritanos insistiam na importância de ensinar os filhos a trabalhar, de tal modo assegurando-se de que os filhos tornar-se-iam membros produtivos da sociedade em suas vidas adultas. De acordo com as leis da Nova Inglaterra, todo pai era obrigado a fazer com que seus filhos fossem instruídos "em algum chamado, trabalho, ou emprego legal honesto, ou na boa adminis-

---

48 Farewell Exhortation [Edmund Morgan, Puritan Family, p. 92].
49 The Child's Portion [Stannard, p. 52].
50 Edmund Morgan, Puritan Family, pp. 65-66.

tração, ou em algum outro ofício lucrativo para eles mesmos e para a comunidade".[51] Benjamin Wadsworth disse que os pais deveriam educar seus filhos "nos negócios, em algum emprego legal", acrescentando que se os pais treinassem seus filhos para serem "úteis à sua geração", fariam "mais por eles do que se os criassem ociosamente deixando-lhes grandes propriedades".[52]

Para os puritanos, porém, o treinamento espiritual e moral dos filhos não era menos importante do que sua provisão física. "Se você tem alguma compaixão por eles", disse John Hull num sermão, em Boston, "esmere-se para que conheçam a Deus".[53] Cotton Mather concordou:

> *Antes e acima de tudo, é no conhecimento da religião cristã que os pais devem educar a seus filhos... O conhecimento de outras coisas, embora seja empreendimento tão desejável, nossos filhos podem chegar à felicidade eterna sem ele... Mas o conhecimento da santa doutrina nas palavras do Senhor Jesus Cristo é um milhão de vezes mais necessário a eles.[54]*

Um dos mais emocionantes de todos os documentos puritanos é a resolução dos membros da igreja em Dorchester, Massachusetts (1677), para empreender uma reforma de suas vidas. Parte do acordo que eles assinaram foi a deliberação

de reformar nossas famílias, envolvendo-nos num cuidado consciencioso de organizar e manter o culto a Deus nelas e andar em nossas casas com perfeitos corações, num fiel cumprimento de todas as tarefas domésticas: educar, instruir e incumbir nossos filhos e nossas famílias de guardarem os caminhos do Senhor.[55]

---

51 Ibid., p. 66.
52 The Well-Ordered Family [Wilson Smith, p. 48].
53 Sermões de Boston, 31 de agosto, 1679 [Edmund Morgan, Puritan Family, p. 140].
54 Cares About the Nurseries [Edmund Morgan, Puritan Family, p. 90].
55 Records of the First Church in Dorchester [Edmund Morgan, Puritan Family, p. 140].

DISCIPLINANDO OS FILHOS

Os puritanos criam que uma parte importante do treinamento religioso dos filhos consistia na disciplina. Para eles, além disso, a disciplina envolvia a ideia de restringir inclinações negativas. John Norton declarou que "doutrina e exemplo somente são insuficientes; disciplina é uma parte essencial do cuidado do Senhor".[56] O aforismo de Cotton Mather, "antes surrado que condenado", resumia um princípio básico da filosofia puritana da criação de filhos.[57] John Eliot expressou a mesma atitude assim:

A dócil vara da mãe é algo muito suave, não romperá nem osso nem
pele; entretanto, pela bênção de Deus com ela, e sob sábia aplicação
dela, deveria romper o laço que une a corrupção ao coração.[58]

De acordo com os puritanos, a obediência no âmbito da igreja e do Estado dependia da disciplina no lar. Wadsworth teorizou que "os jovens não se importarão muito com o que é dito pelos ministros em público, se não forem instruídos no lar; nem considerarão boas as leis feitas pela autoridade civil, se não são bem aconselhados e governados no lar".[59]

Para guardar-se contra o abuso de violar o espírito da criança no processo de dobrar sua vontade, os puritanos enfatizaram a necessidade da disciplina dócil e de adaptar a disciplina ao temperamento da criança. "As crianças têm naturezas distintas entre si", escreveu Anne Bradstreet; "são sábios aqueles pais que podem ajustar sua natureza de acordo com a deles".[60] Samuel Willard

---

56 Abel Being Dead Yet Speaketh [Edmund Morgan, Puritan Family, p. 103]. Cotton Mather escreveu sobre seu irmão Nathaniel que "ele não teve falta dos cuidados de seu pai em conferir-lhe uma boa educação, a qual Deus abençoou para o refrear-lhe dos cursos lascivos e selvagens pelos quais muitos filhos são sempre resignados à possessão do diabo" (Magnalia Christi Americana [Morgan, p 94]).

57 Help for Distressed Parents [Edmund Morgan, Puritan Family, p. 103].

58 The Harmony of the Gospels [Edmund Morgan, Puritan Family, p. 103].

59 The Well-Ordered Family [Edmund Morgan, Puritan Family, p. 139].

60 Works [Edmund Morgan, Puritan Family, pp. 107-8].

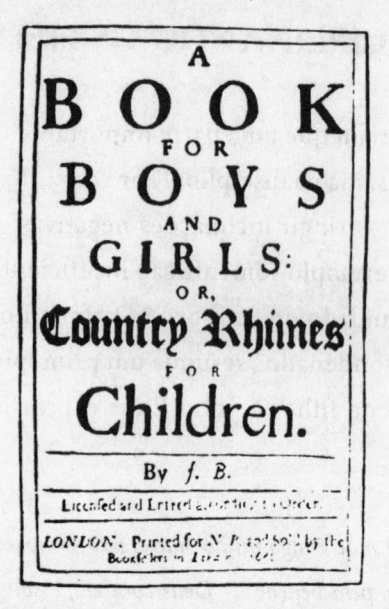

Apesar de sua vida tumultuada, John Bunyan encontrou tempo para escrever para crianças.
Cortesia da Biblioteca do Weaton College

advertiu: "Conheça suas inclinações, disposições naturais [e] use da severida-de como último recurso".[61] Richard Greenham declarou que os pais deveriam disciplinar seus filhos conscientes de que eles mesmos podem ser a fonte da tendência obstinada, e de que eles mesmos deveriam, portanto, disciplinar "pelos meios mais amenos e com o menor rigor".[62]

A ideia da responsabilidade estava profundamente enraizada na consci-ência puritana. Aplicada à educação dos filhos, responsabilidade significava não permitir que os filhos crescessem sem orientação e supervisão. A regra puritana era de que "os filhos não deveriam ser deixados à vontade, sem justo fim, a fazer o que desejassem..., sendo eles incapazes de se governarem".[63] O custo de tal disciplina era o mesmo para os puritanos como para os pais em qualquer época: um enorme desembolso de vigilância, perseverança, tempo, energia física e emocional.

61 Sermões de Boston [Edmund Morgan, Puritan Family, p. 108].

62 The Works [Emerson, English Puritanism, p. 151].

63 Benjamin Wadsworth, The Well-Ordered Family [Wilson Smith, p. 49].

O fundamento teológico da ênfase puritana na educação dos filhos era o pecado original e a depravação inata. Os puritanos criam que os filhos, se deixados à vontade, "inclinam-se a seguir sua própria vontade má".[64] Num dos comentários mais frequentemente citados nesta linha de pensamento, John Robinson escreveu:

> Certamente há em toda criança, embora não igualmente, uma obstinação e dureza de mente que nasce do orgulho natural, que deve ser quebrada e derrubada... Este fruto da corrupção natural e raiz da real rebelião contra Deus no homem deve ser destruído, e de maneira alguma nutrido... Para derrubar e destruir esta obstinação os pais devem providenciar... que os desejos e as vontades sejam restringidos e reprimidos.[65]

A premissa teológica subjacente a tais frases é que as crianças estão perdidas e necessitam de conversão. De acordo com uma fonte puritana:

> A criancinha que dorme no berço é tanto indócil como cheia de afeições; e embora seu corpo seja tão pequeno, ele tem um grande coração e inclina-se totalmente para o mal... Se esta centelha vier a crescer, vai alastrar-se e queimar a casa inteira. Pois somos transformados e nos tornamos bons não por nascimento, mas pela educação... Portanto, os pais devem ser atentos e prudentes...; eles devem corrigir e severamente repreender seus filhos por falarem ou agirem mal.[66]

---

64 Samuel Willard, A Complete Body of Divinity [Edmund Morgan, Puritan Family, p. 92]. Wadsworth teorizou sobre os filhos que "seus corações são naturalmente um mero ninho, raiz, fonte de pecado e impiedade; um tesouro mau de onde procedem coisas más... De fato, como coparticipantes na culpa do primeiro pecado de Adão... seus corações... são indescritivelmente ímpios, alienados de Deus" (A Course of Sermons on Early Piety [Morgan, p. 93]).

65 The Works of John Robinson [Stannard, p. 49].

66 Robert Cleaver e John Dodd, A Godly Form of Household Government [Walzer, p. 1901.] Thomas Hooker afirmou assim a mesma ideia: "Pais, pranteai por vossos filhos que são naturais. Quando olhares para teu filho a quem amas raramente, e que talvez tenha boas partes naturais e te seja obediente quanto ao exterior, quando olhares para este teu filho,... então isto te deverá traspassar até o coração. Então poderás irromper e dizer: 'Ai de mim, que este meu filho jamais me tivesse nascido, pois ele está numa condição natural e é, portanto, um filho

Samuel Willard resumiu a paradoxal atitude puritana em relação aos filhos quando os chamou "víboras inocentes".[67]

Estas afirmativas não se harmonizam bem com as modernas atitudes sentimentais em relação aos filhos. No entanto, não deveríamos permitir que a aspereza do tom e a indelicadeza das frases nos distraíssem da questão essencial. Ou as crianças nascem boas e podem ser deixadas a seguir sua inclinação instintiva, ou nascem pecaminosas e em necessidade de redirecionamento. Nossa cultura geralmente aceita o princípio anterior, os puritanos, o último.

ALGUMAS ATITUDES PURITANAS PROGRESSISTAS EM RELAÇÃO AO DESENVOLVIMENTO DA CRIANÇA

Em três questões cruciais os puritanos anteciparam teorias atuais de desenvolvimento. Uma é a importância do treinamento precoce. John Cotton escreveu que "estes bebês são flexíveis e facilmente dobráveis; é muito mais fácil educá-los nas boas coisas agora, do que na sua juventude e nos anos mais maduros".[68] Samuel Willard teorizou que, visto que Satanás inicia seus ataques sobre as crianças na infância, "se vai obstá-lo, não se demore, mas vá ministrando instrução na medida que elas suportam, e logo que possam entender alguma coisa".[69]

O que gerou esta preocupação puritana com o treinamento precoce das crianças? Principalmente suas observações. Richard Baxter notou: "Sou forçado a julgar que a maioria das crianças dos santos que chegam a renovar-se, renovam-se na sua infância".[70] A contraparte desta observação é que é difí-

---

do diabo' " (Citado em Emerson, English Puritanism, p. 223).

67 The Mourner's Cordial Against Excessive Sorrows [Stannard, p. 52].

68 Practical Commentary Upon John [Edmund Morgan, Puritan Family, p. 96].

69 Useful Instructions for a Professing People [Edmund Morgan, Puritan Family, p. 96] A resposta de Cotton Mather à questão: "Quando deveríamos começar a ensinar a nossos filhos o conhecimento das Sagradas Escrituras?", foi: "SEMPRE! SEMPRE! Que os filhos tenham o conhecimento precoce das Sagradas Escrituras". (Corderious Americanus [Morgan, p. 96]).

70 Works [Watkins, p. 53].

cil reverter um mau hábito adquirido na infância: "Se fomos habituados ou acostumados a um curso de impiedade escandalosa e visível, ou impenitência interior, dureza de coração e incredulidade, será muito difícil nos separarmos disso".[71]

Um segundo princípio que a teoria moderna credita aos puritanos é que os pais ensinem mais pelo exemplo que pelas palavras. Richard Greenham escreveu: "A experiência ensina que as crianças gostam ou não gostam mais pelo semblante, gesticulação e comportamento do que por regra, doutrina, preceito ou instrução".[72] Eleazar Mather escreveu:

> *Preceito sem padrões farão pouco bem; deve-se levá-los a Cristo tanto pelo exemplo como pelo conselho; deve-se corrigir a si mesmo primeiro, e falar pela vida assim como pelas palavras; deve-se viver a religião tanto quanto se deve falar em religião.*[73]

Dentro de tal contexto, os puritanos estavam particularmente preocupados com a possibilidade de um mau exemplo apagar uma boa instrução. Um deles escreveu:

> *Tenham a certeza de dar bom exemplo diante de seus filhos... Outros métodos de instrução provavelmente não farão tanto bem, se não lhes ensinarem por meio de um exemplo santo. Não pensem que seus filhos se importarão com as boas regras que lhes derem, se vocês mesmos agirem contrariamente àquelas regras... Se seus conselhos são bons, e seus exemplos maus, seus filhos terão maior probabilidade de prejudicarem-se com os últimos, do que de beneficiarem-se com os anteriores.*[74]

---

71 Benjamin Wadsworth, Exhortations to Early Piety [Edmund Morgan, Puritan Family, p. 94].

72 The Works [Emerson, English Puritanism, p. 152].

73 A Serious Exhortation to the Present and Succeeding Generation in New England [Edmund Morgan, Puritan Family, p. 102].

74 Benjamin Wadsworth, The Well-Ordered Family [Wilson Smith, P. 52].

Um puritano inglês disse algo muito parecido:

Se os pais querem seus filhos abençoados na igreja e na escola, que cuidem em não dar a seus filhos qualquer exemplo corrupto em casa por causa de qualquer imprudência, profanação ou falta de santidade. Doutra forma, os pais lhes farão mais mal em casa do que os pastores e os professores poderão lhes fazer bem fora.[75]

Em resumo, os pais ganham o direito de inculcar a teoria na cabeça de seus filhos.

Um terceiro princípio puritano que aceitamos hoje é que a educação eficaz das crianças tem dois lados: um negativo, outro positivo. Os pais devem dobrar a vontade de uma criança, mas nutrir e encorajar seu espírito. Eles precisam reprimir os impulsos em direção ao egoísmo, à desonestidade e às maneiras antissociais, enquanto, ao mesmo tempo, constroem a autoimagem e qualidades amáveis de uma criança. A tarefa negativa é "restringir, reprovar, corrigir"; isto deve ser equilibrado por intermédio de uma resolução dos pais de "nutrirem em si mesmos amor e afeição muito ternos por seus filhos,... manifestando-os".[76]

Thomas Cobbett esboçou a tarefa dupla com bastante detalhes:

Quando os pais, mediante sábias observações, percebam a inclinação e tendência de seus filhos, que os conduzam em relação a elas concordemente. Se são fortemente inclinados a alguns vícios em vez de outros... admoestai-os cedo quanto ao mal disso... Se os filhos, por influências comuns ou salvadoras do Espírito, são espíritos mais ingênuos e de disposições melhores ou mais esperançosas, oh, que os pais, ao discerni-rem-nos, os encorajem em todos os caminhos prudentes e piedosos que possam existir.[77]

---

75 Richard Greenham, 7he Works [Emerson, English Puritanism, pp. 151-52].

76 Benjamin Wadsworth, The Well-Ordered Family [Wilson Smith, pp. 49, 46].

77 A Fruitful and Useful Discourse [Edmund Morgan, Puritan Family, p. 108].

A teoria puritana obedeceu a um curso intermediário entre a severidade e a complacência. De acordo com Samuel Willard, os pais "devem manter sua autoridade ao evitar extremos entre rigor e indulgência. Como os filhos não devem ser tratados como animais ou escravos, assim também nem com mimo nem deixando-lhes gozar de suas vontades em tudo".[78]

Apesar de seus duros comentários sobre a natureza depravada das crianças, os puritanos realmente tinham uma visão otimista da possibilidade de as crianças tornarem-se jovens cristãos. Thomas Hooker escreveu: "Vamos trazer nossos filhos tão próximo do céu quanto pudermos... Está em nosso poder restringi-los e reformá-los, e isso devemos fazer".[79] Cotton Mather disse que "jovens santos tornar-se-ão velhos anjos; e bendito seja Deus, há tais jovens santos no mundo".[80] Mather recordou sua própria infância assim:

> O grande cuidado de meus santos pais foi criar-me no zelo e na prudência do Senhor; pelo que fui guardado de muitas visíveis insurreições do pecado das quais doutra forma teria sido culpado; e por isso tive muitas boas impressões do Espírito de Deus sobre mim, mesmo em minha infância.[81]

A ESPIRITUALIZAÇÃO DA FAMÍLIA

A imagem favorita dos puritanos para a família era a igreja. Richard Baxter escreveu que "uma família cristã... é uma igreja..., uma sociedade de cristãos combinando-se para a melhor adoração e o melhor serviço a Deus".[82]

---

78 A Complete Body of Divinity [Greven, Protestant Temperament, p. 161].

79 The Application of Redemption [Edmund Morgan, Puritan Family, p. 95].

80 Early Religion Urged [Edmund Morgan, p. 96]. Deodat Lawson escreveu: "Pois embora haja uma natureza corrompida em toda criança na sua infância..., cuidado e educação, porém, muito concorrerão para conter o princípio da corrupção e promover melhores inclinações neles" (The Duty and Property of a Religious Householder [Morgan, p. 95]).

81 Parentator [Edmund Morgan, Puritan Family, p. 95].

82 Works [Davies, Worship and Theology... 1603-1690, p. 123].

William Gouge disse que a família é uma "pequena igreja", enquanto William Perkins escreveu: "Estas famílias em que este serviço a Deus é realizado são como pequenas igrejas; sim, um tipo de Paraíso sobre a terra".[83]

Os puritanos sabiam que a igreja nunca pode ser um substituto para a vida religiosa da família. De fato, a saúde da igreja depende do que acontece na família. Richard Greenham declarou que "se vamos querer que a igreja de Deus continue entre nós, devemos trazê-la a nossa casa, nutrindo-a em nossas famílias".[84] William Cartwright insistiu que o catecismo deveria ser conduzido "tanto em casa pelo mestre da casa, quanto na igreja pelo ministro"; à pergunta: "Por que em casa?", ele replicou: "Porque as casas são os berçários da igreja".[85]

O quadro da família como uma miniatura da igreja vai longe ao explicar exatamente o que os puritanos faziam em suas casas. Para começar, o culto era uma parte regular da rotina do lar. Nicholas Byfield advertiu: "Os pais deveriam cuidadosamente organizar o culto a Deus na família para que do seu berço [as crianças] possam ver a prática da piedade".[86] Samuel Willard afirmou que a igreja deveria "orientar as famílias para que mantivessem o culto e a instrução familiar".[87] A igreja de Increase Mather, em Boston, assumiu o seguinte compromisso:

> *Prometemos (pela ajuda de Cristo) que nos esforçaremos para andar diante de Deus em nossas casas, com um coração perfeito; e que manteremos o culto ali continuamente, de acordo como Ele requer em sua Palavra, tanto com respeito à oração como à leitura das Escrituras, para que a Palavra de Cristo possa habitar ricamente em nós.*[88]

---

83 Gouge, Works; Perkins, Works, ambos citados em George, p. 275. John Geree observou como uma característica do típico pai puritano que "ele se empenhava por tornar sua família uma igreja" (Character of an Old English Puritan [Collinson, p. 375]).

84 Works [Hill, Society and Puritanism, p. 443]. John Angier escreveu: "Quanto mais cultuarmos a Deus em segredo, mais aptos estaremos para o culto em família, e quanto mais cultuarmos a Deus em nossas famílias, mais aptos estaremos para o culto público" (Help to Better Hearts for Better times [R.C. Richardson, p. 91]).

85 Cartwrightiana [Hill, Society and Puritanism, p. 454].

86 Commentary Upon the Three First Chapters of the First Epistle General of St. Peter [R.C. Richardson, p. 91]. Robert Cleaver disse que o cabeça da família "deve estabelecer uma ordem em sua casa para o serviço de Deus" (A Godly Form of Household Government [James Johnson, p. 30]).

87 Sermões de Boston, 14 de outubro, 1677 [Edmund Morgan, Puritan Family, p. 139].

88 Returning Unto God the Great Concernment [Edmund Morgan, Puritan Family, p. 140].

Crianças Puritanas brincado.
De Johann A. Comenius, *Orbis Sensualium Pictus*; cortesia da Biblioteca *Folger Shakespeare* (Wing C5525 p.276)

Ao ver a família como uma igreja, os puritanos fizeram dos cultos familiares uma característica padrão de suas vidas. De acordo com a obra de Baxter, Christian Directory (Diretório Cristão), o culto familiar deveria ser realizado duas vezes a cada dia da semana:

> *É próprio toda manhã dar graças pelo descanso da noite passada... e rogar direção, proteção, provisão e bênção para o dia que se segue... e que o anoitecer é ocasião própria para dar graças a Deus pelas misericórdias do dia, confessar os pecados do dia, pedir perdão e orar pelo descanso e pela proteção durante a noite.*[89]

Benjamin Wadsworth falou em termos semelhantes, quando escreveu: "Não deveríamos (a menos que algum assunto extraordinário o

---

89 A Christian Directory [Davies, Worship and Theology... 1603-1690, p. 123]. Baxter comentou que "a experiência prova que os pecados da família são cometidos diariamente, e as misericórdias da família, recebidas diariamente, e as necessidades da família diariamente ocorrem" (A Christian Directory [Davies, Worship of the English Puritans, p. 279]).

exija) permitir que se passe um dia sem ler alguma porção da Palavra de Deus".[90]

Em tal rotina, o culto familiar tornou-se um ponto principal de unidade familiar. Nas palavras de Thomas Paget, devocionais familiares são apropriados

> *porque os membros da mesma família geralmente... compartilham e*
> *dividem, mais ou menos, tanto o bem-estar quanto as misérias um do*
> *outro. E, portanto, devem usar os meios que Deus santificou e ordenou*
> *para o bem mútuo e benefício um do outro.[91]*

Se a igreja era o centro para instrução na doutrina e na moral cristã, assim a família era "a pequena igreja". John Penry disse que os pais estavam obrigados a criar filhos e servos "na instrução e informação do Senhor".[92] Thomas Taylor enfatizou a necessidade de "instruir a cada um de [uma] família no temor de Deus".[93]

A técnica que os puritanos achavam mais eficaz na instrução cristã era catequizar. Este formato pergunta-resposta concordava bem tanto com a ênfase puritana no conteúdo intelectual da fé quanto com seu gosto por ter os assuntos bem definidos. Richard Baxter devotou uma seção de The Reformed Pastor (O Pastor Aprovado – PES) ao tópico "especificamente recomendado do dever do catecismo e da instrução pessoal ao rebanho". O objetivo do catecismo não era memorização, mas compreensão. Cotton Mather acautelou os pais a não deixarem "os filhos tagarelarem de cor as palavras do catecismo, como papagaios; mas serem inquisitivos até onde vão seus entendimentos para assimilarem as coisas de Deus".[94]

---

90 Exhortations to Early Piety [Edmund Morgan, Puritan Family, p. 89].

91 Demonstration of Family Duties [R.C. Richardson, p. 93].

92 Three Treatises [Hill, Society and Puritanism, p. 455].

93 Works [Hill, Society and Puritanism, p. 455].

94 Cares About the Nurseries [Edmund Morgan, Puritan Family, p. 98]. Nas páginas 98-100 Morgan tem comentários semelhantes feitos por outros escritores.

Outra coisa que os puritanos não hesitaram em fazer foi marcar seus próprios dias religiosos especiais. Os puritanos rejeitaram o calendário do catolicismo, com sua hoste de dias santos, mas complementaram sua observação do domingo com dias de jejum e ação de graças em família.

As famílias não se tornam automaticamente entidades espirituais. Alguém tem que orquestrar as atividades. No pensamento puritano, o pai era esta pessoa. A Bíblia de Genebra afirmava que "os mestres de suas casas deveriam ser como pregadores em suas famílias, para que do maior ao menor possam obedecer a vontade de Deus".[95] Outra autoridade puritana teorizou que "Deus encarrega o mestre da família de toda a família".[96]

De acordo com os puritanos, outra chave para a espiritualização da família era guardar a integridade espiritual do casamento. Marido e mulher, diziam eles, precisam mover um ao outro a padrões espirituais elevados para que uma família seja firmemente cristã. "É preferível", escreveu Wadsworth, "encontrar virtude e piedade num marido ou numa esposa do que beleza e riquezas".[97] John Cotton falou do casamento como algo que torna um casal mais adequado ao serviço de Deus, levando-os mais perto de Deus".[98]

SUMÁRIO

A família fornecia um bom caso teste para os puritanos aplicarem sua teologia do pacto. Pacto significava relacionamento, primeiro com Deus e depois com outras pessoas. Começando com a premissa de que a finalidade da família é glorificar a Deus, os puritanos tentaram fazer de suas famílias uma "pequena igreja". A família era idealmente um lugar de relações santificadas e de culto comum a Deus.

---

95 Nota marginal a Gênesis 17:23.

96 John Dodd e Robert Cleaver, The Ten Commandments [Hill, Society and Puritanism, p. 443]. Tyndale havia declarado antes que "todo homem deve pregar com palavras e atos à sua casa e àqueles que estão sob sua governança" (Expositions and Notes on... the Holy Scriptures [Hill, Society and Puritanism, p. 465]).

97 The Well-Ordered Family [Edmund Morgan, Puritan Family, p. 80]. Um sínodo da Nova Inglaterra aprovou a declaração de que "é o dever de cristãos casar no Senhor" (Cotton Mather, Magnalia Christi Americana [Morgan, p. 182]).

98 Practical Commentary Upon John [Edmund Morgan, Puritan Family, p. 48].

A ideia de uma família "bem organizada" também explica bastante sobre o lar puritano. Na teoria como na prática puritana, uma família bem organizada era uma hierarquia na qual o marido/pai era o cabeça responsável, a esposa/mãe era sua subordinada com suas esferas de responsabilidade e os filhos eram sujeitos à disciplina e ao cuidado de ambos os pais.

A teoria puritana do desenvolvimento infantil enfatizava que os filhos eram como os pais, criaturas decaídas cuja inclinação pecaminosa precisava ser redirecionada a Deus e à bondade moral. A tríplice fundamentação puritana da criação de filhos era a importância do treinamento precoce, a influência tanto do exemplo como do preceito e um equilíbrio entre a restrição e o apoio positivo.

Os filhos nascidos em nossas famílias são nascidos para Deus.
– Deodat Lawson

Tudo estará bem na comunidade onde as famílias são apropriadamente ajustadas.
– William Gouge

Uma família cristã... é uma igreja..., uma sociedade de cristãos combinando-se para o melhor culto e o melhor serviço a Deus.
– Richard Baxter

A pregação era o centro vital do Puritanismo. Aqui Puritanos da Nova Inglaterra caminham para ouvir a pregação na igreja. *Cortesia do Billy Graham Center, Wheaton College.*

CAPÍTULO 6

PREGAÇÃO PURITANA

*Não há um sermão que, sendo ouvido, não nos ponha
mais perto do céu ou do inferno.* – JOHN PRESTON

P ara montar o cenário para meus comentários sobre a pregação puritana, convido-o a acompanhar-me à Inglaterra por volta do séc. XVI. Laurence Chaderton, primeiro Mestre do Emmanuel College, Cambridge, está pregando em sua nativa Lancashire. Este condado do norte é território católico. As pessoas não ouvem bons sermões com frequência. Chaderton prega há duas horas. Está para concluir e diz algo no sentido "de que não mais atentaria contra a paciência deles".

Mas a audiência não permite que o pregador pare. "Pelo amor de Deus, senhor, continue, continue", instam eles. "No que", nos dizem, "o Sr. Chaderton foi surpreendido a proferir um discurso mais longo, além de sua expectativa, para satisfazer a importunidade deles".[1]

O incidente é notável não porque fosse raro durante o movimento puritano, mas porque era comum.

Se olharmos para os puritanos ingleses por um momento com os olhos de seus oponentes religiosos, encontramos que aquilo que estes antago-

---

1 O relato vem de Thomas Fuller, The Worthies of England [Davies, Worship and Theology... 1603-1690, p. 315].

nistas mais temiam quanto a eles era sua pregação. Foi pelo púlpito que o puritanismo fez sua marca na nação inglesa, no início do séc. XVII. O bispo anglicano de Londres reclamou sobre os encontros puritanos que "as pesso-as recorrem a eles como no papado estavam acostumados a correrem para as romarias".[2]

Aquele arquidefensor do anglicanismo, Richard Hooker, de má vontade admitiu que os sermões puritanos eram mais populares do que as homilias an-glicanas. Ele percebeu que "os sermões prevaleciam, enquanto todos os outros meios pareciam adormecer", e ele descreveu "aquela singular afeição e atenção que as pessoas demonstravam em todo lugar em relação [aos sermões], e sua fria disposição às [homilias]".[3]

Qualquer coisa que entusiasme a devoção do público cristão a este pon-to merece um olhar mais de perto. Como podemos ser esclarecidos do apelo da pregação puritana?

O RETRATO DO MINISTRO PURITANO

Tem sido corretamente dito sobre os puritanos que "toda uma vida gasta ouvindo sermões... inevitavelmente produz um laicato conhecedor e crítico, com ideias definidas sobre pregações e pregadores".[4] Sugiro, portanto, que pausemos para vislumbrar o ideal puritano do ministro, ouvindo alguns co-mentários puritanos sobre a matéria.

Quando John Field foi suspenso de sua posição de pregador em Lon-dres, sua congregação pediu seu retorno, citando seus "fiéis cuidados tomados sobre nós... pregando puramente a palavra de Deus, catequizando nossos jo-vens, ensinando a obediência a Deus e a nosso príncipe, e mantendo-nos em grande ordem".[5] Uma das numerosas "declarações" que o movimento puritano

---

2 Citado em Babbage, p. 11.
3 The Laws of Ecclesiastical Polity [Davies, Worship of the English Puritans, p. 186].
4 Seaver, p. 43.
5 The Second Part of a Register [Seaver, p. 37].

produziu, diz que as "três partes do dever de um pastor" eram "pregar, ministrar os sacramentos e orar".[6]

William Perkins teorizou que "todo verdadeiro ministro é um duplo intérprete – o intérprete de Deus para as pessoas ao pregar para elas, e o intérprete das pessoas para Deus, expondo em aberto suas vontades, confessando seus pecados, rogando por perdão".[7] Foi dito de Richard Greenham que "sua obra-prima estava em confortar consciências feridas".[8] As cartas colecionadas do Pastor Thomas Wilcox foram tomadas como "exortações e direções santas, simples e necessárias ao exercício da santidade".[9]

Uma pesquisa nas congregações, feita para o Parlamento em 1584-1585, usou tais designações para elogiar pastores a quem os puritanos aprovavam: "de conversações honestas", "conhecedores de idiomas", "cultos, zelosos e santos, e aptos para o ministério".[10] Na América, John Cotton considerava "que era seu dever pregar com tal clareza quanto convinha aos Oráculos de Deus, que são tencionados para a conduta dos homens nos caminhos da vida".[11]

Tais frases recomendatórias nos dão um retrato cada vez mais amplo do ministro puritano ideal. O epíteto mais comum, porém, era "santo e douto".[12] Por que a ênfase em pregadores "santos"? Era em parte uma reação contra os abusos da Igreja Anglicana, onde muitos clérigos mantinham suas posições como uma forma de apadrinhamento.[13] Um tema puritano constante era o escandaloso estilo de vida de pessoas que man-

---

6 A Brief and Plain Declaration Concerning the Desires of All those Faithful Ministers... [Trinterud, p. 270].

7 The Calling of the Ministry [Brown, p. 74].

8 Thomas Fuller, The Church History of Britain [Collinson, p. 128].

9 As cartas foram descritas assim por Roger Morrice [Collinson, p. 128].

10 Collinson, pp. 280-81.

11 Cottonus Redevivus [Mitchell, p. 116].

12 Já em 1547, por exemplo, Thomas Becon clamou por um ministério de "pregadores cultos e santos" (The Jewel of Joy [Bailey, Thomas Becon, p. 60]).

13 Hudson assim descreve o sistema de apadrinhamento: "A decisão quanto à qualificação para ordenação havia sido tomada dos bispos pelo Estado, enquanto o direito de nomeação para um posto, após a ordenação, era grandemente controlado por patronos leigos, e os bispos eram forçados a favorecer o nomeado se atendesse aos requisitos mais insignificantes. Praticamente o único teste de aptidão do favorecido que ao bispo era permitido impor era político. Ele era orientado para admitir homens que fariam o juramento de supremacia e concordariam em ler o livro de culto, sendo instruído a não fazer uma inquisição muito profunda em outros pontos" (p. 202).

tinham posições na igreja, mas careciam de qualificações espirituais para fazê-lo. "Quantos também", reclamou Walter Travers, "encontram-se admitidos no governo da igreja e levam vida muito ímpia e comportamento não santo".[14]

Dado o quadro do apadrinhamento eclesiástico, muitos clérigos anglicanos achavam-se "ali pelo dinheiro" e sacavam salários de paróquias onde eles não residiam. Um bispo elizabetano, William Hughes, de St. Asaph, manteve um arquidiaconato e recebia a renda de dezesseis igrejas, assim como terras arrendadas a sua mulher, filho, irmãos e primos. Mais típico era o Arcebispo Bancroft, que manteve seis rendas.[15] O estilo de vida de muitos desses clérigos era um constante escândalo para os puritanos. Uma visita à igreja por investigadores puritanos revelou párocos e vigários variadamente caracterizados como "um frequentador de cervejaria", "consumido pelas cartas, dados e jogos", "um beberrão e proxeneta", e um sacerdote cujo "principal ofício é curar falcões feridos ou adoentados".[16]

Em tal contexto, é fácil ver por que os puritanos atribuíam tal prêmio a "pastores santos". Richard Bernard resumiu a atitude puritana dizendo que "as pessoas comuns respeitam mais a vida de um pregador do que sua erudição".[17] William Perkins fez soar uma nota semelhante: "Ele mesmo deve primeiramente ser inclinado à santidade se quer estimular inclinações santas em outros homens".[18] De acordo com um estudioso moderno, fazendo da liturgia a atividade central do pastor, a igreja anglicana criou um sistema no qual "a inteligência e a moral dos sacerdotes da paróquia eram, em última análise, de pequena importân-

---

14 A Full and Plain Declaration of Ecclesiastical Discipline [George, p. 329]. Edward Dering falou dos "ociosos, profanos, iletrados e inábeis pastores" que afligiam a Igreja da Inglaterra (Works [George, p. 329]).

15 Estes números vêm de Emerson, English Puritanism, p. 19, que afirma adiante que, em 1603, perto de quatro mil, de pouco mais de nove mil, residências eclesiásticas na Inglaterra estavam nas mãos de impropriators peigos possuidores de bens da igreja); isto é, a renda não ia para as mãos dos párocos, mas em grande parte para a Coroa, a nobreza, bispos, faculdades, e deões de catedrais e cônegos".

16 Collinson, pp. 290-91.

17 The Faithful Shepherd [Haller, Rise of Puritanism, p. 138].

18 Works, [Hudson, p. 205].

cia", enquanto a ênfase puritana nos sermões "exigia um clero educado, capaz de falar com autoridade moral".[19]

Podemos também aprender algo sobre como os puritanos viam o ministro, observando os títulos pelos quais era conhecido. Os anglicanos retiveram o termo católico "sacerdote", com sua conotação de status eclesiástico profissional. Os puritanos escolheram os títulos "ministro" e "pastor". "Ministro" denomina o que estes homens faziam: eles ministravam e ajudavam as pessoas em suas necessidades. O termo "pastor" é igualmente revelador: um pastor é acima de tudo alguém que alimenta e cuida de um rebanho. O que emerge do esboço anterior é um papel de muitas faces que combina ensino, administração das ordenanças, cuidado das consciências, exemplificação da vida santa e aconselhamento.[20] Mas nenhuma destas tarefas era a fundamental.

Os puritanos eram unânimes em dizer que a tarefa principal de um pastor era pregar. Arthur Hildersham afirmou que pregar era "o principal trabalho" de um pastor, enquanto John Owen acreditava que "o primeiro e principal dever de um pastor é alimentar o rebanho pela pregação diligente da Palavra".[21] William Bradshaw, em sua pesquisa contemporânea do movimento puritano, oferece-nos este retrato:

> *Eles sustentam que a posição e a autoridade suprema do pastor é pregar o evangelho solene e publicamente à congregação, interpretando a Palavra escrita de Deus, aplicando-a pela exortação e pela repreensão a eles. Eles sustentam que este foi o maior trabalho que Cristo e seus apóstolos fizeram.*[22]

---

19 Seaver, p. 43.

20 Muitos dos conselhos tomavam a forma de sermões e escritos em "casos de consciência". Peter Lewis, The Genius of Puritanism, investiga parte deste imenso corpo de conselho pastoral. Hudson observa que Richard Baxter abria sua casa às quintas-feiras à noite como "uma clínica para terapia em grupo" (p. 99); o grupo reunia-se para "repetir" o sermão do domingo anterior.

21 Hildersham, CL11 Lectures Upon Psalm LI [Lewis, p. 35]; Owen, Works, 16:74. Richard Sibbes declarou semelhantemente que a pregação "é o dom sobre todos os dons... Deus a estima tanto, Cristo a estima tanto, que assim deveríamos nós estimá-la" (Works [Lewis, p. 36]).

22 English Puritanism... [Davies, Worship of the English Puritans, p. 183].

A POPULARIDADE E O IMPACTO DA PREGAÇÃO PURITANA

A popularidade da pregação puritana na sua época era assombrosa. Henry Smith era tão popular, e sua igreja tão cheia, que (nas palavras de Thomas Fuller) "pessoas de boa qualidade traziam seus próprios bancos com elas, quero dizer suas pernas, para ficar em pé nos corredores".[23] Christopher Hill aduziu evidências de que ter um bom pregador era uma vantagem econômica para uma cidade comercial, porque atraía multidões à cidade para ouvir a palestra do pregador no dia de feira.[24] A fama de William Whately como pregador espalhou-se tanto que "grandes mentes" e pessoas cultas de Oxford viajaram vinte milhas a Banbury para ouvi-lo pregar.[25] Não é de admirar que Michael Walzer chame o pregador de "o herói do puritanismo do séc. XVI".[26]

Um dos maiores problemas da Igreja Anglicana tornou-se a prática de "caminhadas até os sermões", significando que as pessoas leigas abandonavam suas próprias congregações para assistir a uma vizinha que tinha boa pregação, o que quase invariavelmente significava pregação puritana. George Walker, um pregador de Londres, nascido em Lancashire, descreve em linguagem vívida como as pessoas em seu distrito nativo

> estão prontas e dispostas a correr muitas milhas para ouvir sermões quando não os têm em casa, e põem de lado toda a preocupação com o lucro, deixando seus labores e trabalhos em dias de semana para frequentar reuniões públicas por causa da profecia e da exposição da Palavra de Deus.[27]

---

23 The Church History of Britain [Hudson, p. 185].

24 Society and Puritanism, pp. 98-99.

25 Stenton, p. 108.

26 Walzer, p. 119. Walzer descreve os pregadores Puritanos como "educados (autodidatas), homens de iniciativa que queriam uma voz no governo eclesiástico, que queriam uma igreja, com efeito, aberta ao talento" (p. 120).

27 An Exhortation for Contributions to Maintain Preachers in Lancashire [R. C. Richardson, p. 84]. Walker também descreveu "a raridade com que um pregador pode viajar pelas suas cidades e alojar-se nelas, em qual-

William Dyke era tão popular que

muitos se ausentam de suas próprias paróquias no domingo e recusam-
-se a ouvir seus próprios ministros... e acorrem a Dyke para ouvi-lo, e
muitas destas andarilhos vinham de longe e iam para casa tarde.[28]

O púlpito puritano influenciou a alma de uma nação em parte porque os pregadores ganharam o ouvido dos líderes da sociedade, especialmente dos jovens em ascensão. Richard Sibbes "edificou o espírito puritano no Gray's Inn", e seu amigo John Preston atraiu multidões no Lincoln's Inn [dois restaurantes famosos], das duas mais prestigiosas escolas de Direito na Inglaterra.[29] Quando o Bispo Scambler, de Peterborough, reclamou sobre a preferência das pessoas por um culto de pregação acima do culto anglicano, lido no Livro de Oração Comum, observou com alarme a respeito dos pregadores puritanos que, "às suas finalidades, têm atraído diversos jovens ministros... Em seus modos são muito audazes e firmes, como homens que parecem não estar sem grandes amigos".[30] A popularidade da pregação puritana era em parte o resultado da importância que eles atribuíam à pregação em si. John Preston soou a nota chave quando ressaltou que "não há um sermão que, sendo ouvido, não nos ponha mais perto do céu ou do inferno".[31] Captamos a mesma nota na frase frequentemente citada de Richard Baxter, que

não é coisa pequena ficar em pé diante de uma congregação e dirigir
uma mensagem de salvação ou condenação, como sendo do Deus vivo,
no nome do nosso Redentor. Não é coisa fácil falar tão claramente, que
um ignorante nos possa entender; e tão seriamente, que os corações

---

quer dia da semana, sem que por infortúnio não obtenham dele um sermão público e, em grande grupo, de repente e sob aviso imediato, reúnam-se alegres e jubilosamente o ouçam com reverência e atenção".

28 Fonte contemporânea citada em Collinson, p. 373. Pregadores puritanos também tinham pronto acesso a líderes de governo tanto na Inglaterra como na América.

29 Haller, Rise of Puritanism, pp. 160-64.

30 Carta a Burghley, Lansdowne MSS [Babbage, p. 11].

31 A Pattern of Wholesome Words [Hill, Society and Puritanism, p. 46].

mais desfalecidos nos possam sentir; e tão convincentemente, que críticos contrários possam ser silenciados.[32]

A melhor indicação do valor que os puritanos atribuíam à pregação é a frequência da sua demanda por sermões. Ministros puritanos pregavam entre três a cinco sermões por semana, além de ensinar o catecismo.[33]

A pregação era significativa porque visava a ser a Palavra de Deus às pessoas. Alguém que escutou a pregação de John Cotton pôde prestar o seguinte tributo:

> *Penso que o sr. Cotton prega com tal autoridade, demonstração e vida, que, quando prega sobre um profeta ou apóstolo, eu não ouço a ele; ouço aquele mesmo profeta ou apóstolo; sim, ouço o Senhor Jesus Cristo falando em meu coração.*[34]

Em seu próprio tempo, os puritanos foram conhecidos por seu entusiasmo pela pregação. Thomas Fuller pôde dizer da era puritana:

> *O que lhes conquistou mais renome foi a pregação esmerada ["esforçada; cuidadosamente preparada"] dos ministros em lugares populosos; sendo observado na Inglaterra que aqueles que têm o leme do púlpito sempre conduzem os corações das pessoas como querem.*[35]

Historiadores modernos, olhando àquele época, concordam. "Pregar, pela boca ou pela pena, era vida para os puritanos", declara John F.H. New; e William Haller fala de uma "voracidade vital pela articulação".[36]

---

32 The Reformed Pastor [Davies, Worship and Theology... 1603-1690, p. 162].

33 Davies, Worship of the English Puritans, pp. 200-201.

34 Roger Clap, Memoirs of Captain Roger Clap [Vaughn and Bremer, p. 70]. Davies escreve: "A pregação da Palavra não era nem uma homilia moral nem uma investigação filosófica; era uma declaração autoritativa do Deus Bendito. Aí repousava seu significado supremo" (Worship of the English Puritans, p. 185).

35 The Church History of Britain [Hudson, p. 185].

36 New, p. 71; Haller, Rise of Puritanism, p. 258.

A IMPORTÂNCIA DO INTELECTO NA PREGAÇÃO

Observei anteriormente que o gosto puritano por pastores "santos e dou-tos" era um ataque implícito ao clero anglicano. Sem dúvida, há muitas exceções à ligação de Samuel Johnson entre uma época de ignorância com uma época de formalismo,[37] mas é indiscutível que a prática anglicana, de cultos lidos no Livro de Oração, em vez dos sermões, alimentou uma alarmante ignorância do clero. As investigações de John Hooper descobriram 171 (de 311) clérigos anglicanos que não podiam recitar os Dez Mandamentos, 33 dos quais não sabiam onde encontrá-los. Trinta não podiam dizer onde aparece o Pai Nosso na Bíblia, 27 não podiam nomear o seu autor e 10 não podiam recitá-lo.[38]

Tal ignorância clerical produziu ignorância leiga. Josias Nichols, pároco em Kent, descobriu numa pesquisa que apenas 40 de 400 paroquianos co-mungantes tinham algum conhecimento "de Cristo, o que era na sua pessoa, o que era em seu ofício, como o pecado veio ao mundo, qual era a punição pelo pecado, o que acontece a nossos corpos ao apodrecerem nos túmulos".[39]

Os puritanos responderam, fazendo discursos no Parlamento, que ar-gumentavam quanto à "necessidade de pregar e de um ministério culto", e propunham "que fizessem algum curso para se ter um ministério culto".[40] "De todas as misérias com que a igreja é afligida", disse Edward Dering num ser-mão pregado diante da rainha, "nenhuma é maior que esta, que seus ministros sejam ignorantes e nada tenham a dizer".[41]

---

37 A Journey to The Western Islands [Hill, Change and Continuity, p. 101].

38 Knappen, Tudor Puritanism, p. 100. John Stockwood, pregando em "Paul's Cross", em 1579, declarou que apenas uma paróquia em vinte tinha um hábil professor e concluiu: "Não admira, portanto, que exista no povo tão horrível e incrível ignorância (A Very Fruitful Sermon... [Hill, Society and Puritanism, p. 52]). Hill cita algumas estatísticas sobre a baixa percentagem de ministros pregadores (e.g., 1 em 12, 58 em 288, 20 em 220, etc.) em várias regiões da Inglaterra (pp. 52-53). Derek Wilson também cita alguns números e sugere por que os relativamente poucos pregadores puritanos foram capazes de ganhar tanta influência: "pelo menos uma vez por mês um sermão deveria ser pregado em toda igreja de paróquia e nestas ocasiões o clero que não pregava às vezes tinha de chamar seus colegas puritanos" (p. 135).

39 The Plea of The Innocent [Hill, Society and Puritanism, p. 56]. Para mais sobre a ignorância anglicana em assuntos religiosos, veja Hill, Society and Puritanism, pp. 250-251; e George, p. 336.

40 Collinson, pp. 312, 315.

41 A Sermon Preached Before The Queen's Majesty... [Trinterud, p. 159]. O defensor anglicano Richard Hooker não podia entender a razão de toda a preocupação. Ele estava espantado com o que considerava como

O zelo puritano pela profundidade intelectual na pregação tomou várias formas. Uma era a preocupação por um clero academicamente educado. A causa para a fundação do Harvard College, apenas seis anos após a chegada dos puritanos em Massachusetts, foi o "pavor de deixar um ministério inculto às igrejas, quando nossos atuais ministros repousarem no pó".[42] Isto ecoou uma preocupação semelhante na Inglaterra onde um documento puritano esboçou as reformas universitárias que deveriam ser instituídas para assegurar "um ministério culto e suficiente".[43] Uma autoridade moderna na história das Universidades de Oxford e Cambridge durante os séculos da Reforma documentou como figuras-chave nestas universidades exercitaram uma influência formativa sobre o puritanismo inglês.[44]

Duas instituições distintamente puritanas, "profetizar" e "fazer preleções", também atestam a respeitabilidade intelectual da pregação puritana. Profetizar (eventualmente eliminado pela Rainha Elizabeth) constava de seminários ou cursos intensivos para o aperfeiçoamento da qualidade da pregação. Estes eram assistidos pelos ministros de um distrito. Os ministros encontravam-se numa igreja central, onde até cinco deles pregavam num texto previamente combinado entre eles, seguidos de discussão.[45]

As preleções Puritanas eram formas de melhorar a compreensão dos leigos sobre o conteúdo da fé cristã. Os preletores puritanos eram pregadores ou oradores particularmente sustentados pelos leigos e, portanto, fora do controle direto da igreja estabelecida.[46] Christopher Hill chama estes preletores

---

o trabalho perdido representado por um sermão, falando depreciativamente de "sermões [não] lidos..., mas sermões sem livro, sermões que gastam sua vida no seu nascimento, e podem ter audiência pública apenas uma vez" (The Laws of Ecclesiastical Polity [Davies, Worship of The English Puritans, p. 185]).

42 New England's First Fruits [Miller/Johnson, 2:701].

43 Citado em Curtis, p. 190.

44 Curtis, Oxford and Cambridge in Transition, 1558-1642, cap. 7. Embora a influência puritana fosse mais forte em Cambridge, Curtis modifica o quadro convencional de Oxford como sendo grandemente destituído de influência puritana.

45 Davies, Worship of The English Puritans, pp. 188-89. Trinterud chama profetizar de "um dispositivo pró-puritano para o aperfeiçoamento da pregação" (p. 191).

46 A mais completa fonte é Paul S. Seaver, The Puritan Lectureships. Seaver descreve a situação assim: "Se um ministro comissionado não pudesse ou negasse pregar o número e o tipo de sermões exigidos, o laicato poderia contratar outro ministro, os preletores, para pregar em ocasiões quando a igreja não estivesse sendo usada para cultos normais. Se a renda paroquiana regular fosse muito pequena para atrair pregadores comissionados, o

John Bunyan pregando em sua cidade natal, Bedford, Inglaterra.
Cortesia dos curadores de Bunyan Meeting.

de "clero livre", e mais alguém descreve a preleção em si como "uma espécie de avô do nosso estudo bíblico moderno: um culto de pregação de considerável duração e grande profundidade, geralmente sendo assistido por pastores e membros de congregações puritanas vizinhas".[47]

A ênfase Puritana na educação religiosa tanto para o clero como para os leigos resultou em sermões que apelavam para o entendimento do ouvinte sobre a verdade doutrinária. Pregadores puritanos admitiam a primazia do intelecto como o canal pelo qual Deus fala ao povo e os convence da verdade. Benjamin Whichcote expressou a opinião de que "a pregação de outros tem mais comandado meu coração quando mais tem iluminado minha mente".[48] De acordo com William Ames, "o receber da Palavra consiste em duas partes: atenção da mente e intenção da vontade".[49]

Os puritanos americanos concordavam. O biógrafo de Richard Mather observou que, embora "seu modo de pregar fosse simples e zeloso, era além disso substancial e muito judicioso".[50] Tal pregação obviamente apelava para o

---

laicato poderia suplementá-la acrescentando uma preleção. O sucesso deste esquema institucional deveu-se em parte à sua própria simplicidade, pois era infinitamente adaptável a circunstâncias locais" (p. 6).

47 Hill, Society and Puritanism, p. 80; Lewis, pp. 61-62.

48 Sermons [Brown, p. 121].

49 The Marrow of Theology, p. 254.

50 Increase Mather, The Life and Death of.. Richard Mather [R. C. Richardson, p. 43].

intelecto assim com para as emoções. Um historiador da educação americana vai ao ponto de dizer que "o clero puritano chegou mais perto de ser uma classe intelectual dominante – ou, mais propriamente, uma classe de intelectuais intimamente associados com um poder dominante – como jamais teve a América".[51]

Qualquer um que gasta tempo examinando sermões puritanos sentirá de imediato as demandas que estes sermões colocavam sobre as mentes tanto do pregador como da audiência. Para começar, os sermões geralmente duravam uma hora. Assim encontramos William Cartwright estipulando: "Que haja, se possível todo domingo, dois sermões, e que aqueles que os pregam sempre empenhem-se por se manterem dentro de uma hora, especialmente nos dias de semana".[52]

Os pregadores puritanos preparavam seus sermões cuidadosamente. "Pregação esforçada" era o ideal, e com isto os puritanos queriam dizer sermões esmerados, meticulosos, cuidadosamente preparados. A maioria dos ministros pregava a partir de anotações, mas alguns escreviam seus sermões inteiramente. Thomas Goodwin declarou: "Enquanto alguns homens são a favor de pregar apenas extempore, e sem estudo, Paulo convida Timóteo a meditar e estudar, e entregar sua mente completamente a estas coisas".[53] Richard Baxter lia seus sermões, exceto quando estava muito ocupado para escrevê-los.[54]

No cenário americano, John Eliot "não gostava de outra pregação, senão aquela para a qual se havia estudado bem", e resolveu "por meio de bom estudo" não ter "em nossos sermões nó deixado sem desamarrar". Cotton Mather louvou John Cotton porque seus sermões "cheiravam a lamparina".[55] Mather também forneceu uma análise interessante de como

---

51 Richard Hofstadter, Anti-Intellectualism in American Life (Nova York, Knopf, 1963), p. 59.

52 Citado em Davies, Worship of The English Puritans, p. 193.

53 Works [Davies, Worship of The English Puritans, p. 194].

54 Sheet Against The Quakers [Davies, Worship of The English Puritans, p. 194].

55 As citações extraídas de Eliot e Mather aparecem em Miller, Seventeenth Century, p. 352. Thomas Shepard é registrado ao dizer: "Deus irá amaldiçoar os labores daquele homem que anda para cima e para baixo no mundo toda a semana e depois no sábado à tarde vai ao seu estudo; como se Deus não soubesse que aquele tempo era pouco demais para orar, contristar-se e preparar seu coração" (Citado em Babett May Levy, Preaching in the

escrever anotações de sermões exigia mais preparo do que a pregação extemporânea:

> Não é a carência de nossas habilidades que nos faz usar nossas anota-
> ções; mas é uma consideração pelo nosso trabalho e pelo bem dos nossos
> ouvintes... É mais fácil para nós pregarmos três sermões sem anotações
> do que um com elas.[56]

Dos anais da pregação puritana há, é claro, relatos de feitos prodigiosos. Quando Cromwell desejou testar os poderes de púlpito de John Howe (que se tornou um dos capelães de Cromwell), trocou imediatamente antes do sermão o texto que havia dado a Howe para expor. Howe pregou no novo texto por duas horas e só foi solicitado a parar quando estava para virar a ampulheta novamente.[57]

PREGAÇÃO EXPOSITIVA DA BÍBLIA

Apesar de sua inclinação à doutrina e à teologia, os puritanos favorece-ram predominantemente sermões expositivos que "punham em aberto" os significados de uma passagem bíblica específica. William Ames prestou seu desrespeito pela pregação tópica que desconsiderava o texto anunciado da Bíblia:

> Os ministros impõem-se sobre seus ouvintes em divagações quando pro-
> põem um certo texto no início do sermão e depois falam muitas coisas
> a respeito, ou simplesmente por ocasião do texto, mas em geral não ex-
> traem nada do texto em si.[58]

First Half Century of New England History [1915; reimpressão Nova York, Russel and Russell, 1967], p. 82). Shepard passava três dias por semana na preparação do sermão.

56 Magnalia Christi Americana [Mitchell, p. 22].

57 Davies, Worship of the English Puritans, p. 193.

58 The Marrow of Theology, p. 191.

A visível abertura da Bíblia no púlpito durante o culto simbolizava o alvo da pregação expositiva, que revelaria os significados latentes de um texto bíblico específico.

Este objetivo, por sua vez, determinava a metodologia dos pregadores puritanos, que deveria vincular o sermão inteiro ao texto escolhido da Bíblia. William Chappel definia um sermão como "um discurso sobre um texto da Escritura, dispondo suas partes de acordo com a ordem da natureza".[59] Os puritanos foram fortes defensores da aplicação num sermão, como veremos, mas tudo começou com a própria Bíblia. Nas palavras de William Ames: "Primeiro as coisas contidas no texto devem ser afirmadas... Ao expor a verdade do texto o ministro deveria primeiro explicá-la e depois indicar o bem que se segue a ela".[60]

Das três partes costumeiras de um sermão puritano, duas estavam intimamente ligadas à própria Bíblia. De acordo com o Directory of Public Worship (Diretório de Culto Público) adotado pela Assembleia de Westminster,

> Ao apresentar as doutrinas do texto, seu cuidado deve ser, primeiro, que a matéria seja a verdade de Deus. Em segundo lugar, que seja uma verdade contida ou fundamentada naquele texto para que os ouvintes possam discernir como Deus a ensina a partir do texto.[61]

Esta convicção sobre a centralidade da Bíblia na pregação foi reforçada pela prática de ampla ou exclusivamente limitar os detalhes do sermão ao material bíblico. William Perkins, por exemplo, encorajou a leitura de fontes

---

59 Citado em Miller, Seventeenth Century, p. 340.

60 The Marrow of Theology, p. 191. Ames também escreveu: "Já que... a vontade de Deus deve partir da Palavra, ninguém é apto para o ministério se não estiver muito preocupado com a Sagrada Escritura, mesmo acima de crentes comuns" (p. 191).

61 Davies, Worship of the English Puritans, p. 191. William Haller, Elizabeth I and the Puritans (Ithaca, Cornell University Press, 1964), fala a respeito de pregadores puritanos que "seu método era começar com um texto – quer dizer, um episódio, personagem ou caso particular extraído das Escrituras –, explicar seu significado em seu contexto imediato, relacioná-lo a outros textos supostamente relevantes, deduzir a lição ou doutrina apropriada" antes de proceder à aplicação (p. 36).

patrísticas na preparação do sermão, mas também o ocultamento deste estudo nas citações feitas do púlpito.[62]

O efeito deste tipo de pregação bíblica foi bem resumido por um letrado moderno que estudou um século dos sermões pregados na Igreja St. Paul's Cross (Cruz de São Paulo), em Londres:

> *Para os puritanos, o sermão não depende apenas da Escritura; ele existe literalmente dentro da Palavra de Deus; o texto não está no sermão, mas o sermão está no texto... Posto sumariamente, ouvir um sermão é estar na Bíblia.*[63]

A ORGANIZAÇÃO DE UM SERMÃO PURITANO

Na sua pregação (e muito além disso), os puritanos eram devotos da metodologia. Eles teorizaram repetidamente sobre a forma que um sermão deveria tomar, e escrupulosamente seguiram aqueles métodos. O modelo geral era um sermão de três partes, embora nem todo mundo as descrevesse exatamente da mesma maneira.

O esboço que aparece no final da obra de William Perkins, The Art of Prophesying (A Arte de Profetizar), pode ser tomado como o protótipo da organização de um sermão puritano:

1. Ler o texto precisamente das Escrituras canônicas.

2. Dar o sentido e a compreensão do que é lido, pela própria Escritura.

3. Reunir alguns pontos proveitosos de doutrina a partir do sentido natural.

4. Aplicar, se tiver o dom, as doutrinas corretamente colhidas à vida e às maneiras dos homens num discurso simples e claro.[64]

---

62 The Art of Prophesying [Breward, p. 345].

63 Millar Maclure, The Paul's Cross Sermons, 1534-1642 (Toronto, University of Toronto Press, 1958), p. 165.

64 The Art of Prophesying [Breward, p. 349].

Se consideramos a leitura do texto bíblico como um preliminar ao sermão, chegamos às seguintes três partes do sermão: (1) interação com o sentido superficial do texto, (2) dedução de princípios doutrinários e morais do texto, e (3) demonstração de como aqueles princípios podem ser aplicados na vida cristã diária.[65] A lógica e compreensibilidade do esquema é impecável.

Quando nos voltamos para os sermões em si, na elaboração dos elementos básicos, a boa ordem do esquema "abertura-doutrina-aplicação" é frequentemente perdida num emaranhado de detalhes. O principal réu era a segunda parte do sermão. Encontrar as doutrinas num texto chamava-se "dividir" o texto. Pregadores exagerados achavam fácil multiplicar estas doutrinas de forma minuciosa, e mesmo pregadores responsáveis como John Udall foram convencidos de que "é preciso que toda frase da Sagrada Escritura contenha em si ao menos uma doutrina genérica".[66]

Não apenas os pregadores encontraram doutrinas no texto, mas sentiram-se também constrangidos a reforçar cada doutrina com "os exemplos e testemunhos da Escritura e... pela força da razão nela fundamentada".[67] O propósito de tais "provas" e "razões" era assegurar que a doutrina aduzida de um texto específico possuísse todo o peso da Escritura por trás dela. Contam-nos que John Dod conduzia suas provas "não multiplicando particularidades para a opressão da memória, não se alongando tanto ao ponto de fazer toda verdade passar por alguns poucos textos", e era isso, sem dúvida, o que faziam os melhores pregadores.[68]

Perry Miller resume o sermão puritano padrão assim:

---

65   Davies, Worship and Theology... 1534-1603, escreve: "A estrutura tomava a forma da exposição de uma passagem da Escritura,... ao colecionar lições (ou doutrinas) de cada verso e adicionar as aplicações (ou usos) morais delas" (p. 304).

66   Commentary Upon the Lamentations of Jeremy [Emerson, English Puritanism, p. 112].

67   Ibid.

68   Samuel Clarke, General Martyrology [Haller, Rise of Puritanism, pp. 134-35]. William Ames com efeito instou pela moderação na multiplicação de provas quando escreveu: "A discussão de uma doutrina consiste, em parte, de provas, se for questionada pelos ouvintes (é tolice ir além para confirmar o que todos reconhecem), e em parte em ilustrações das coisas já provadas" (The Marrow of Theology, p. 192).

O sermão puritano cita o texto e o "põe em aberto" tão resumidamen-
te quanto possível, expondo as circunstâncias e o contexto, explicando
seus significados gramaticais, reduzindo suas figuras e esquemas à pro-
sa, e expondo suas implicações lógicas. O sermão então proclama numa
frase peremptória e indicativa a "doutrina" contida no texto ou logi-
camente deduzida dele e procede à primeira razão ou prova. A razão
segue a razão, sem qualquer transição, senão um ponto e um número;
depois que a última prova é afirmada seguem-se os usos ou aplicações,
também em sequência numerada, e o sermão termina quando não há
mais nada a ser dito.[69]

O sermão puritano era planejado e organizado. Ele podia ser longo e
detalhado, mas não divagava. Ele era controlado por uma estratégia discer-
nível e avançava na direção de um objetivo final. A metodologia assegurava
que o conteúdo seria vinculado à Escritura, que o sermão envolveria uma
apreensão intelectual da verdade e que a doutrina teológica se aplicaria à
vida diária.

A APLICAÇÃO PRÁTICA DA DOUTRINA

Uma das características mais atraentes da pregação puritana era sua ênfase na aplicação prática da doutrina à vida. A terceira parte do sermão explorava
os "usos" da doutrina que havia sido explicada e documentada a partir da Bíblia. A inclinação prática do puritanismo levou os pregadores a entenderem
que a doutrina é sem vida a menos que a pessoa possa "construir pontes" da
verdade bíblica à vida diária. "Quando lemos apenas sobre doutrinas", disse

---

69 Miller, *Seventeenth Century*, pp. 332-33. Isto concorda com a seguinte descrição por um contemporâneo
de William Bourne: "Ele dificilmente variava... o método de pregar, o qual, após a explicação de seu texto, era
doutrina, prova dela pela Escritura [e] pela razão, respondendo a uma ou mais objeções e então os usos... E por
último consolação" (Richard Hollingsworth, *Mancuniensis* [R. C. Richardson, p. 43]). O biógrafo de Richard
Bamer pinta um quadro semelhante: "Começando com uma cuidadosa 'abertura' do texto, ele procedia ao
esclarecimento de possíveis dificuldades ou objeções; a seguir, a uma declaração dos 'usos'; e por último a um
ardente apelo à aceitação pela consciência e pelo coração" (RJ. Powicke, *A Life of the Reverend Richard Baxter*
[Davies, *Worship of the English Puritans*, p. 192]).

Thomas Hooker, "elas podem alcançar o entendimento, mas quando lemos ou ouvimos exemplos, a afeição humana representa para nós o caso como se fosse o nosso próprio".[70]

Outro meio de dizer isto é que o sermão era uma arte retórica ou persuasiva. Seu propósito final era conduzir um ouvinte ao comportamento espiritual e moral correto. Aqui, também, a metodologia era crucial, como sugerido pelo seguinte relato de James Durham:

> A aplicação é a vida da pregação; e não é necessário menos estudo, habilidade, sabedoria, autoridade e clareza na aplicação de um tema à consciência dos ouvintes, e ao reforço da mesma, do que é requerido na exposição de alguma verdade profunda; e, portanto, os ministros deveriam estudar tanto uma como outra... Consequentemente, a pregação é chamada persuasão, testemunho, súplica, solicitação, pedido, exortação etc. Tudo aquilo que signifique tal procedimento na aplicação.[71]

O apelo à consciência do ouvinte era como os puritanos sempre concebiam a aplicação. William Ames era típico:

> Pecam... os que se atêm à descoberta e à explicação da verdade, negligenciando o uso e a prática em que consistem a religião e a santidade. Tais pregadores edificam a consciência em pouco ou em absolutamente nada.[72]

Como sugere a frase, o objetivo da aplicação era conduzir o indivíduo cristão a uma mudança de comportamento onde fosse necessária pelo despertamento da consciência. Para os puritanos, pregar era uma atividade

---

70 Citado em Miller, Seventeenth Century, p. 356.

71 A Commentary Upon the Book of Revelation [Lewis, p. 49].

72 The Marrow of Theology, p. 192. Ames define "uso" como aquilo "que mostra o uso, benefício ou fim" de uma doutrina.

subversiva. Seu objetivo era a "santa reforma" do caráter e da ação – "reformar a vida da impiedade", como afirmou William Perkins.[73]

Esta aplicação era a responsabilidade das pessoas no banco da igreja assim como do pregador. De fato, favorecia a boa audição. "Os praticantes da Palavra são os melhores ouvintes", disse Thomas Manton.[74] Samuel Ward admoestou a si mesmo em seu diário a, "no ouvir a Palavra de Deus, sempre lembrar de estar aplicando constantemente as coisas transmitidas a ti mesmo, e assim pensamentos secundários terão menos lugar".[75]

A necessidade da aplicação pessoal foi uma das muitas razões que os puritanos deram para rejeitar as homilias da liturgia anglicana. As homilias deixaram de atender às condições de uma situação local. Richard Baxter argumentou, por exemplo:

> *Se sei que meus ouvintes são muito viciados em bebedeira, devo estar impedido de pregar ou ler contra esse pecado, e obrigado a ler e pregar somente contra a cobiça ou coisa semelhante?*[76]

Para sugerir algo da metodologia dos pregadores puritanos na aplicação da doutrina cristã, desejo fazer mais uma excursão pela obra de Perkins, The Art of Prophesying (A Arte de Profetizar). Perkins dividiu "as formas de aplicação" em sete categorias, dependendo das condições dos ouvintes:

> *I. Incrédulos que são tanto ignorantes quanto ineptos... II. Alguns são educáveis, embora ignorantes... III. Alguns têm conhecimento, mas ain-*

---

73 The Art of Prophesying [Breward, p. 343]. Davies, Worship and Theology... 1534-1603, escreve: "O que era talvez mais interessante a respeito da estrutura do sermão puritano era que ele era direcionado para mudar a mente do homem com uma perspectiva de aperfeiçoar seu comportamento. Havia pouco interesse no pensamento especulativo ou mesmo na teologia especulativa. De fundamental preocupação era a santidade que deseja conhecer a vontade de Deus para segui-la" (p. 305).

74 Complete Works [Lewis, p. 48].

75 Diary [Knappen, Two Elizabethan Puritan Diaries, p. 108].

76 Five Disputations [Davies, Worship of the English Puritans, p. 188].

da não estão humildes... IV. Alguns estão humildes... V. Alguns creem...
VI. Alguns decaíram... VII. Há um povo misturado...

Além do mais, "a aplicação é mental ou prática". A aplicação prática "é a que diz respeito à vida e ao comportamento, é instrução e correção". Cada uma destas é ainda mais subdividida.[77]

É óbvio que pregadores puritanos sabiam o que queriam alcançar com sua pregação. Eles orientavam-se por objetivos. O objetivo máximo era a vida santa; a verdade doutrinária era um meio para esse fim. "É melhor o conhecimento", escreveu Thomas Manton, "que culmina na prática... A vida do ouvinte é a melhor recomendação do pregador".[78]

PREGAÇÃO ATINGIDORA

Os sermões puritanos depositavam imensa demanda sobre o intelecto, mas esta ênfase na compreensão racional da verdade foi compensada por um apelo ao coração e à vontade. O sermão puritano era atingidor: ele visava a atingir o ouvinte. Baxter enunciou a teoria muito bem:

> *Como o homem não está tão propenso a viver de acordo com a verdade*
> *que conhece, exceto quando ela de fato o comove profundamente, as-*
> *sim sua alma também não goza da doçura da verdade, exceto quando*
> *a especulação de fato passar à afeição. O entendimento não é a alma*
> *toda e, portanto, não pode fazer todo o trabalho... O entendimento*
> *deve assimilar verdades e prepará-las para a vontade, e deve recebê-las*
> *e recomendá-las às afeições... as afeições são como o fundo da alma.[79]*

---

77 The Art of Prophesying [Breward, pp. 342-43].

78 Complete Works [Lewis, p. 48].

79 The Saints' Everlasting Rest, p. 142. O que John Knott diz sobre Richard Sibbes é igualmente verdadeiro sobre os pregadores puritanos em geral: "Até recentemente a maioria das discussões de sermões puritanos, seguindo-se à influente orientação de Perry Miller, tem enfatizado sua racionalidade... Qualquer verdade que possa haver na caracterização de Miller, ela... não leva em conta a habilidade de um Sibbes de mexer com as afeições de seus ouvintes" (p. 46).

Podemos apreender melhor o espírito puritano neste ponto, prestando atenção às típicas imagens que os escritores usavam ao enunciarem a teoria. Foi dito de Richard Mather que ele fez mira para "atirar suas flechas não acima das cabeças das pessoas mas em seus corações e consciências".[80] Thomas Cartwright disse: "Como o fogo remexido dá mais calor, assim a Palavra, como que soprada pela pregação, ardia... nos ouvintes".[81] Baxter escreveu: "Se nossas palavras não forem afiadas e não penetrarem como pregos, dificilmente serão sentidas por corações endurecidos".[82] Estas imagens de ataque ativo e contato físico com o recipiente apreendem exatamente o ideal puritano da pregação atingidora.

O poder atingidor da pregação residia não na manipulação da audiência pelo pregador, mas na ação do Espírito Santo. "A pregação da santa Palavra de Deus", disse Richard Sibbes, "é o ministério do Espírito".[83] Thomas Hooker disse que "a obra do Espírito sempre vai de fato junto com... a Palavra".[84]

A prática puritana da pregação atingidora significava que ouvir um sermão não era uma tarefa para espectadores, mas um envolvimento ativo. Críticas de sermões por defensores litúrgicos, na época puritana ou hoje, entendem errado a dinâmica da boa audição de sermões. Para os puritanos, ouvir um sermão era um exercício ativo que exigia a completa atenção do ouvinte. Várias práticas puritanas mostram exatamente como era ativa a pessoa no banco da igreja.

Uma das práticas era "fazer anotações", que tornou-se uma característica padrão dos cultos de igrejas puritanas. Lemos sobre Comênio, vindo do continente em visita a Inglaterra, observando com admiração, enquanto as congregações de Londres faziam anotações taquigráficas dos sermões.[85] John

80 Samuel Clarke, Lives of Sundry Eminent Persons in this Later Age [Haller, Rise of Puritanism, p. 132].
81 Citado em Davies, Worship of the English Puritans, p. 186.
82 The Reformed Pastor, p. 117.
83 Works [Rooy, p. 37].
84 Citado em Emerson, English Puritanism, p. 45.
85 Ver R.C. Richardson, p. 101; e Hill, Society and Puritanism, p. 65.

Brinsley, educador puritano, advertiu: "Para os domingos e outros dias quando há qualquer sermão, exigir que todos aprendam algo com os sermões. O menor [mais jovem] de todos deve trazer algumas anotações".[86]

Uma segunda prática puritana era a meditação posterior sobre um sermão, após ter sido ouvido. Edmund Calamy disse que sermões eram como comida à mesa: "deve-se comê-lo; e não apenas comê-lo, mas também mastigá-lo bem, e digeri-lo... Um sermão bem digerido, sobre o qual se meditou bem, é melhor do que vinte sermões sem meditação".[87]

Tal meditação era naturalmente auxiliada pela memória. William Ames criticou pregadores cujos esboços de sermão

> *dificultam a lembrança dos ouvintes... Seus ouvintes não podem submeter à memória os principais itens do sermão, para que possam mais tarde repeti-lo privativamente em família; e quando isto não pode ser feito, a maior parte do fruto, que doutra forma se faria disponível à igreja de Deus por meio dos sermões, se perde.*[88]

Deveríamos notar que Ames presume que o maior impacto de um sermão ocorrerá fora da igreja e depois que o sermão termina.

Fazer anotações e uma memória ativa receberam ímpeto ainda por meio de uma outra prática puritana: "repetir o sermão" com a família reunida em casa. Um contemporâneo dos puritanos observou que aquilo que o puritano "ouvia em público" ele "repetia em particular, para exercitar a si mesmo e sua família".[89] A prática de Theophilus Eaton era, de todas as formas, típica das famílias puritanas. Ele reuniu toda sua família no domingo à tardinha e, "de maneira amável, conferia com eles as coisas com que se haviam entretido na

---

86 Ludus Literarius [Mitchell, p. 32]. Brinsley, adiante, prescreveu que daqueles que tomavam notas se esperava que escrevessem "1. O texto, ou uma parte dele. 2. Anotar o mais exato possível, e mencionar toda doutrina, e todas as provas que possam, as razões e os usos delas" (p. 33).

87 The Art of Divine Meditation [Kaufmann, p. 119].

88 The Marrow of Theology, p. 192.

89 John Geree, Character of an Old English Puritan [Collinson, p. 377].

casa de Deus, encerrando tudo com uma oração pela bênção de Deus sobre todos eles".[90]

Em resumo, a teoria puritana da pregação caminhava lado a lado com o ideal de um laicato educado religiosamente. Esperava-se que o sermão servisse de estímulo a uma gama de atividades diárias nos níveis pessoal e familiar. Nas palavras de A.G. Dickens:

> *Os puritanos pensavam que o futuro da igreja repousava num clero distinguido... por um novo fervor, um equipamento intelectual superior, um poder de comunicar... O principal propósito do novo clérigo era comunicar zelo aos leigos, tornando-os capazes de unirem-se para selecionar seus próprios ministros, examinar suas próprias vidas espirituais, dirigir orações em família, ler livros santos e tomar parte na administração eclesiástica.[91]*

O propósito da pregação, em outras palavras, era julgado não pelo que acontecia na igreja, mas pelo efeito do sermão fora dela.

O ESTILO SIMPLES DA PREGAÇÃO

Virtualmente tudo que tenho dito até aqui fornece um contexto para o estilo simples da pregação, sobre o qual os puritanos tinham tanto a dizer. Pregar era uma atividade popular que atraía um segmento interceptivo da sociedade. A convicção de que os sermões devem transmitir a verdade de Deus a todo ouvinte, o desejo de ser prático e estimular o pensamento posterior – todos estes motivos combinavam-se para produzir um estilo de sermão em que o pregador via-se como Wadsworth descrevera o poeta: uma pessoa falando a outras pessoas.

---

90 Cotton Mather, Magnalia Christi Americana [Edmund Morgan, Puritan Family, p. 102]. A influente obra de Nicholas Bownde, Doctrine of the Sabbath, considerava a repetição do culto pela família como uma parte necessária das atividades de domingo (Collinson, p. 377).

91 The English Reformation, p. 320.

Este simples estilo de prosa foi o meio para o objetivo da clareza. William Perkins teorizou que a pregação "deve ser simples, perspicaz e evidente... É um provérbio entre nós: "Foi um sermão muito simples. E eu digo de novo, quanto mais simples, melhor".[92] Richard Sibbes reivindicou que

> *a verdade nada teme tanto quanto o encobrimento, e nada deseja tanto quanto ser claramente exposta à vista de todos: quanto mais nua, mais adorável e poderosa.*[93]

E Henry Smith disse que "pregar de forma simples não é pregar rudemente, nem indoutamente, nem confusamente, mas pregar tão simples e perspicazmente que o homem mais simples possa entender o que é ensinado, como se ouvisse seu nome".[94]

A pregação simples era definida pelo que lhe faltava como também pelo que continha. Ela evitava coisas tais como "o empilhar citações dos pais da igreja e o repetir palavras do latim ou do grego".[95] O que os puritanos não queriam era um plágio de citações ou um estilo muito adornado que chamava demasiadamente a atenção para sua própria pomposidade. Para Samuel Torshell era sinal de pregação ruim "dizer quantos autores temos lido, o quanto somos familiarizados com os escolásticos, quão linguisticamente críticos nós somos ou coisa semelhante. É uma miserável ostentação".[96]

Por que os puritanos não gostavam do alto estilo nos sermões? Para começar, eles sentiam que desviava a atenção do conteúdo do sermão para o pregador, para quem a ocasião se tornava, em linguagem moderna, uma "viagem do ego". Em estilo ostensivo, disse Perkins, "não pintamos a Cristo, mas...

---

92 Works [George, p. 338].

93 Works [Haller, Rise of Puritanism, p. 140].

94 Citado em Brown, p. 85.

95 Richard Baxter, The Practical Works [Mitchell, p. 104]. Perkins escreveu: "Nem as palavras das artes, nem frases no grego ou latim, nem ardis devem estar misturadas no sermão" (Works, [George, p. 339]).

96 Three Questions... [R.C. Richardson, p. 42].

a nós mesmos".[97] Robert Bolton disse que tal pregação era "para louvor próprio e fins particulares".[98]

Outros princípios também fundamentam a prevalecente simplicidade do estilo puritano. Um era sociológico: os pregadores puritanos visavam a atingir toda a sociedade. Foi dito a respeito de John Dod que

> *pessoas pobres e simples que não sabiam o que significava religião, quando foram ouvi-lo, não tiveram escolha senão falar do seu sermão. Ele inclinava poderosamente pobres criaturas a ouvir os mistérios de Deus... trazidos ao nível de sua própria linguagem e dialeto.*[99]

Ainda mais memorável é o tributo que Thomas Fuller pagou a Perkins, de quem se disse que pregava de tal modo que "seus sermões não eram tão simples que os piedosamente cultos não os admirassem, nem tão cultos que os simples de fato não os compreendessem".[100]

O estilo simples também baseava-se na premissa de que o propósito final de um sermão não era excelência estética, mas edificação espiritual. Prefácios de publicações de sermões puritanos tipicamente expressavam a intenção de "edificar mais do que agradar, ainda que agradar é um meio de edificar" (como o afirmou um prefácio).[101] A única arte que Increase Mather interessava-se em expor era "aquela única arte de ser inteligível".[102]

Obviamente, o estilo puritano estava baseado, também, na premissa de que o conteúdo de um sermão é mais importante do que sua forma. John Fla-

---

97 Works [George, p. 338].

98 Ibid- p. 339.

99 Samuel Clarke, General Martyrology [Haller, Rise of Puritanism, p. 58]. Martinho Lutero havia expressado uma preocupação semelhante: "Vejo que a ambição dos pregadores está crescendo... Eles negligenciam as pessoas simples e comuns. Um pregador sincero deve considerar as pessoas jovens, os servos e as empregadas na igreja, aqueles que carecem de educação" (Lauterback-Weller, Nachschriften [Plass, 3: 1130]).

100 The Holy State [Davies, Worship and Theology...1534-1603, p. 305].

101 Citado de um prefácio em Miller, Seventeenth Century, p. 358.

102 Ibid.

O herói do movimento Puritano era o pregador, que mobilizava a opinião leiga em agência eficaz para a reforma da igreja e ação social. De uma edição da obra de Bunyan, *O Peregrino*; cortesia das coleções especiais
da Biblioteca do Wheaton College.

vel teorizou que "as palavras não passam de servas da matéria. Uma chave de ferro, adaptada ao mecanismo da fechadura, é mais útil do que uma de ouro que não abre a porta aos tesouros".[103] Para os puritanos, a linguagem era um meio – algo "útil" –, não um fim em si.

John Cotton pregou em ambos os estilos durante seus dias em Cambridge, e aí está um interessante fato. Como um dos pregadores pomposos de Cambridge, ele pregou para grandes audiências "no molde da universidade da época, o qual consistia em rechear seus sermões com tantas citações e menções de autores quantas fossem possíveis". Mas depois que foi persuadido de seu orgulho na matéria, Cotton decidiu pregar seu próximo sermão "do modo simples e proveitoso, realçando as doutrinas, propondo razões e usos das mesmas". Os letrados que assistiam à preleção esperando ser entretidos por uma performance literária puxaram seus chapéus por sobre os olhos, "para com isso expressarem seu desagrado pelo sermão". John Preston, futuro mestre do Emmanuel College, uniu-se àqueles que puxaram o chapéu por sobre os olhos, mas foi persuadido pela mensagem apesar de si mesmo, sendo "tão atingido, que endireitou-se novamente, mudou sua postura e prestou atenção ao que era falado".[104] Para os puritanos, a finalidade de um sermão era servir como um meio de graça.

Há uma simplicidade que dignifica como uma simplicidade que diminui. O estilo bíblico pertence à primeira categoria, e os puritanos aspiravam a modelar nela seu próprio estilo. Nas palavras de Benjamin Keach: "Aí a simplicidade une-se à majestade, orientando a veneração de todo homem sério; mais do que os elaborados floreios e as intermináveis frases de Tully".[105]

SUMÁRIO

Para resumir a teoria puritana da pregação, não posso fazer mais do que deixar que alguns pregadores Puritanos falem por si:

---

103 The Works of John Flavel [Lewis, p. 48].

104 Miller, Seventeenth Century, p. 331.

105 Tropologia [Knott, p. 48].

Eu preguei o que senti, o que eu habilmente senti... De fato tenho sido como um enviado da morte a eles. Eu fui em cadeias pregar-lhes nas cadeias; e carreguei aquele fogo em minha própria consciência de que os persuadi a se acautelarem.[106]

Eu preguei, como alguém sem a certeza de pregar novamente, e como um homem morto a homens mortos.[107]

A Palavra pregada é um meio de saúde, uma carruagem de salvação... A pregação da Palavra é aquela treliça pela qual Cristo olha e mostra-se a seus santos.[108]

O céu mesmo não pode revelar uma criatura mais excelente do que um fiel pregador... Sim, o céu mesmo não é mais glorioso do que uma pequena vila tendo um Pedro, um Paulo, para pregar nela.[109]

A pregação, portanto, não deveria ser morta, mas viva e eficaz para que um incrédulo, chegando à congregação dos crentes, seja atingido e como que traspassado por ela a fim de que possa dar glória a Deus.[110]

De fato, a pregação é a ordenança de Deus, santificada para a produção da fé, para a abertura do entendimento, para a condução da vontade e das emoções a Cristo.[111]

Eu preguei... como um homem morto a homens mortos.
– Richard Baxter

O receber da Palavra consiste em duas partes: atenção da mente e intenção da vontade.
– William Ames

É um provérbio entre nós: Foi um sermão muito simples. E eu digo de novo, quanto mais simples, melhor.
– William Perkins

---

106 John Bunyan, citado em Brown, p. 146.
107 Richard Baxter, Poetical Fragments [Keeble, p. 12].
108 Thomas Watson [The Beatitudes, p. 251].
109 Richard Heyricke, Worsley MSS [R.C. Richardson, p. 71].
110 William Ames, The Marrow of Theology, p. 194.
111 Richard Sibbes, Works [Rooy, p. 63].

Aqui está essência do culto Puritano: simples, claro, iluminado, desconfiados de ritual e distração humana, construído ao redor da pregação da Palavra.
Fotografia por Douglas R. Gilbert.

CAPÍTULO 7

IGREJA E CULTO

*Sou da opinião de que todas as coisas na igreja deveriam
ser puras, simples e afastadas o mais longe possível dos
elementos e pompas deste mundo. –* RICHARD COX

O Puritanismo começou como um movimento de "diversas santas e cultas" pessoas, "que apoiam e desejam a reforma de nossa igreja em disciplina e cerimônias de acordo com a pura Palavra de Deus e com a lei da terra".[1] Como sugere esta plataforma, o próprio nome puritano denotou primeiramente um desejo de purificar a estabelecida Igreja da Inglaterra dos vestígios católicos no culto e no governo eclesiástico. No entanto, paradoxalmente, o objetivo da reforma da igreja foi algo que os puritanos ingleses deixaram de alcançar.

Na América, onde os puritanos eram livres para organizar suas próprias igrejas, o puritanismo nunca constituiu uma denominação específica. Desde o tempo da Reforma tem sido possível falar da igreja luterana ou da igreja reformada, mas nunca de uma igreja puritana. Os puritanos eram uma presença dispersa numa ampla expansão de afiliações. O que quer que se queira dizer por eclesiologia puritana, portanto, não inclui uma denominação unificada.

A maioria dos puritanos ingleses permaneceu dentro da igreja anglicana. Muitos deles, incapazes de se conformarem suficientemente,

---

1 Cabeçalho de A Part of a Register [Holifield, p. 33].

saíram ou viram-se expulsos da Igreja da Inglaterra. Isto foi quase inevitável, dada a situação de o Estado inglês reconher apenas uma igreja oficial. Quanto mais frequentemente os puritanos eram removidos da igreja estabelecida, mais precisamente poderíamos pensar neles como separatistas. Durante certas épocas do movimento, os puritanos identificaram-se como presbiterianos, e de fato muitos puritanos americanos o fizeram. E enquanto muitos puritanos americanos teoricamente tentaram permanecer anglicanos, na prática tornaram-se congregacionais na política eclesiástica.

Houve, para ser exato, um consenso puritano teórico na maioria das questões envolvendo o culto e a teoria do que é a igreja. O puritanismo também deixou pelo menos um legado permanente, o fenômeno da "igreja reunida" separada do Estado, com a consequente proliferação de igrejas independentes. Mas de início é importante estar ciente de que na filiação à igreja os puritanos apresentam um quadro caótico comparado à situação relativamente definida das denominações Luterana, Reformada e Presbiteriana.

A BASE BÍBLICA PARA DETERMINAR A POLÍTICA ECLESIÁSTICA

O ponto de partida lógico para explorar o que os puritanos criam sobre a igreja é observar onde conseguiram suas ideias. Face à extravagância cerimonial que a igreja acumulara durante os séculos católicos, os puritanos recorreram ao mais forte controle à sua disposição, a Bíblia. Eles juraram limitar todas as práticas de política e culto eclesiásticos ao que poderia ser diretamente baseado em frases e procedimentos encontrados na Bíblia, exceto em "coisas indiferentes" (embora mesmo aqui os Puritanos exigissem uma sanção bíblica livre).

Lutero, embora não tivesse forçado o princípio da sanção bíblica tão rigorosamente quanto os puritanos o fariam, havia escrito:

Há uma impressionante confusão de religiões e de formas de culto religioso no mundo. Isto surgiu porque todas... procederam sem a Palavra de Deus, de acordo com a opinião de seu próprio coração... Deus não quer ser adorado de nenhuma outra forma senão daquela que Ele mesmo prescreveu.[2]

Calvino havia semelhantemente feito o comentário de que "nenhuma forma de governo deve ser trazida à igreja pelo juízo humano, mas que os homens devem aguardar o comando de Deus".[3]

Os puritanos operavam sob o mesmo princípio de buscar sanção bíblica para práticas eclesiásticas. Assim, quando os exilados ingleses, em Genebra, compuseram uma ordem de culto, ela era

uma forma e uma ordem de uma igreja reformada, limitada dentro do compasso da Palavra de Deus, a qual nosso Salvador tem deixado para nós como a única suficiente para governar nossas ações; de modo que qualquer acréscimo a esta Palavra pelo artifício do homem, por melhor, mais santo, ou mais belo que pareça, diante de nosso Deus... é, no entanto, mal, ímpio e abominável.[4]

Um marco puritano ainda maior foram as preleções de Thomas Cartwright, na Universidade de Cambridge, nos dois primeiros capítulos de Atos, em 1570. Cartwright usou a igreja cristã primitiva como o modelo de como a igreja deveria ser nas épocas subsequentes. A atração pela norma apostólica teve implicações de grande projeção, pois permitiu aos puritanos rejeitarem as práticas católicas e anglicanas tais como a vestimenta e os rituais extravagantes baseados nos modelos do Velho Testamento, que haviam sido ab-rogados na dispensação do Novo Testamento.[5]

---

2 Comentário sobre Isaías 10:10-11 [Plass, 3:1548].

3 Commentary on Hebrews [Avis, p. 114].

4 The Form of Prayers and Ministration of Sacraments, etc., Used in English Congregation at Geneva [Knappen, Tudor Puritanism, p. 140].

5 William Turner, por exemplo, escreveu: "Mas os evangelistas e apóstolos não fizeram menção das cerimô-

Seguindo a precedentes continentais e à influência de Cartwright, os puritanos fizeram do apelo à autoridade bíblica na política eclesiástica um tema principal, especialmente em suas plataformas e petições oficiais. Os autores do Livro de Oração de Waldegrave pediram que seu trabalho fosse testado "apenas pela pedra de toque da Palavra de Deus".[6] An Admonition to the Parliament (Uma Advertência ao Parlamento) pediu ao Parlamento para instituir "na igreja de Deus aquelas coisas apenas que o próprio Senhor ordenara em sua Palavra".[7] Em qualquer sentido absoluto, podemos agora ver, é impossível evitar tanto ser influenciado pelas tradições do culto quanto transmiti-Ias a gerações subsequentes. Os puritanos, porém, tiveram um rompimento decisivo com ambos, precedentes católicos e anglicanos, ao rejeitarem a tradição extrabíblica como um fundamento das práticas eclesiásticas.

A atitude dos puritanos era um desenvolvimento lógico de sua visão da autoridade bíblica. Para eles, como para Calvino, a Bíblia era uma autoridade completa e suficiente para a vida toda, não simplesmente para assuntos pertencentes à salvação pessoal. William Ames fez soar a nota tônica:

> A Escritura é uma regra perfeita de fé e conduta, não apenas parcial; nem há nada que... se deva observar na igreja de Deus, que dependa da tradição, ou de qualquer autoridade, e que não esteja contido nas Escrituras.[8]

Numa veia semelhante, Henry Jacob disse que "o Novo Testamento é absolutamente perfeito [completo] para comunicar toda a conduta do culto de Deus", e John Owen era convicto de que "a Escritura contém todas as coisas necessárias para serem... praticadas no culto a Deus".[9]

---

nias, leis e tradições do Papa; portanto, elas não são necessárias à igreja de Cristo" (The Second Course of the Hunter... [Knappen, Tudor Puritanism, p. 69]).

6 Citado em Davies, Worship of the English Puritans, p. 2.

7 Puritan Manifestoes, p. 8.

8 The Marrow of Sacred Divinity [Davies, Worship of the English Puritans, p. 5].

9 Jacob citado em Davies, Worship of the English Puritans, p. 77; Owen, Works, 14:84.

A insistência puritana na sanção bíblica para as práticas eclesiásticas era parte de sua crítica maior à tradição como um meio adequado de autoridade para a crença religiosa. Em seus argumentos escritos, de fato, os puritanos frequentemente combinavam seu apelo à sanção da Escritura com um ataque às práticas católicas e anglicanas baseadas na tradição. Uma "Súplica" endereçada ao rei, em 1605, pedia permissão

> *para se congregarem em algum lugar publicamente para o serviço e culto a Deus, para usar e desfrutar em paz, entre nós mesmos somente, de todo o exercício do culto a Deus e do governo eclesiástico... sem qualquer tradição do homem, seja quem for, de acordo apenas com a especificação da Palavra de Deus escrita.*[10]

Acima de tudo, a aceitação da precedência bíblica e especialmente apostólica para a política eclesiástica envolvia uma rejeição da cerimônia ritual e da riqueza católico-anglicana. John Bale argumentou com particular inteireza. Cristo, disse ele,

> *nunca permitiu essas cerimônias. Ele nunca foi em procissão de capa, cruz e candelabro... Ele nunca rezou missas, matinas ou vésperas... Ele nunca consagrou templo nem cálice, cinzas ou palmas, velas nem sinos. Ele nunca fez água benta nem pão sagrado, ou coisas semelhantes. Mas a tais cerimônias tolas, sendo estas sem a ordem expressa de Deus, Ele chamou de fermento dos fariseus e abominável hipocrisia.*[11]

Nem todos os puritanos eram igualmente rígidos ao aplicar o princípio da sanção da Escritura, uma situação que produziu algumas das divisões internas dentro do puritanismo. Embora (como afirmou John Hooper),

---

10 Davies, Worship of the English Puritans, p. 79. Samuel Rutherford escreveu: "Todas as adições à Palavra de Deus são ilícitas" (The Divine Right of Church-Government... [Rogers, p. 352]).

11 Yet a Course at the Romish Fox [Knappen, Tudor Puritanism, p. 66].

mesmo as "coisas indiferentes devem ter sua origem e fundamento na Palavra de Deus", tal sanção pode ser simplesmente um princípio geral deduzido da Bíblia, não um regulamento específico.[12] Thomas Cartwright esboçou quatro critérios bíblicos pelos quais os detalhes do culto devem ser medidos:

1 Co. 10:32   O primeiro, que não ofendam a alguém, especialmente à igreja de Deus.

1 Co. 14:40   O segundo é... que tudo seja feito com ordem e decência.

1 Co. 14:26   O terceiro, que tudo seja feito para a edificação.

Rm. 14:6-7   O último, que sejam feitos para a glória de Deus.[13]

Na prática, isto significava (para citar novamente Cartwright) que "certas coisas são deixadas ao critério da igreja, porque são daquela natureza que variam com o tempo, lugares, pessoas e outras circunstâncias, e assim não poderiam ser imediatamente assentadas e estabelecidas para sempre".[14]

Em resumo, a codificação de William Bradshaw do puritanismo inglês, em 1605, descreve precisamente o princípio da sanção da Escritura que tenho delineado:

> *Eles sustentam e mantêm que a Palavra de Deus contida nos escritos dos profetas e apóstolos é de perfeição absoluta, dada por Cristo, o Cabeça da Igreja, para ser o cânon e a regra única de todos os assuntos de religião, e do culto e serviço a Deus. E o que quer que não pode ser justificado pela dita Palavra é ilegal.*[15]

---

12 John Hooper, The Regulative Principle and Things Indifferent [Murray, p. 55].

13 The Works of John Whitgift [Coolidge, p.5].

14 Ibid., p.6.

15 English Puritanism... [Davies, Worship and Theology...1534-1603, p. 70].

Caso isto pareça desnecessariamente restritivo, devemos lembrar do contexto em que os puritanos estavam operando. Eles estavam tentando reformar uma estrutura eclesiástica existente. Eles precisavam de uma autoridade espiritual pela qual reformariam algo que, na sua visão, havia saído do controle por seguir a tradição humana. Em tal contexto, era perfeitamente lógico "desejar a reforma de nossa igreja em disciplina e cerimônia de acordo com a pura Palavra de Deus".[16] Como Horton Davies observou, "a teologia reformada forçosamente significava reforma litúrgica", e a aceitação da autoridade bíblica era o próprio fundamento da teologia reformada.[17]

A IGREJA COMO UMA REALIDADE ESPIRITUAL

O maior de todos os legados puritanos com respeito à teoria eclesiástica foi também o mais revolucionário do seu tempo – a noção de que a igreja é uma realidade espiritual. Não são seus prédios deslumbrantes ou as fantásticas vestes clericais; é, em vez disso, a companhia dos redimidos.

Os puritanos repetidamente mostraram sua aceitação à tese de Lutero de que "a igreja é uma assembleia espiritual de almas... A igreja verdadeira, real, certa, essencial é um assunto do espírito e não de algo exterior".[18] Para William Gouge a igreja consiste daqueles que "interior e eficazmente pelo Espírito... creem em Cristo.[19] John Hooper negou que a igreja consistisse de "bispos, sacerdotes e outros tais", afirmando antes que é "a companhia de todos os homens que ouvem a Palavra de Deus e obedecem-na".[20] Richard Baxter concordou: a igreja é "uma santa sociedade cristã para santa comunhão ordinária e ajuda mútua no culto público a Deus e no santo viver.[21]

---

16 Cabeçalho de A Part of a Register [Holifield, p. 33].

17 Worship of the English Puritans, p. 15. Rogers comenta que "a oposição ao cerimonialismo religioso emergiu como uma consequência da aceitação puritana da Bíblia como o guia para toda doutrina e prática da igreja" (p. 60).

18 Debate com Alveld [Plass, 1:1272].

19 Works [George, p. 316].

20 Later Writings [Knappen, Tudor Puritanism, p. 101].

21 A Christian Directory [Rooy, p. 92]. Haller, Rise of Puritanism, comenta que os puritanos "identificaram

Implícito nestas definições da igreja está uma preferência puritana pela igreja invisível acima de qualquer tipo de estrutura institucional. A igreja é enfaticamente não um clero profissional e seus rituais. "Que entende você por igreja?", perguntava o catecismo de John Ball. A resposta: "Por igreja entendemos não o papa..., nem seus bispos e cardeais reunidos em conselho geral..., mas toda a companhia dos crentes".[22] Se a igreja é essencialmente invisível em vez de institucional, seu cabeça obviamente não é um papa ou um conselho eclesiástico, mas Cristo. Os puritanos reiteraram isso repetidamente, como quando Gouge falava daquela "igreja da qual Cristo é propriamente o cabeça".[23]

Outro corolário de ver a igreja como essencialmente espiritual é que ela torna-se dissociada de qualquer lugar em particular, quer seja um santuário ou catedral ou prédio de igreja. Um dos primeiros defensores desta perspectiva foi William Tyndale:

> *Deus é Espírito e será adorado em espírito; isto é, embora esteja presente em todo lugar, Ele habita ativa e gloriosamente nas mentes... e nos corações dos homens que amam suas leis e confiam em suas promessas. E onde quer que Deus encontre tal coração, aí Ele ouve a oração em todos os lugares indiferentemente. De forma que aquele lugar exterior nem ajuda nem impede...*[24]

A frase mais memorável nesta linha de pensamentos é aquela de George Gillespie:

a verdadeira igreja não com a sociedade nem com a nação, mas com uma congregação exclusiva dos santos" (p. 176).

22 A Short Treatise... [Warfield, p. 182]. Edward Dering escreveu: "A casa de Deus não é nem em Roma, nem no capitólio de Roma,... mas em toda nação e em todo país; os homens que temem a Deus e obram a justiça, eles são a Igreja". (Works [George, p. 379]). Os Georges observam que "todo o protestantismo inglês é caracterizado por este distanciar-se do institucional e na direção de um conceito da igreja mais espiritual" (p. 317).

23 Works [George, p. 316].

24 Works [Campbell, p. 98]. Lutero repetidamente enfatizou o mesmo tema: "Portanto nem trabalho em pedra nem boa construção, nem ouro nem prata embelezam ou tornam sagrada uma igreja, mas a Palavra de Deus e a sã pregação. Pois onde é recomendada a bondade de Deus e revelada aos homens, e almas são erguidas para que possam depender de Deus e chamar pelo Senhor em tempos de angústia, aí verdadeiramente tens um grandioso templo" (Comentário sobre Gênesis 13:4 [Plass, 1:297]).

a nós, cristãos, nenhuma terra é estranha, nenhum chão é impuro; toda costa é judaica, toda casa é Sião; e toda companhia, fiel; sim, todo corpo é fiel, um templo no qual se serve a Deus.[25]

A descentralização da igreja teve efeitos profundos no próprio conceito de culto. O culto não estava mais confinado a algo que o sacerdote fazia num lugar santo específico. O culto tornou-se algo que todos os cristãos faziam onde quer que estivessem durante o curso de um dia. Patrick Collinson resume a teoria e a prática puritanas, dizendo que

> *a vida do puritano era num certo sentido um ato contínuo de culto, buscado debaixo de um senso incessante e ativo dos propósitos providenciais de Deus, e constantemente renovada pela atividade religiosa, pessoal, doméstica e pública.*[26]

Se a igreja não é um clero profissional ou um prédio, quais são seus sinais visíveis? Na eclesiologia puritana, os sinais visíveis da igreja são definidos principalmente em termos de certas atividades e relacionamentos ou companheirismo entre crentes.

Uma verdadeira igreja é visível em suas atividades. Richard Sibbes, seguindo a João Calvino, sustentava que estas atividades eram "a sã pregação do Evangelho, a correta dispensação dos sacramentos, a oração religiosamente realizada, e pessoas más justamente punidas".[27] An Admonition to the Parliament (Uma Advertência ao Parlamento) declarava:

> *As marcas exteriores pelas quais uma verdadeira igreja cristã é conhecida são a pregação da Palavra puramente, a administração dos sacramentos sinceramente e a disciplina eclesiástica.*[28]

---

25 Dispute Against the English Popish Ceremonies [Davies, Worship and Theology... 1603-1690, pp.21-22].

26 Collinson, p. 356.

27 Works [Rooy, p. 33].

28 Puritan Manifestoes, p. 9.

O centro básico de atividades entre virtualmente todos os puritanos era a pregação, os sacramentos e a disciplina, com autores individuais
acrescentando coisas como a oração e o dar esmolas.

Tal definição de uma igreja invisível contrastava com a das igrejas católica e anglicana, como os puritanos foram rápidos em observar:

> Se contemplamos a aparência da igreja papista, Senhor, como brilha e
> é esplêndida em comparação com a verdadeira igreja de Cristo, que é
> discernida nestes dias apenas pela Palavra de Deus pregada fielmente,
> pelas ordenanças puramente ministradas e por alguma disciplina.[29]

As manifestações visíveis da igreja consistiam em segundo lugar nos
relacionamentos entre cristãos. A definição da igreja no credo de John Davenport, por exemplo, enfatizava os relacionamentos:

> É uma companhia de pessoas fiéis e santas, ou de pessoas chamadas do
> mundo para comungar com Jesus Cristo, unidas numa congregação a
> Ele como membros à sua cabeça, e um com o outro, por um santo pacto
> de companheirismo mútuo, em todos os modos de culto santo a Deus e
> de edificação de um para com o outro.[30]

Isto foi mais revolucionário do que parece à primeira vista, pois, embora os puritanos não pudessem ter previsto todas as consequências, isso
implicava numa membresia voluntária em vez da uniformidade que foi
imposta por uma igreja do Estado. Em resposta à pergunta: "Como deveria ser constituída tal igreja?", o catecismo de Henry Jacob replicava: "Pelo
livre consentimento mútuo dos crentes, unindo-se e comprometendo-se
a viver juntos como membros de uma santa sociedade".[31]

---

29 John Bradford, The Hurt of Hearing Mass [Murray, p. 17].

30 Impresso na obra de John Cotton, The Covenant of God's Free Grace [H.S. Smith, p. 112].

31 Principles and Foundations of Christian Religion [H.S. Smith, p. 83].

Encontramos aqui sementes de um dos ideais puritanos mais duradouros, a prática da membresia voluntária da igreja, baseada na preferência do membro. Como observa Collinson, os puritanos rapidamente estabeleceram uma situação que "apontava inconfundivelmente para o voluntarismo e a independência".[32]

A desvalorização puritana da igreja institucional em deferência a atividades e confraternizações espirituais foi acompanhada de uma doutrina sobre a falibilidade da igreja institucional. "Ser incapaz de erros", disse John Preston, "é o atributo inseparável do próprio Deus... o que não se pode dizer a respeito de qualquer criatura".[33] Todas as igrejas visíveis sobre a terra... estão sujeitas à apostasia", disse Wiliam Perkins, e John Owen afirmou que "a igreja em sentido algum é absolutamente liberta, neste mundo, de... erros".[34]

É dentro do contexto que tenho delineado que podemos começar a apreender o tópico bastante mal entendido do iconoclasmo puritano (derrubando imagens das igrejas). Se, como Milton afirmou, Deus "de fato prefere, antes de todos os templos, o coração reto e puro",[35] então é tanto ilógico como espiritualmente desvirtuado dispensar atenção aos equipamentos exteriores de culto.

Os puritanos chamavam seus templos de "casas de reunião" num esforço para desviar a atenção do lugar físico para as atividades espirituais, as quais eram o verdadeiro âmago do culto prestado pela igreja. Para qualquer um que crê que a "beleza da igreja é toda interior... e que devem ser simples", tirar imagens visuais das igrejas é a única prática possível.[36] Havia, como veremos, outras razões para o iconoclasmo puritano (principalmente uma aversão à idolatria), mas a crença na primazia do espiritual na sua doutrina da igreja era a razão principal.

---

32 Collinson, p. 381.

33 Sermons [George, p. 318].

34 Perkins, Works [George, p. 318]; Owen, Works, 14:30.

35 Paradise Lost, livro 1, linhas 16-17. Conforme o comentário de Davies, Worship and Theology... 1603-1690, "para os quacres e os puritanos... somente pessoas consagradas eram os verdadeiros templos de Deus" (pp. 19-20).

36 John Bradford, The Hurt of Hearing Mass [Murray, p. 17].

A ELEVAÇÃO DO LAICATO

Outro elemento revolucionário na doutrina puritana da igreja foi a elevação do papel da pessoa leiga na igreja e no culto. Este também é um tópico que continua a expandir-se em suas implicações.

O papel mutante do laicato pode ser visto, em primeiro lugar, nas atitudes puritanas em relação ao governo eclesiástico. Thomas Cartwright, em suas preleções sobre Atos, que lhe custaram sua posição na Universidade de Cambridge, havia argumentado por uma forma de governo presbiteriana na qual as congregações elegeriam seus próprios ministros e determinariam a política eclesiástica. A preferência de Cartwright por uma forma presbiteriana de igreja do Estado eventualmente ganhou muitos defensores entre os puritanos. Mesmo os que por pouco não rejeitaram a forma de governo episcopal teriam concordado com o princípio de que a congregação local deveria manter a maior parte da autoridade em assuntos como a escolha do ministro e a determinação dos detalhes do culto. Alguém descreveu o ideal puritano quanto a isto como "uma boa combinação de liderança clerical e responsabilidade leiga".[37]

Na América, o poder da congregação de controlar a política da igreja local e eleger seus ministros tornou-se uma prática estabelecida, sob uma política que era extensamente congregacional. Embora os puritanos ingleses tivessem falhado em alcançar este objetivo, o laicato de fato encontrou maneiras de arrancar o poder da hierarquia eclesiástica. Por algum tempo eles contrataram seus próprios pregadores conferencistas. Eles usavam a Casa dos Comuns para forçar concessões. A objeção leiga às vestes clericais era tão forte que muitos ministros foram virtualmente forçados a abandoná-las.[38]

---

37 Knappen, Tudor Puritanism, p. 92. Lutero já havia providenciado um modelo para os puritanos: "Nenhum bispo deve consagrar qualquer um sem a escolha, a vontade e o chamado da congregação" (Tratado de 1523 [Plass, 2:925]).

38 Collinson, pp. 94-97, coleciona a evidência. Ele observa que para os puritanos que haviam testemunhado as queimas marianas, as vestes clericais eram "o uniforme de uma classe opressiva", não distinto dos uniformes nazistas de uma época mais recente. Ver também R.C. Richardson, pp. 74-75, para uma evidência de que o clero

O amplo papel do laicato foi visto ainda mais claramente nas reuniões em casa, ou nos "conventículos", que se tornaram uma característica padrão da vida puritana na Inglaterra (e pela qual muitos puritanos foram arrastados a tribunais eclesiásticos). Na Diocese de Chester, por exemplo, os arquivos de tribunais incluem relatos de acusações como os que seguem: pessoas reunidas "conferenciaram juntos sobre lições proveitosas que haviam aprendido naquele dia numa catequização pública"; doze puritanos eram acusados "de manterem um jejum privado no último dia de Natal na casa de Waring Croxton"; um grupo pequeno foi acusado de se haver "reunido e encontrado em várias casas" para fins religiosos; um indivíduo "por ter um encontro particular de homens e mulheres em sua casa, mas sem saber para que fim"; várias pessoas "por terem encontros privados em suas casas".[39]

O livro de Patrick Collinson, The Elizabethan Puritan Movement (O Movimento Puritano Elizabetano), incluía um capítulo importante sobre "Os Encontros dos Santos", que investiga a extraordinária variedade de meios pelos quais o laicato puritano tomou a iniciativa de encontrar sustento espiritual, frequentemente ignorando ataques do Estado e da igreja estabelecida.[40] Assim nasceu uma das mais nobres práticas puritanas, "a igreja dentro da igreja", isto é, a comunhão espiritual, dentro da igreja institucional maior, daqueles que levavam a sério a vida cristã.

O poder crescente do laicato também transformou o culto público. Continuando uma tendência da primeira Reforma, os cultos eram em inglês em vez de latim. O estilo simples de pregação assegurava que toda pessoa na congregação poderia entender o que era dito. Enquanto os católicos e anglicanos haviam usado vestes clericais sob o princípio de que "o clero deveria... estar vestido em todas as ocasiões de forma a

---

temia ofender o laicato na questão da vestimenta.

39 R.C. Richardson, pp. 86-88. Richardson conclui que os "conventículos... fornecem uma das mais seguras indicações da existência do puritanismo leigo organizado".

40 Collinson, pp. 372-82. Charles Hambrick-Stowe, The Practice of Piety, pp. 137-43, mostra que reuniões de grupos pequenos também eram uma característica do puritanismo americano.

ser diferenciado dos leigos",[41] os puritanos mudaram permanentemente a arquitetura da igreja das duas salas, nas quais os membros eram espectadores enquanto o clero executava a liturgia, para o santuário de uma só sala.

As pessoas leigas eram até encorajadas a criticar os sermões dos ministros, comparando seu conteúdo com a Escritura. Edward Reynold escreveu:

> *As pessoas são aqui ensinadas, primeiro, a examinar as doutrinas dos homens pela regra e o padrão da Palavra... pois, embora o julgamento da interpretação pertença principalmente aos ministros da Palavra, Deus no entanto deu a todos os crentes uma capacidade de julgamento, para provar os espíritos e examinar as Escrituras, para ver se as coisas que ouvem são assim ou não.[42]*

Não se pode deixar de notar quanto ao estreitamento revolucionário da distância entre o clero e o laicato que ocorreu com a Reforma. O movimento em direção à igualdade da estatura do clero e do laicato baseava-se no princípio do sacerdócio de todos os santos. Esta doutrina teve o duplo efeito de remover a igreja como intermediária necessária para a salvação entre as pessoas e Deus, e de elevar o status espiritual da pessoa comum. "Não somos todos um sacerdócio real?", indagou Edward Reynolds; "capaz é o menor membro na igreja de Cristo, sendo crescido até a maturidade de anos, de informação na fé".[43]

---

41 Knappen, Tudor Puritanism, p. 38.

42 An Explication of the Fourteenth Chapter of the Prophet Hosea [Rogers, p. 383].

43 The Life of Christ [Rogers, p. 384]. Miller, Seventeenth Century, conclui que os puritanos "foram até onde podiam os mortais ao remover intermediários entre Deus e o homem: a igreja, o sacerdote, os sacramentos mágicos, os santos e a virgem" (p. 45). Davies, em Worship of the English Puritans, afirma que "os puritanos... pela sua forma democrática de governo eclesiástico da Igreja Estabelecida, expressaram sua crença na doutrina da eleição e no sacerdócio de todos os crentes. O resultado inevitável foi que seu ministério não foi considerado como uma hierarquia sacerdotal" (p. 22).

SIMPLIFICANDO O CULTO

Se procuramos um princípio que unifique as várias facetas dos cultos públicos dos puritanos, a ideia de simplicidade será suficiente. Dado o contexto da extravagância católico-anglicana no culto público, toda a força do culto puritano era em direção à eliminação da confusão e a enfocar o essencial, que para eles resumia-se no ideal de edificação. Como, então, era o culto coletivo dos puritanos?

Para começar, era ordenado e claramente organizado. Ele direcionou um curso médio entre a excessiva proliferação de cerimônia num culto da Igreja Alta e o padrão pietista de introdução, acrescido do sermão. Apesar de suas objeções ao Livro Anglicano de Oração Comum, os puritanos não rejeitaram a ideia dos livros de adoração ou diretórios de culto. De fato, eles produziram alguns deles.[44] Uma ordem de culto típica em tais livros aparecia assim:

1. Uma confissão de pecados
2. Uma oração por perdão
3. Um Salmo métrico
4. Uma oração por iluminação
5. Leitura da Escritura
6. Sermão
7. Batismos e publicação de exclusões
8. Oração longa e o Pai Nosso
9. Credo Apostólico (recitado pelo Ministro)
10. Um Salmo métrico
11. A Bênção (Araônica ou Apostólica)[45]

---

44 Para uma pesquisa, ver Davies, Worship of the English Puritans, pp. 115-61.

45 The Form of Prayers and Ministration of the Sacraments, etc., Used in the English Congregation at Geneva

A
DIRECTORY
FOR
The Publique VVorſhip of *GOD*,
Throughout the Three
KINGDOM'S
OF
England, Scotland, and *Ireland.*

Together with an Ordinance of Parliament for the taking away of the Book of
COMMON-PRAYER:
AND
For eſtabliſhing and obſerving of this preſent DIRECTORY
throughout the Kingdom of England, and Dominion of Wales.

Die Jovis, 13. Martii, 1644.

ORdered by the Lords and Commons aſſembled in
Parliament, That this Ordinance and Directory bee
forthwith Printed and Publiſhed:

Joh: Brown, Cleric.   H: Elſynge, Cler.
Parliamentorum.   Parl. D. Com.

LONDON:
Printed for Evan Tyler, Alexander Fifield, Ralph Smith, and
John Field, And are to be ſold at the Sign of the Bible
in Cornhill, neer the ROYALL-EXCHANGE. 1644.

A preocupação Puritana com o culto apropriado encontrou sua expressão suprema no *Directory for Public Worship* (Diretório de Culto Público) da Assembleia de Westminster.

Em segundo lugar, o culto puritano restringia cerimônia e ritual. Comparado aos cultos católico-anglicanos, poderia com exatidão chamar--se anticerimonial. O arcebispo anglicano Bancroft havia dito que "não há religião onde não há cerimônias", enquanto o ministro puritano Richard Greenham declarou: "Quanto mais cerimônias, menos verdade".[46]

Os puritanos, consequentemente, livraram-se das vestes clericais, que lhes desagradava por muitas razões.[47] Um puritano, o botânico William Tumer, de Wells, até treinou um cão de estimação para pular e abocanhar os bonés quadrados das cabeças dos clérigos![48] O calendário católico-anglicano de dias santos e sagrados, os puritanos simplesmente substituíram por culto dominical; nas palavras de Richard Greenham, "nosso dia de Páscoa, nosso dia da Ascensão, nosso domingo de Pentecostes é todo dia do Senhor".[49]

Para sentir a simplicidade que resultou da rejeição puritana da cerimônia, podemos nos voltar para a lista satírica de John Foxe sobre o que acontecia num culto litúrgico. Foxe admirava-se de como alguém podia deixar de rir ao ver o sacerdote fazer

> *a volta, o retorno, a meia volta, e a volta completa, tanto beijar, abençoar, abaixar, acenar, cruzar, golpear, mergulhar, lavar, enxaguar, elevar, tocar, dedilhar, cochichar, parar, gotejar, curvar, lamber, enxugar... trocar, com mais uma centena de coisas.[50]*

Um culto puritano sem tal cerimônia impressionaria qualquer contemporâneo como distintamente simplificado.

[Davies, Worship of the English Puritans, pp. 119].

46 Ambos citados em Hill, Change, pp. 88-89.

47 O caso puritano contra as vestimentas incluía estes argumentos: infração da liberdade religiosa, associação com o catolicismo romano, sinais de pompa e grandeza em vez de humildade cristã, cisão entre o clero e o laicato.

48 Collinson, p. 73.

49 Works [Greaves, Society and Religion, p. 421].

50 Acts and Monuments [Davies, Worship and Theology... 1534-1603, p. 74].

Em terceiro lugar, os puritanos simplificaram a arquitetura e a mobília da igreja. Eles tiraram imagens e estátuas das igrejas. Substituíram altares de pedra por mesas de comunhão. A planta baixa com múltiplas salas tornou-se um salão único, retangular. As paredes foram pintadas de branco. Os objetos físicos que atrairiam os olhos ao se entrar numa igreja puritana eram um púlpito alto central com uma escada em espiral que ia até ele, uma Bíblia numa almofada numa borda do púlpito, uma mesa de comunhão abaixo do púlpito e uma fonte de batismo imperceptível.

Toda esta simplicidade não deveria ser interpretada como uma tentativa de evitar o simbolismo. Ela era o símbolo do culto puritano, e era um símbolo ricamente múltiplo. Aqui em forma visual estava a aversão puritana aos ídolos e à intromissão humana entre Deus e as pessoas. Aqui estava um sinal de humildade diante de Deus e de sua Palavra. Aqui estava um símbolo da natureza essencialmente interior e espiritual do culto. Aqui estava uma lembrança de que não se pode confinar Deus a concepções humanas, que Ele é transcendente e soberano. Além disso, ao chamarem seus prédios de "casas de reunião", os puritanos enfatizaram o aspecto doméstico do culto como um encontro espiritual da família com o seu Pai celeste.

Este triunfo da simplicidade não foi necessariamente antiestético. O simples é uma forma de beleza assim como o ornado. Horton Davies chama a beleza simples da arquitetura da igreja puritana de "um estudo em desenho branco e preto, em vez da aparência colorida e de textura múltipla das igrejas... anglicanas".[51] Um estudo do vocabulário puritano mostra que "nu" era uma de suas palavras preferidas quando aplicada ao culto. Na igreja puritana, o adorador individual ficava "nu" diante da luz e pureza da Palavra e da presença de Deus. Uma autoridade em arquitetura da igreja escreve sobre as igrejas puritanas: "Limpas, bem iluminadas, concentravam-se no essencial do culto puritano, o ouvir da Palavra de Deus, sem distrações".[52]

---

51 Davies, Worship and Theology... 1603-1690, p. 11.

52 James F. White, Protestant Worship and Church Architecture (Nova York, Oxford University Press, 1964),

Em quarto lugar, o culto puritano simplificou a música da igreja. Eliminou composições polifônicas complexas, canções latinas obscuras e músicos profissionais. Os puritanos removeram os órgãos de suas igrejas (embora os tenham mantido em suas casas). Todos estes foram substituídos por cânticos congregacionais dos salmos.[53]

Os puritanos também simplificaram os sacramentos. Reduziram o número de sacramentos dos sete católicos para dois, a Ceia do Senhor e o Batismo. Diminuíram a definição da eficácia dos sacramentos, negando que seu exercício pelo clero ordenado é indispensável à revelação da graça de Deus, afirmando em vez disso que os sacramentos são sinais e selos da graça salvífica de Deus. Os puritanos simplificaram a liturgia do culto de comunhão e até aprenderam a fazer uso criativo do silêncio durante o culto.[54] Uma leitura atenta do estudo de E. Brooks Holifield sobre The Covenant Sealed. The Development of Puritan Sacramental Theology (O Pacto Selado: O Desenvolvimento da Teologia Sacramental Puritana) deixa a impressão de que os puritanos concederam aos sacramentos o lugar que mantêm no Novo Testamento – elementos significativos do culto cristão, mas não tão importantes quanto no catolicismo, no anglicanismo da Igreja Alta, o que controvertidos teólogos fizeram através dos séculos.

Finalmente, a relativa simplicidade do culto puritano é evidente em seus objetivos de culto claramente definidos. A formulação de Richard Baxter pode servir de bom espécime: os fins do culto são "a honra de Deus, a edificação dos crentes, a comunicação aos outros de conhecimento espiritual, santidade e prazer, e o aumento do próprio reino de Deus no mundo".[55]

---

p. 107.

53 A melhor fonte em todo este incômodo tópico é Scholes, The Puritans and Music. A aversão Puritana ao órgão nas igrejas (mas não em casas e em locais seculares) foi principalmente simbólica: para eles o órgão representava toda a cerimônia e teologia católica romana. Nisto eles poderiam estar certos: os puritanos removeram órgãos de capelas da faculdade de Oxford para dar um fim aos cultos solenes na igreja; e Anthony Wood registra que, quando os órgãos foram restabelecidos após a Restauração, os cultos solenes na igreja também reapareceram (Davies, Worship and Theology...1603-1690, p. 253).

54 Davies, Worship of the English Puritans, p. 209.

55 A Christian Directory [Rooy, p. 93].

Se prestamos atenção ao vocabulário típico dos escritores puritanos quanto ao culto, toda uma mentalidade vem à tona, como resumido pelas palavras-chave que imprimi em itálico nas seguintes frases:

Sou da opinião de que todas as coisas na igreja deveriam ser puras, simples e afastadas o mais longe possível dos elementos e pompas deste mundo.[56]

Se a religião é pura, espiritual, simples e humilde, como verdadeiramente é o Evangelho, assim deve ser a face do ministério.[57]

Nosso principal cuidado e desejo é administrar... as ordenanças do próprio Cristo... na sua pureza e simplicidade originais, sem qualquer enfeite ou pintura de invenções humanas.[58]

PARTICIPAÇÃO CONGREGACIONAL NO CULTO

Uma inovação do culto puritano foi o envolvimento de toda a congregação no culto. Para sentir as mudanças, devemos recordar o culto católico como existia antes da Reforma. A missa católica havia sido um culto em latim. A música, quer instrumental quer coral (com palavras em latim), era executada por músicos profissionais e era ininteligível para a pessoa comum. O "coral" (a parte de uma igreja inglesa onde o coro fica de pé ou sentado) foi separado por divisórias do santuário principal onde a congregação sentava. A capela-mor e várias salas laterais igualmente dividiam as pessoas umas das outras e do altar onde era elevada a hóstia. Todos estes fatores conspiravam para tornar o culto um espetáculo no qual a congregação leiga permanecia passiva.

Que fizeram os puritanos para tornar os adoradores leigos participantes do culto? Começaram por mudar a organização interior da igreja.

---

56 Richard Cox, Original Letters [Knappen, Tudor Puritanism, p. 127].

57 John Milton, The Reason of Church-Govemment [CPW, 1:766].

58 John Cotton, citado em Miller, Seventeenth Century, p. 437.

Removeram as divisórias e fizeram do santuário ou nave central da igreja um auditório, no qual todo mundo podia ver e ouvir o culto inteiro. A mesa de comunhão foi retirada da capela-mor e posta próximo à congregação.

A música passou por uma transformação semelhante no interesse da participação congregacional, em mudanças que já foram descritas.[59] Em lugar da música instrumental e da música coral polifônica, os puritanos instituíram seu grande favorito, o cântico congregacional de salmos métricos na língua inglesa. Increase Mather, escrevendo um prefácio para a obra de seu filho Accomplished Singer (Cantor Realizado), declarou: "Encorajaria especialmente nossos mais jovens a aprender a arte pela qual devem cantar regularmente, para que assim esta parte do culto divino possa ser conduzida mais belamente, e nela se possa deleitar mais amplamente".[60]

O cântico congregacional foi tão importante para o movimento puritano como foi para o luteranismo na Alemanha. Um contemporâneo registrou tal prática assim:

A prática de cantar juntos a música da igreja muito nos tem ajudado. Pois tão logo haviam começado a cantar em público, em apenas uma pequena igreja de Londres, imediatamente não apenas as igrejas da vizinhança, como até as de cidades distantes começaram a competir umas com as outras na mesma prática. Você pode às vezes ver na Igreja St. Paul's Cross, após o culto, seis mil pessoas, velhos e jovens, de ambos os sexos, todos cantando juntos e louvando a Deus.[61]

Em resumo, os puritanos restauraram o direito do povo comum de se unir no louvor a Deus.

O culto puritano culminava no sermão, e isto pode hoje parecer contraditório à ideia de participação congregacional. Mas os puritanos enfaticamente

---

59 A melhor fonte sobre a música puritana é Scholes, The Puritans and Music.
60 Morison, Intellectual Life, p. 156.
61 John Jewel, Zurich Letters [Davies, Worship and Theology... 1534-1603, pp. 385-86].

não consideravam o sermão uma atividade espetacular. De acordo com o Jesuíta William Weston, que presenciou os exercícios de pregação nas ruas em Wisbech, as pessoas que assistiam tinham suas Bíblias abertas no colo e examinavam os textos citados pelos pregadores. Depois do sermão, "eles também argumentavam, entre si, sobre o significado de vários textos da Escritura, todos eles, homens e mulheres, rapazes e moças, trabalhadores, operários e o povo mais simples".[62] Anotações durante os sermões e repetição do sermão em casa também atestam sobre quanto os puritanos esperavam de seus ouvintes. Em comparação, teria sido mais fácil permanecer mentalmente passivo durante a leitura das palavras de um livro de oração.

A PRIMAZIA DA PALAVRA

A Reforma Protestante, quer continental quer puritana, apoiava uma piedade baseada na Palavra. Começando com uma convicção de que a Bíblia era onde uma pessoa encontrava Deus mais diretamente, a religião tornou-se de maneira significativa uma experiência literária. Os atos do culto enfatizados pelos puritanos e reformadores eram preponderantemente atos literários: ler a Bíblia, meditar no seu significado, ouvir sermões e conversar com os outros sobre a apreensão de cada um da doutrina baseada nestas atividades. Os puritanos expressavam entusiasmo, mesmo um senso místico, quando liam e falavam sobre o texto sagrado.

Esta ênfase na Palavra (amplamente definida para incluir a Bíblia, mas muito além disso) fornece o contexto para compreender por que os puritanos fizeram da leitura e da exposição da Escritura o evento principal no culto. Não pode haver dúvida de que para estes adoradores a Palavra tornou-se um sacramento verbal (muito embora não usassem este termo para descrevê-la). Um sacramento é um meio de graça no qual o crente encontra a presença real de Deus de uma maneira singularmente poderosa. No culto público dos puritanos,

---

62 Collinson, p. 380.

a Palavra torna-se carne – não à vista, como em imagens; não ao pa-
ladar, como no pão e no vinho; não ao olfato, como nos vapores de
incenso; mas à audição, e habita entre nós. Pregar é um sacramento.[63]

Os puritanos esperavam que a imaginação verbal fizesse a obra que o culto católico-anglicano esperava da imaginação visual e auricular. Nisto o culto puritano lembra as peças de Shakespeare. Shakespeare contentava--se com os mais pobres cenários e construía cenas e imagens no texto das próprias peças. De forma semelhante, os puritanos livraram-se do "cenário de palco" do culto católico-anglicano e dependeram da imagem e do simbolismo verbal, a maior parte disso baseada na Bíblia.

O academicismo literário recente começou a documentar a riqueza da imaginação puritana – sua dependência de imagens-mestra, sua profusão figurativa, suas alusões à Bíblia.[64] Os sermões puritanos participavam deste manancial de imaginação. Elas não eram tão exclusivamente abstratas, teológicas e proposicionais como tendemos a pensar. Uma vez que outorgamos a validade da imagem verbal, torna-se claro que o culto puritano não privou a imaginação nem mesmo os sentidos do adorador. Alusões à Bíblia carregavam imensa carga imaginativa e emocional para uma pessoa para quem os patriarcas eram como vizinhos, e Maria e Marta como suas próprias irmãs.[65]

Os cultos puritanos, portanto, estavam longe de ser destituídos de imagens e símbolos. Estes foram simplesmente incorporados ao sermão em vez de serem visíveis aos olhos no santuário da igreja. Para testar essa tese, eu uma vez abri ao acaso três livros de sermões puritanos que um

---

63 Millar MacLure, The Paul's Cross Sermons, 1534-1642 (Toronto, University of Toronto Press, 1958), p. 165.

64 Bons pontos de partida sobre a imaginação puritana incluem os seguintes: Sacvan Bercovitch, The American Puritan Imagination (Cambridge, Cambridge University Press, 1974); Barbara K. Lewalski, Protestant Poetics and the Seventeenth-Century Religious Lyric (Princeton, Princeton University Press, 1979); E. Beatrice Batson, John Bunyan: Allegory and Imagination (Londres, Croom Helm, 1984).

65 Bercowitch, na introdução a The American Puritan Imagination, comenta: "Ao manterem seu ponto de vista intelectual, os escritos colonistas foram altamente figurativos, abundando em metáforas, paralelos, alusões, tipo e tropo, e controlados por uma variedade de dispositivos retóricos sofisticados" (pp. 4-5).

estudante acabara de trazer ao meu escritório. Aqui estão os espécimes que me saudaram:

> *O pecador é uma sarça, não uma figueira produzindo fruto doce... Um homem ímpio, como Jeorão, tem "suas entranhas expostas" (2 Crônicas 21:19). Portanto, ele é comparado a um diamante (Zacarias 7:12) porque seu coração não se derrete em misericórdia. Antes da conversão, o pecador é comparado a um lobo pela sua selvageria, a um leão por sua ferocidade (Isaías 11.6)...[66]*
>
> *A posteridade de Adão não tem sido tão numerosa quanto seus pecados. Uma pequena nuvem, não maior do que a mão de um homem – assim parece a princípio – cresce e se espalha para cobrir todo o hemisfério. A água que a princípio parecia pouca e rasa, avoluma-se mais e mais dos calcanhares aos joelhos, dos joelhos aos lombos, daí para a cabeça, até que cresce e torna-se tão grande rio que não se pode atravessar. Deste modo cresce o pecado... Ele é como uma bola de neve que engrossa e cresce ao rolar na neve.[67]*
>
> *A lei pode acorrentar o lobo, mas é o Evangelho que muda a natureza selvagem; um cessa a corrente, o outro sara a fonte.[68]*

Nenhum culto que inclui tais apelos à imaginação pode ser achado excessivamente abstrato.

Havia, é claro, outra razão por que os puritanos tornaram o sermão a parte principal do culto, e esta era sua paixão pela verdade doutrinária. Eles esperavam que o culto incluísse um apelo ao entendimento. Os puritanos estavam preocupados com a verdade religiosa, porque viviam numa era de revolução religiosa e controvérsia doutrinária. O que C. S. Lewis diz sobre a decisão do poeta Edmund

---

66 Thomas Watson, The Beatitudes, p. 143.
67 Ralph Venning, The Plague of Plagues, p. 165.
68 Samuel Bolton, The True Bounds of Christian Freedom, p. 84.

Spenser, de fazer da Verdade em vez da Graça o guia para a Santidade, no Livro I de The Faerie Queene (A Fada Rainha), é igualmente aplicável ao movimento puritano:

> *Spenser está escrevendo numa época de dúvida e controvérsia religiosa quando o evitar o erro é um problema tão ou mais premente quanto a conquista do pecado: um fato que teria tornado sua história sem interesse em alguns séculos, mas que a recomendaria a nós.*[69]

Os efeitos sacramentais da Palavra falada, combinados à convicção de que a compreensão religiosa é importante, explica por que os puritanos insistiam (como o fez Lutero) em que a pregação deve acompanhar a administração das duas ordenanças. William Cartwright argumentou que, visto que "a vida das ordenanças depende da pregação, deve por necessidade a Palavra de Deus ser não lida, mas pregada às pessoas".[70] Dudley Fenner disse que a pregação era tão necessária à comunhão que, "se for omitida, destrói a ordenança".[71]

Os cultos puritanos atingiram seu clímax no sermão. Quando a pregação puritana tornou-se popular, a instituição anglicana fez numerosas tentativas de limitar o papel da pregação no culto.[72] Os puritanos se recusaram a ser sufocados, pelas razões que esbocei: eles tinham uma mui elevada estima pela Bíblia como a Palavra autoritária de Deus, experimentavam a real presença de Deus, suas imaginações eram satisfeitas pela imaginosa riqueza dos sermões, e estavam prontos a terem uma compreensão intelectual adequada da verdade cristã.

---

69 The Allegory of Love (Oxford, Oxford University Press, 1936), p. 334.

70 Citado em New, p. 70.

71 The Whole Doctrine of the Sacraments [Holifield, p. 37].

72 Ver Hill, Society and Puritanism, pp. 62-74; e Knott, p. 37.

MANTENDO O CULTO CRIATIVO E NOVO

Uma das preocupações principais do culto puritano era a tentativa de preservá-lo de uma rotina que pudesse perder seu poder através da mera repetição. Isto achava-se no coração da hostilidade puritana ao Livro Anglicano de Oração Comum.

Em vez de repetir as mesmas palavras a cada semana no culto de domingo, os puritanos optaram por orações nas próprias palavras do pregador e por um sermão novo. Uma das melhores denúncias da repetição das mesmas palavras a cada semana veio do grande antagonista dos puritanos, Richard Hooker. Ao teorizar sobre por que os sermões eram tão populares entre as pessoas, Hooker reconheceu "um hábito que as pessoas têm de deixar passar aquelas coisas desapercebidamente pelos seus ouvidos, as quais muitas vezes ouviram antes, ou sabem que podem ouvir novamente quando bem lhes agradar". Em contraste, os sermões têm uma habilidade natural de "conseguir atenção... visto que vêm sempre novos".[73] Os puritanos mesmos não poderiam ter dito melhor.

Os puritanos foram os inimigos da preguiça e da hipocrisia no culto. Agir sem pensar não tinha nenhum atrativo para eles. Richard Baxter escreveu com referência ao trabalho árduo que o culto exigia:

> Se fosse apenas o exercício do corpo, o mover dos lábios, o dobrar dos joelhos, então seria um trabalho fácil de fato... sim, se fosse para passar a maior parte dos nossos dias enumerando contas e repetindo certas palavras e orações..., ainda que fosse comparativamente fácil... Mas é um trabalho mais difícil que tudo isto".[74]

Os puritanos também queriam manter um elemento de espontaneidade em seu culto. Eles protegiam os direitos e os deveres do pregador de

---

73 The Laws of Ecclesiastical Polity [Davies, Worship of the English Puritans, p. 186].
74 The Saints' Everlasting Rest, p. 128.

escolher um tópico de sermão, adequado às necessidade da congregação local e movido pelo Espírito Santo, em vez de homilias impressas prescritas num livro de culto. Eles não se agradavam de orações "restritas", lidas de um livro de orações (embora não rejeitassem a prática de escrever a própria oração para uso em público). Um contemporâneo disse dos puritanos que eles "estimam mais aquela maneira de oração onde, pelo dom de Deus, as expressões eram variadas de acordo com as necessidades e ocasiões especiais; no entanto... não consideravam ilegais as formas fixas".[75]

Para os puritanos, orar a partir de um livro de orações era equivalente a saudar os membros da família à mesa do café lendo as saudações de um livro. Horton Davies comenta que "eles haviam aprendido no amor de Cristo a falar com Deus como a um Pai".[76] Os puritanos ansiavam pela liberdade e irritavam-se debaixo de confinamento. Milton escreveu que "é tirania aprisionar e confinar pela força, num redil [curral para gado] de palavras fixas, aquelas duas coisas que não se pode aprisionar, nossas orações e aquele Divino Espírito de expressão que as move".[77]

A criatividade do culto puritano é talvez melhor vista nos seus atos de culto fora do prédio da igreja. Tal culto tomou duas formas principais. Uma foi a prática dos devocionais diários particulares que é quase sinônimo de puritanismo. Como parte desta ênfase devocional particular, os puritanos produziram um gênero de "ajudas à meditação", a mais bem conhecida das quais, The Saints' Everlasting Rest (O Repouso Eterno dos Santos), é um clássico até hoje.[78]

Além de encorajar o culto particular, os puritanos estimularam a criatividade no culto em seus lares. Alguns destes cultos eram familiares,

---

75 John Geree, The Character of an Old English Puritan [Collinson, p. 361].

76 Worship and Theology... 1603-1690, p. 191.

77 Eikonoklastes [CPW, 3:505]. William Hinde escreveu: "Se qualquer homem depende de suas orações de livro e nunca se esforça por falar a Deus de seu próprio coração, tal homem em minha opinião está bem distante do poder e da prática, conforto e fruto da verdadeira oração" (Life of John Bruen [R.C. Richardson, p. 47]).

78 Para uma análise dos livros de meditação puritana, ver U. Milo Kaufmann, The Pilgrim's Progress and Traditions in Puritan Meditation; e Charles E. Hambrick-Stowe, The Practice of Piety: Puritan Devotional Disciplines in Seventeenth-Century New England.

enquanto outros incluíam vizinhos e amigos. As famílias puritanas orga-
nizavam seus próprios dias de ação de graças e dias de jejum.[79] O registro
num diário capta algo do sabor de tais reuniões, iniciadas por famílias
individuais:

> Tivemos um dia solene de ação de graças em minha casa pela recuperação
> de minha esposa e de meu filho; meu filho Eliezer começou, Sr. Dawson
> e John prosseguiram, eu concluí com pregação, oração; banqueteamo-nos
> [com a presença] de 50 pessoas para cima, bendito seja Deus.[80]

Thomas Paget, teólogo de Lancashire, encorajou encontros nos lares
como uma ampliação das devoções familiares:

> Não é apenas legal e oportuno, mas também útil e necessário que o
> governante de uma família, às vezes, como exigem ocasiões extraor-
> dinárias... de fato solicitem e desejem a companhia e a assistência de
> algum santo irmão e de cristãos vizinhos, para a execução mais solene
> dos deveres religiosos juntos.[81]

Tornou-se um senso comum dos eruditos ver o culto familiar como
uma marca do puritanismo. Christopher Hill escreveu sobre "a espiritualização da família" que ocorreu sob os puritanos.[82] Lawrence Stone fala da
"tendência geral de substituir a família pela igreja" e conclui que "a essência do puritanismo era uma igreja da família".[83] William Perkins, devemos
recordar, falou da família como uma "pequena igreja".[84]

---

79 Um diário de um ministro registra o número de tais cultos em família a que assistiu num espaço de quatro anos. Os totais eram 57, 48, 64, e 47 (Davies, Worship of the English Puritans, p. 283).

80 Oliver Heywood, Diary [Davies, Worship of the English Puritans, p. 282].

81 Demonstration of Family Duties [R.C. Richardson, p. 90].

82 Society and Puritanism, pp. 443-81.

83 Family, p. 141.

84 Works [Wakefield, p. 55].

O DOMINGO PURITANO

A questão da observância do domingo é um tópico imenso que requer breve menção aqui por causa de sua relevância ao culto puritano. Contentar-me-ei em resumir os principais pontos da doutrina puritana do domingo, os quais foram copiosamente documentados em vários excelentes estudos.[85]

Embora a observação do Dia do Senhor tivesse se tornado uma marca distintiva do puritanismo, a questão da observância do domingo estendia-se muito além do segmento puritano da sociedade. Era tanto uma questão política e social quanto da igreja. No séc. XVI, alguns anglicanos estavam tão preocupados em estabelecer regulamentos no domingo quanto os puritanos. A história do assunto revela que o desejo de manter o domingo isento de trabalho era uma forma de ação social assim como um ato religioso. Os puritanos forneceram a base teológica para a observância do domingo. Assim, embora todos os puritanos guardassem o Dia do Senhor, nem todos os que o guardavam eram puritanos.

Os puritanos formularam uma base bíblica múltipla para a observância do domingo. Descansar num dia da semana era um memorial à criação do mundo por Deus e (com base em Gênesis 2:1-3) uma exigência da criação. O quarto mandamento do Decálogo tornou a santificação de um dia entre sete uma ordem moral. O Dia do Senhor do Novo Testamento torna o domingo um memorial à ressurreição de Cristo e responde pela mudança do sétimo (o sábado judeu) para o primeiro dia da semana. Porque domingo é um dia de cessação do labor terreno e um tempo de culto, é uma experiência que prefigura a eterna felicidade do crente no céu.

---

85 Estudos importantes sobre o "Sabbath" puritano incluem os seguintes: W.B. Whitaker, Sunday in Tudor and Stuart Times (Londres, Houghton, 1933); James T. Dennison, The Market Day of the Soul; Winton U. Solberg, Redeem the Time: The Puritan Sabbath in Early America; Christopher Hill, Society and Puritanism, cap. 5; R.J. Bauckham, "Sabbath and Sunday in the Protestant Tradition", pp. 311-344, em From Sabbath to Lord's Day: A Biblical, Historical, and Theological Investigation, ed. D.A. Carson (Grand Rapids, Zondervan, 1982).

Ao basearem sua teoria da observância do domingo em parte no quarto mandamento, os puritanos aceitaram uma continuidade entre o Sábado do Velho Testamento e o Dia do Senhor do Novo Testamento. Ao fazerem isto, porém, eles distinguiram no Sábado do Velho Testamento uma lei cerimonial de uma lei moral. Tais facetas do Sábado do Velho Testamento, como sendo observado no sétimo dia e suas extremas proibições de trabalho e atividades, eram leis cerimoniais abolidas após a vinda de Cristo. Mas o princípio moral de que um dia entre sete deveria ser um dia de descanso e de culto era considerado um princípio "natural, moral e perpétuo".[86] Um teórico puritano identificou a porção moral permanente da observância do sábado como a ordem "de ter um dia entre sete especificamente para servir ao Senhor", e a porção cerimonial, abolida por Cristo, a "de ter precisamente o sábado, e descansar tão estritamente de todo labor como faziam".[87]

Seguindo-se ao princípio declarado no quarto mandamento, parte da observância do domingo era descanso do trabalho ordinário. Como tal, ele era um antídoto contra o mundanismo. Arthur Hildersham disse que a observância do domingo era especialmente necessária a pessoas trabalhadoras que estavam sob perigo de terem seus corações "corrompidos e colados ao mundo".[88] Nicholas Bownde usou linguagem semelhante ao argumentar que "não podemos atender aos negócios de Deus se estamos incumbidos de negócios do mundo".[89] De acordo com William Ames, os tipos específicos de atividades que são inapropriadas ao domingo são "aquelas concernentes a nossa riqueza e a nosso lucro".[90]

Qualquer que seja sua motivação, o descanso dominical do trabalho era uma forma de ação social humanitária. Uma razão por que os go-

---

86 Nicholas Bownde, The Doctrine of the Sabbath [Bauckham, "Sabbath and Sunday", p. 324].

87 Gervase Babington, A Very Fruitful Exposition of the Commandments [Dennison, p. 36].

88 CLII Lectures Upon Psalm LI [Hill, Society and Puritanism, p. 175].

89 The Puritan Doctrine of the Sabbath [Dennison, p. 48]. Bownde criticou as pessoas que "acham que toda a observância do domingo se resume aos exercícios públicos, de forma que assim que estejam fora das portas da igreja estão prontos a falar de todos os negócios do mundo".

90 The Marrow of Theology, p. 299.

vernos nacional e local eram tão zelosos em passar e executar as leis do domingo era que sem isto alguns empregadores teriam forçado as pessoas a trabalharem sete dias na semana. Os observadores do dia de descanso protegeram os empregados que (nas palavras de Baxter) "teriam sido deixados sem proteção sob tais empregadores que tanto os oprimiriam com labor, como os impediriam de servir a Deus".[91] Richard Byfield defendeu os direitos dos empregados de se recusarem a trabalhar nos domingos.[92] Christopher Hill sugere adiante que não eram apenas os empregados que necessitavam deste tipo de proteção, mas os empregadores também: "No séc. XVII havia apenas uma maneira na qual a classe industrial poderia ser protegida de si mesma: pela total proibição do trabalho dominical e de viagens de ida e volta a feiras".[93]

No séc. XVIII, Joseph Addison reconsiderou a observância do domingo que os puritanos haviam trazido à Inglaterra e concluiu:

> *Se manter santo o sétimo dia fosse apenas uma instituição humana, seria o melhor método em que se poderia pensar para polir e civilizar a humanidade... um tempo determinado no qual a vila inteira se reunia com suas melhores faces e seus hábitos mais limpos, para conversar uns com os outros sobre assuntos desimportantes, ouvir sobre seus deveres e unirem-se em adoração ao Ser Supremo.*[94]

Podemos aqui detectar uma atitude secular para com a observância do Dia do Senhor, mas ela serve para nos lembrar da dimensão social dela.

Parte da dimensão moral da observância do domingo tornou-se uma ênfase nas obras de misericórdia para com aqueles em necessidade. Mil-

---

91 The Catechizing of Families [Hill, Society and Puritanism, p. 166]. Hill cita exemplos de industriais e homens de negócios que tentaram forçar seus empregados a trabalhar sete dias na semana (p. 152).

92 The Doctrine of the Sabbath Vindicated [Hill, Society and Puritanism, p. 177]. William Gouge não jantava aos sábados à tarde para impedir que seus servos tivessem de ficar ocupados até tarde e, aos domingos, nenhum servo ficava em casa para preparar uma refeição (Hill, p. 181).

93 Society and Puritanism, p. 152.

94 The Spectator, N° 112 [Hill, Society and Puritanism, p. 217].

ton falou de usar o dia "para acelerar, também, o estudo e o exercício da caridade", e George Wither falou da "caridade que devemos aos nossos próximos".[95]

Os puritanos foram muito além da defesa utilitária do domingo, a qual venho discutindo. Sua contribuição distintiva à observação do Dia do Senhor foi insistir que a principal finalidade do domingo era o culto religioso. "O principal fim do descanso, então", escreveu Nicholas Bownde, "é que devemos inteiramente de corpo e alma... atender ao culto de Deus".[96] Peter Bayley advertiu:

> *Não pense alguém que um mero descanso do labor é tudo que se requer do homem no Dia do Senhor, mas o tempo que ele poupa dos trabalhos da sua vocação deve dedicar aos deveres espirituais.*[97]

O catálogo de deveres do domingo de John Field é típico: O povo de Deus deveria se ocupar "em ouvir da sua Palavra, em se dedicar à oração, em receber dos sacramentos, em meditar nas suas obras maravilhosas e em pôr em prática os santos deveres".[98]

Se o domingo puritano exigia descanso do trabalho, era ao mesmo tempo contrário a fazer dele um dia de ociosidade. O domingo puritano enfaticamente não era um dia de inatividade. Um Puritano escreveu:

> *Aquele que guarda o Dia do Senhor apenas descansando do seu trabalho ordinário o guarda como um animal; pois o descanso neste dia fica proibido na medida em que impede o culto exterior e interior ao Deus Todo-Poderoso.*[99]

---

95 Milton, citado em Hill, Society and Puritanism, p. 199; Wither, Hymns and Songs of the Church [Hill, Society and Puritanism, p. 212].

96 The Doctrine of the Sabbath [Hill, Society and Puritanism, p. 171].

97 The Practice of Piety [Hill, Society and Puritanism, p. 182].

98 A Godly Exhortation... [Knappen, Tudor Puritanism, p. 448].

99 A.B., The Sabbath Truly Sanctified [Dennison, p. 133].

A menos que compreendamos o princípio religioso subjacente à observância do domingo, algumas das proibições puritanas podem nos parecer tolas. A essência da observância do domingo era a consagração do dia a Deus. Qualquer coisa que interferisse nesta consagração tinha de ser deixada, quer fosse trabalho ou seus opostos, tais como os esportes ou a ociosidade. William Ames atingiu o coração da questão quando escreveu:

A observância correta do dia requer duas coisas: descanso e santificação deste descanso... A santificação deste descanso, assim como do próprio dia, está na nossa dedicação especial ao culto a Deus... Contrários à observação do dia são todos os negócios, comércio, festas, esportes e outras atividades que distraem a mente do homem dos exercícios da religião.[100]

Quando as pessoas trabalham no domingo, declarou Richard Greenham, é simplesmente evidência de que "não foram ensinadas a santificá-lo".[101]

Por ser a consagração do dia ao culto a Deus e ao serviço aos outros o cerne vital do domingo puritano, eles vigorosamente rejeitaram a recreação como uma atividade digna do dia. William Perkins escreveu:

É um abuso notável de muitos fazer do Dia do Senhor um dia de esportes e de lazer, enquanto deveria ser um dia separado para o culto a Deus, acrescido dos deveres da religião.[102]

Richard Baxter teorizou a este respeito que as pessoas que estavam fisicamente cansadas de muito trabalhar durante a semana não estavam cansadas na mente mas no corpo, "e portanto não há recreação mais adequada a elas do que o relaxamento do corpo, e o santo e alegre exercício da mente

---

100 The Marrow of Theology, pp. 298-300. A divisão de Ames da doutrina em duas partes, descanso e santificação desse descanso, era padrão entre escritores puritanos.

101 Works [Hill, Society and Puritanism, p. 151].

102 Ibid., p. 174.

sobre o seu Criador e seu Redentor e seu descanso eterno".[103] Para as pessoas que afirmavam que o domingo era o único dia no qual as pessoas que trabalhavam podiam se recrear, puritanos como Baxter, Dod e Cleaver tinham uma resposta bastante humanitária: os empregadores deveriam permitir aos trabalhadores tempo para recreação durante a semana.[104]

Ver a prática da observância do domingo esboçada acima como uma experiência lúgubre e triste é uma caricatura de uma época irreligiosa. Os puritanos que o praticavam tinham uma consciência limpa diante de Deus e de seus concidadãos, e sentiram-se bem assim. John Preston falou do dia como "guardado com prazer".[105] George Wither falou sobre "um prazer santificado" e uma "consciência retificada" como recompensa do dia.[106] Quanto à popularidade da observância do domingo, Thomas Fuller tem este retrato:

> É quase incrível o quanto esta doutrina foi cativante, em parte por causa de sua própria pureza, e em parte pela eminente piedade daquelas pessoas que a mantinham; de forma que o Dia do Senhor... começou a ser guardado precisamente.[107]

Em conclusão, ofereço a simpática pergunta de Thomas Hooker: "A santificação do domingo não é melhor que sua profanação?"[108]

A IGREJA COMO UM GRUPO DE COMUNHÃO

Praticamente tudo que tenho dito sobre as perspectivas puritanas da igreja toca cedo ou tarde no conceito de comunhão. Ao eliminar a ênfase sobre a igreja institucional com sua hierarquia clerical e cerimônias fixas,

---

103 The Divine Appointment of the Lord's Day [Dennison, p. 176].
104 Dennison, p. 176; Hill, Society and Puritanism, p. 197.
105 The Saint's Qualification [Hill, Society and Puritanism, p. 176].
106 Hymns and Songs of the Church [Hill, Society and Puritanism, p. 212].
107 The Church History of Britain [Dennison, p. 43].
108 The Christian's Two Chief Lessons [McGee, p. 247].

os puritanos criaram uma igreja dinâmica, fluida, na qual a comunhão entre os santos no culto a Deus tornou-se a realidade central.

O foco sobre a comunhão é visto nas definições puritanas da igreja. William Ames, por exemplo, definiu a igreja como "uma sociedade de crentes reunidos num laço especial para o exercício contínuo da comunhão dos santos entre si".[109] Outro puritano da Nova Inglaterra a definiu como "uma companhia de pessoas combinadas pelo pacto santo com Deus, e um com o outro".[110]

Em lugar do sistema da igreja do Estado, na qual a paróquia local mecanicamente determinava a composição da igreja, os puritanos praticavam predominantemente o ideal de uma igreja formada pela sociedade voluntária dos membros. Este espírito de liberdade transpira pela descrição do Governador William Bradford, da igreja de Plymouth: "o povo livre do Senhor uniu-se (por um pacto do Senhor) em um grupo eclesiástico, na comunhão do evangelho".[111]

Uma coisa que tornou fácil enfatizar a comunhão como uma característica da vida da igreja foi o espírito mais democrático que prevaleceu nas congregações puritanas, comparado às concepções hierárquicas da ordem da igreja. Vários anos atrás, quando visitei a igreja a que John Bunyan assistia quando jovem, o guia apontou a porta lateral, próximo à frente da igreja originalmente católica, que o clero havia usado para evitar ao máximo possível o contato com os leigos. Podemos contrastar tal situação com o quadro de Richard Sibbes da igreja como um hospital:

> A igreja de Cristo é um hospital comum, em que todos estão nalguma medida doentes de um ou de outro mal espiritual, para que possamos todos ter base para exercitar mutuamente o espírito de sabedoria e mansidão.[112]

---

109 The Marrow of Theology [Emerson, Puritanism in America, p. 26].
110 Citado em Miller, Seventeenth Century, p. 435.
111 History of the Plymouth Plantation [Schneider, p. 22].
112 The Bruised Reed [George, p. 414].

Observei anteriormente que os Puritanos enfatizaram a identidade espiritual da igreja. Uma consequência disto foi que um parentesco espiritual, e não uma afiliação institucional, tornou-se o verdadeiro vínculo entre os crentes. A comunhão espiritual dos cristãos foi um dos grandes temas puritanos. De acordo com o parente de Oliver Cromwell, William Hooke, "o mesmo fio de graça é entrelaçado pelos corações de todos os santos debaixo do céu".[113] Thomas Watson usou a mesma metáfora: "Os filhos de Deus são entretecidos com o laço do amor, como todos os membros do corpo são entretecidos por vários nervos e ligamentos".[114] Não surpreende que Richard Sibbes considerasse que ausentar-se da comunhão cristã era "uma grande perversidade".[115]

Sem dúvida esta extrema valorização da união foi encorajada pela situação cultural dos puritanos, na qual eles eram uma minoria sempre perseguida (ou, na Nova Inglaterra, um povo à beira da selva). Eles foram virtualmente forçados a buscar uma igreja-dentro-de-uma-igreja. Como outras minorias, eles formavam relacionamentos estreitos em sua lealdade a uma causa comum. Thomas Case escreveu da prisão: "Oh, quão amáveis são as assembleias dos santos e as ordenanças do domingo, quando estamos privados delas".[116] Thomas Doolittle observou que "o rebanho de Cristo são criaturas sociáveis" que "amam estar com ovelhas, mas não com lobos".[117]

Parte do conceito puritano de comunhão era a convicção de que os cristãos podem exercer uma influência benéfica um sobre o outro. Apoio espiritual mútuo tornou-se um importante ideal puritano. Sibbes elogiou

---

113 The New England's Tears... [McGee, p. 155].

114 The Beatitudes, p. 231. A ideia da comunhão espiritual suscitou algumas das linguagens puritanas mais sensíveis. Robert Coachman a chamou "o orvalho mais agradável e o unguento mais doce, um cativando o olho, o outro deleitando o olfato" (The Cry of a Stone [McGee, p. 206]). Robert Bolton escreveu que "se uma vez for a chama do amor fraternal acesa pelo Espírito Santo nos corações de cristãos autênticos... nunca é apagada... mas arde em seu peito... com mútuo calor da mais querida doçura sobre a terra" (Instructions for a Right Comforting Afflicted Conscientes [McGee, pp. 205-6]).

115 A Consolatory Letter to an Afflicted Conscience [McGee, p. 2051.]

116 Correction, Instruction: or, a Treatise of Afflictions [McGee, p. 2051.]

117 Rebukes for Sin by God's Burning Anger [McGee, p. 186].

"aquela doce comunhão dos santos... para fortalecer e encorajar um ao outro nos caminhos da santidade", e falou da habilidade dos cristãos de "atrair e depender dos outros para um amor... às coisas melhores".[118] "Associe-se a pessoas santificadas", sugere Thomas Watson; "eles podem, pelo seu conselho, por suas orações e santo exemplo ser um meio de torná-lo santo. Como a comunhão dos santos está no nosso credo, assim deveria ser nossa companhia".[119]

É dentro deste quadro referencial de desejar o melhor para outros crentes que o pensamento puritano sobre a exortação e a disciplina deveria ser entendido. Samuel Ward escreveu em seu Diary (Diário):

> *Tenha pena dos homens quando os vir correr rapidamente para o pecado, lamente o caso deles, sem se ofender. Busque recuperá-los por todos os meios suaves; não use palavras grosseiras para provocar a qualquer homem.*[120]

Robert Coachman declarou que "não é pequeno privilégio... viver numa sociedade onde os olhos de seus irmãos estão de tal modo amorosamente postos sobre eles, que não lhes permitirão viver em pecado".[121]

O ideal puritano da igreja como uma comunhão daqueles comprometidos com Cristo e um com o outro despertou alguns dos sentimentos mais profundos. Richard Mather concebeu a igreja como

> *um grupo de cristãos, chamados pelo poder e misericórdia de Deus à comunhão com Cristo, e pela sua providência a viverem juntos, e pela sua*

---

118 The Saints Cordials [McGee, p. 1951.] Alhures Sibbes escreveu que é perigoso negligenciar "o benefício de sua santa conferência, suas santas instruções, suas divinas consolações, admoestações fraternais e repreensões caridosas" (A Consolatory Letter... [McGee, p. 195]).

119 A Body of Divinity [McGee, p. 2021.] Em seu livro sobre as Bem-aventuranças, Watson escreveu: "Se quer ser puro, ande com aqueles que são puros... A associação gera a assimilação". (p. 195).

120 Knappen, Two Elizabethan Puritan Diaries, p. 120.

121 The Cry of a Stone [McGee, p. 1981.]

graça ajuntarem-se na unidade da fé e no amor fraternal, e... unirem-se
ao Senhor e um ao outro, para andarem juntos pela assistência do seu
Espírito, em todas as formas de culto sagrado a Ele e de edificação de
um para com o outro.[122]

SUMÁRIO

Os puritanos nunca formaram uma denominação separada. Seu
único legado institucional foi lançarem a base para o pluralismo denomi-
nacional, tornando as igrejas gradativamente independentes do controle
do Estado.

Mas ainda mais importante do que este legado institucional são os
princípios que os puritanos defendiam. Os puritanos baseavam a política
eclesiástica na autoridade da Bíblia. Eles viram a igreja como uma realidade espiritual e expandiram o papel do laicato. Eles simplificaram o culto,
encorajaram a participação congregacional, honraram o poder da Palavra
de Deus e estimularam a criatividade. Eles também consagraram o domingo ao culto e deleitaram-se na comunhão que a igreja lhes proporcionava.

Quanto mais cerimônias, menos verdade.
– Richard Greenham

A santificação do domingo não é melhor que sua profanação?
– Thomas Hooker

A igreja de Cristo é um hospital comum, em que todos estão nalguma
medida doentes de um ou outro mal espiritual, para que possamos todos
ter base para exercitar mutuamente o espírito de sabedoria e mansidão.
– Richard Sibbes

---

122 Citado por Miller, *Seventeenth Century*, p. 435.

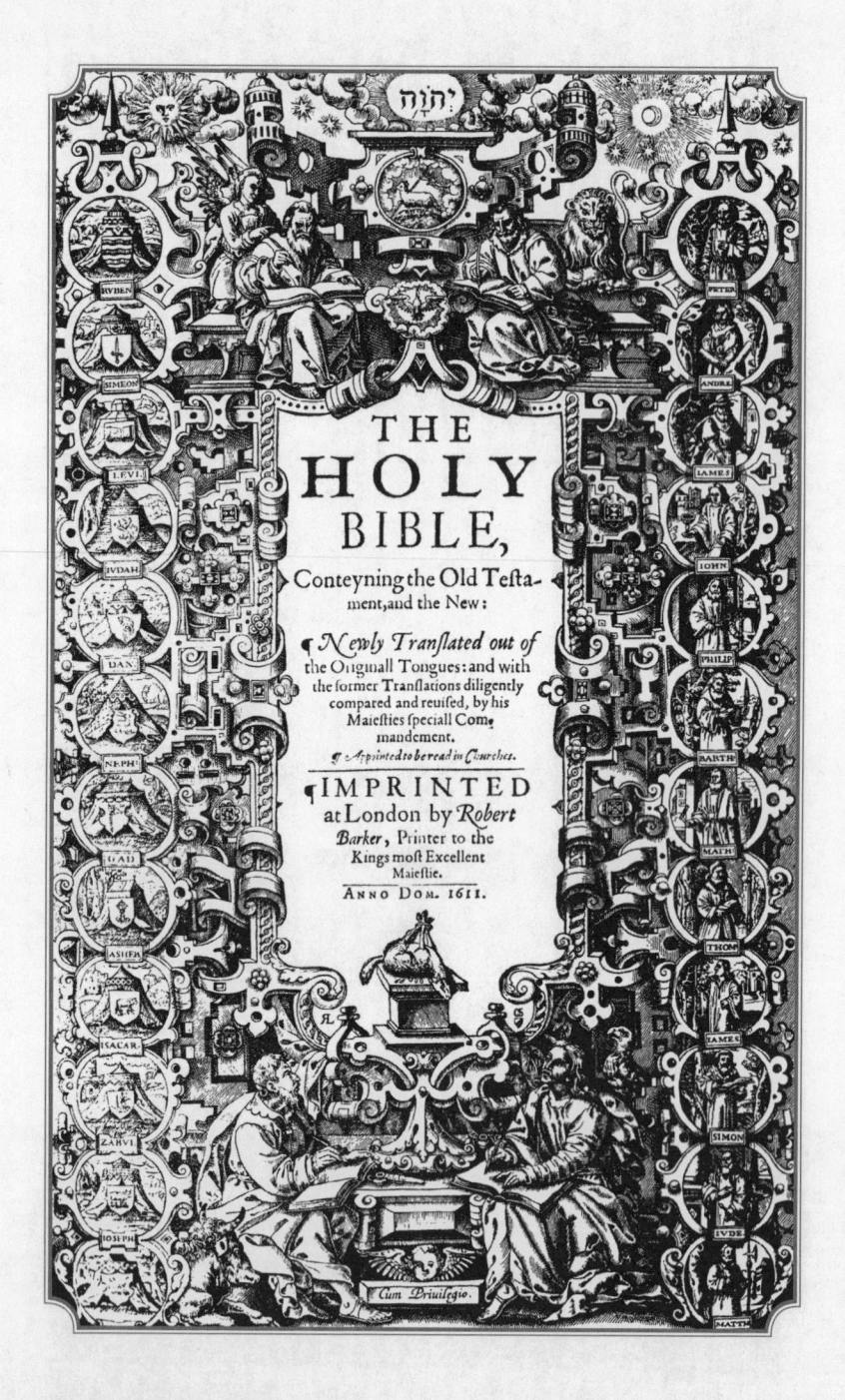

Página de título da Bíblia King James de 1611.
Cortesia da Biblioteca Huntington.

CAPÍTULO 8

A BÍBLIA

*Não há uma condição em que possa cair um filho de Deus
para a qual não haja uma direção e uma regra na Palavra,
em alguma medida apropriada. –* Thomas Gouge

O que ainda pode restar por dizer sobre as atitudes puritanas em relação à Bíblia? Todos nós sabemos que a Reforma Protestante defendeu a Bíblia como a única autoridade final para a crença religiosa. Assim teorizei, enquanto obedientemente me dispus a incluir o presente capítulo neste livro.

Como ocorreu, minha pesquisa encontrou muita informação pouco conhecida. Além de lançar luz sobre questões da época, uma investigação sobre a visão puritana da Escritura fornece uma explicação de onde o protestantismo evangélico originalmente tomou muitos de seus princípios fundamentais. Em outras áreas, os puritanos foram defensores de ideias sobre a Bíblia que os cristãos modernos têm negligenciado para seu próprio empobrecimento. Em resumo, as atitudes puritanas em relação à Bíblia incluem muito do que é de relevância atual, significado histórico e valor corretivo para os cristãos hoje.

O DIREITO DO LAICATO AO ACESSO À BÍBLIA

A Reforma inglesa foi um movimento biblicamente fundamentado, que assumiu como lema o direito de cada cristão ler e interpretar a Bíblia na sua própria língua. Lutero foi o primeiro a dar a esta teoria sua expressão definitiva: "Nunca temos desejado algo além... da liberdade de ter a Palavra de Deus, ou as Sagradas Escrituras, e de ensiná-la e praticá-la".[1]

Os protestantes ingleses fizeram ecoar o sentimento. Enquanto o católico Erasmo havia expressado o desejo de que o fazendeiro e o tecelão fossem capazes de recitar partes da Bíblia em seu trabalho, o puritano William Tyndale foi mais ambicioso. Ele disse a um sacerdote de Gloucestershire que, "se Deus guardar minha vida, antes de se passarem muitos anos, farei um rapaz que guia um arado saber mais das Escrituras do que tu o sabes".[2] Em resposta à questão: "O conhecimento das Escrituras pertence a todos os homens?", o Catecismo de John Ball replicava: "Sim, a todos os homens não é apenas permitido, mas são também encorajados e ordenados a ler, ouvir e entender a Escritura... As Escrituras... devem ser traduzidas em línguas conhecidas e interpretadas".[3]

Apoiados por esta convicção de que os cristãos deveriam ter acesso individual à Bíblia na sua própria língua, os puritanos, junto com outros protestantes ingleses, puseram-se à tarefa de traduzir a Bíblia para o inglês. A história começa com William Tyndale, um ardente reformador e gênio linguístico, competente em sete idiomas. Por causa da resistência à tradução da Bíblia na Inglaterra católica, Tyndale foi para o continente, em 1524, para trabalhar na tradução do Novo Testamento. As primeiras cópias impressas do Novo Testamento em inglês, de Tyndale, alcançaram a Inglaterra em 1526, em meio a violenta oposição das autoridade católicas. Tyndale foi levado ao pelourinho antes de ter traduzido a maior parte do Velho Testamento. Logo antes de

---

1 Carta de 1528 [Plass, 3:1178].

2 Tyndale, Works [Hughes, p. 14]. O prefácio da Bíblia de Genebra afirmava que as Escrituras foram tencionadas "tanto para o letrado como para o inculto de qualquer nação e língua". [Trinterud, p. 218].

3 Citado em Warfield, pp. 188-89. Edward Reynolds, um dos escritores da Confissão de Westminster, expressou o desejo de que "toda família possa ter uma Bíblia. (An Explication of the Fourteenth Chapter of the Prophet Hosea... [Rogers, p. 401]).

sua morte, articulou uma frase eloquentemente breve que iria reverbe-
rar por várias gerações de puritanos: "Senhor, abre os olhos do rei da
Inglaterra".

Se estamos procurando uma contribuição singularmente puritana à tradução da Bíblia, deveríamos buscá-la na Bíblia de Genebra, de
1560. Produzida por uma colônia de fala inglesa na Genebra de Calvino, tornou-se a Bíblia favorita de várias gerações de puritanos, assim
como a Bíblia usada por Shakespeare e Spenser. Foi impressa com notas, contendo interpretações Puritanas e calvinistas das passagens. De
maior importância, a longo prazo, foram várias inovações que definiram
o padrão para diversas Bíblias inglesas. Seu texto dividia-se em versos
numerados, tornando a Bíblia um instrumento de referência. Ela foi impressa em tipo Romano em vez de gótico, o que a tornou legível à pessoa
comum. Palavras que não tinham algum equivalente no original eram
impressas em itálico para indicar que haviam sido acrescentadas a bem
da compreensão.

A Bíblia de Genebra rapidamente tomou-se uma versão barata e popular da Bíblia. Por mais de meio século foi a Bíblia mais lida pelo povo
inglês e a mais frequentemente reimpressa. Na Escócia, foi desde o início a
versão indicada para uso nas igrejas. O trabalho de Cromwell em Soldier's
Pocket Bible (Bíblia de Bolso para os Soldados), impresso em 1643, para
uso do exército parlamentar, continha passagens selecionadas da Bíblia de
Genebra. Talvez o maior tributo que podemos prestar-lhe é notar que ela
contribuiu mais do que qualquer outra versão para a Bíblia King James
(Rei Tiago), de 1611.

O clímax de um século de tradução da Bíblia inglesa, e a melhor de
todas as elas, foi a versão produzida sob a sanção do Rei Tiago e da Igreja
da Inglaterra. Foi em parte um produto dos puritanos. Ela originou-se na
Conferência de Hampton Court, realizada em janeiro de 1604. Nesta conferência, os puritanos fizeram várias propostas ao Rei Tiago, uma das quais
foi a sugestão de que uma nova tradução fosse empreendida.

A proposta foi trazida por John Reynolds, presidente de uma faculdade de Oxford e um dos líderes do lado puritano da Igreja da Inglaterra. O rei não era amigo dos puritanos – na realidade já havia ameaçado "expulsá-los da terra, ou coisa pior" –; no entanto, por uma lógica estranhamente deturpada, ele deu ímpeto à famosa Bíblia, que leva ironicamente seu nome. "Eu professo", disse ele numa conferência, "que ainda tenho que ver uma Bíblia bem traduzida em inglês; mas eu acho que, de todas, aquela de Genebra é a pior".[4]

E assim, para contrariar os puritanos, o Rei Tiago organizou o comitê de cinquenta e quatro estudiosos que empreenderam a tradução. Um historiador conclui que os tradutores estavam quase equitativamente divididos entre anglicanos e puritanos.[5] A Bíblia resultante, ao fazer uso de todas as versões inglesas da Bíblia que lhe haviam precedido, usou mais da Bíblia de Genebra que de qualquer outra.

A Bíblia, é claro, não se torna uma propriedade pessoal apenas porque há uma versão inglesa dela em casa ou no banco da igreja. A presença de versões inglesas da Bíblia significou que os puritanos beneficiaram-se da crescente acessibilidade da Escritura?

Não pode haver a menor dúvida de que cristãos sérios da época da Reforma conheceram melhor a Bíblia do que os cristãos de hoje. Eles demonstraram o que se pode verdadeiramente chamar de um apetite pela Palavra. "ALIMENTAI-VOS da PALAVRA", disse John Cotton a sua congregação.[6] Richard Baxter incentivou seus leitores a "amarem, reverenciarem, lerem, estudarem, obedecerem e aterem-se às Escrituras".[7] Quando jovem, o pai de John Milton foi posto para fora de casa e permanentemente deserdado, por seu pai católico tê-lo encontrado em seu

4 Citado em F.F. Bruce, History of the Bible in English, 3. ed. (Nova York, Oxford University Press, 1978), p. 96.

5 Perry, p. 238.

6 Christ the Fountain of Life [Carden, p. 14].

7 The Saints' Everlasting Rest [New, p. 27].

quarto lendo uma Bíblia em inglês.[8] John Winthrop registrou sua "sede insaciável pela Palavra de Deus" após sua conversão.[9]

A disponibilidade da Bíblia rapidamente produziu algumas bem conhecidas práticas puritanas. Uma foi a leitura diária da Bíblia em casa. "Que não se deixe passar um dia sequer", escreveu Cotton Mather, "no qual você não leia alguma porção dela, com a devida meditação e súplica".[10] Os puritanos também começaram a realizar estudos bíblicos e reuniões de oração, secretamente, nas últimas ou primeiras horas do dia para evitar a hostilização dos oficiais anglicanos.

A pregação bíblica também floresceu com o advento da Bíblia inglesa. De fato, quando o jovem Henry Newcome iniciou seu primeiro pastorado, o pregador mais velho alertou-o de que seus sermões continham muita história e não o suficiente da Escritura. "As pessoas vinham com Bíblias", ele lembrou-lhe, "esperando por citações da Escritura".[11]

Em última análise, o resultado mais significativo da tradução da Bíblia foi que encerrou o monopólio do clero sobre o conhecimento e a interpretação da Bíblia. O católico Thomas More repreendeu o laicato por "meter-se" com a Escritura e instou com ele a "dizer aos pregadores indicados como o povo disse a Moisés: 'Ouça você a Deus, e deixe-nos ouvir você'".[12] Em contraste, William Ames declarou que "o dever da investigação é imposto aos homens; o dom de discernir a verdade tanto publicamente como particularmente é dispensado sobre eles".[13]

O que este direito de acesso de fato produziu é bem resumido no exemplo de Robert Pasfield, um servo analfabeto de John Bruen. De acordo com um biógrafo de Bruen, Pasfield foi "um homem extremamente inculto, sendo incapaz de ler uma frase ou escrever uma sílaba". No entan-

---

8 William Riley Parker, Milton: a Biography (Oxford, Oxford University Press, 1968), 1:4.

9 Winthrop Papers [McGee, p. 244].

10 Military Duties Recommended to an Artillery Company [Carden, pp. 12-13].

11 Henry Newcome, Autobiography [R.C. Richardson, p. 104].

12 The English Works [Knott, p. 169].

13 The Marrow of Theology, p. 188.

to, ele "era tão familiarizado com a história da Bíblia, a soma e a substância de cada livro e capítulo, que raramente qualquer um poderia perguntar--lhe onde estava tal dito ou frase sem que ele com muito pouco esforço lhes dissesse em que livro e capítulo o encontrariam".[14]

A NATUREZA E ESCOPO DA AUTORIDADE BÍBLICA

O que constitui a autoridade para a crença é uma questão religiosa básica. Historicamente tem havido três perspectivas principais do que constitui a autoridade máxima: a Bíblia, a tradição eclesiástica, e a razão humana, sós ou em combinação. Os puritanos, seguindo os reformadores continentais, reivindicaram a Escritura somente como a autoridade foral para a crença religiosa. "A regra de acordo com a qual a consciência deve proceder", escreveu Cotton Mather, é "o que Deus tem revelado nas Sagradas Escrituras".[15] "A glória e a segura amiga de uma igreja", acrescentou John Lightfoot, "é ser edificada sobre as Sagradas Escrituras... O fundamento da verdadeira igreja de Deus é a Escritura".[16]

Reivindicar a Escritura como a única autoridade final é, claro, rejeitar as outras opções. Isto é exatamente como os puritanos entendiam a questão. De acordo com Joseph Caryl, a verdade ou a falsidade de afirmações religiosas não pode ser testada "por aquilo que é geralmente chamado de antiguidade, mas por aquilo que transcende toda antiguidade, costumes, conselhos e tradições humanas (embora todos esses possam contribuir com alguma ajuda), ou seja, a Palavra de Deus".[17] "Não fixe sua fé sobre as

---

14 William Hinde, Life of John Bruen [R.C. Richardson, p. 102].

15 A Companion for Communicants [Carden, pp. 8-9].

16 Works [Warfield, p. 303].

17 The Works of Ephesus Explained [John Wilson, p. 2091.] Lutero e Calvino haviam primeiro estabelecido esta crítica do costume e da razão. Lutero havia dito: "Todos os costumes, não importando quão bons sejam, devem dar lugar à Palavra de Deus" (Discurso à Dieta de Augsburg, 1530 [Plass, 3:1181]). Calvino havia afirmado que "desejamos seguir somente as Escrituras como nossa única regra de fé e religião, sem misturar com ela qualquer outra coisa que possa ser imaginada pela opinião de homens separadamente da Palavra de Deus" (Confession of Faith, 1536 [Jarman, p. 110]).

opiniões dos homens", escreveu John Owen; "a Bíblia é a pedra de toque".[18] Quanto foi importante esta visão da sola Scriptura para os puritanos? O "erro papista da tradição", escreveu Robert Baillie, "abala não uma ou duas, mas todas as pedras fundamentais da Reforma Protestante".[19]

Os puritanos dependeram somente da Bíblia como autoridade final porque acreditaram ser ela a Palavra de Deus inspirada. Em certo sentido diferente do que se poderia reivindicar para qualquer outro livro, Deus, o Espírito Santo foi considerado o autor da Bíblia. "Pense, em toda linha que lê, que Deus está falando com você", disse Thomas Watson.[20] John Eliot, ministro e missionário para os índios pela igreja de Roxbury, Massachusetts, declarou que "os escritos da Bíblia são as próprias palavras de Deus".[21] Para John Owen, "toda a autoridade da Escritura... depende unicamente de sua origem divina... A Escritura tem toda autoridade de seu Autor".[22]

Se Deus é o autor da Bíblia, teorizaram os puritanos, esta é um guia confiável que não pode enganar um cristão. Edward Reynolds falou de toda a Bíblia como "sendo escrita pelo Espírito de verdade, que não pode mentir nem enganar".[23] John Lightfoot afirmou: "Tudo que os santos escritores registraram é verdadeiro (não havendo falsidade alguma na Escritura, senão o que provém do erro dos escribas e dos tradutores)".[24]

A linha de raciocínio dos puritanos sobre a autoridade bíblica é impecável: se Deus é o autor da Escritura, ela não pode mentir, e se ela não engana, deve ser inerrante e infalível. Os puritanos não hesitaram em aplicar

---

18 Works, 13:40-41.

19 The Unlawfulness and Danger of Limited Episcopacy [Rogers, p. 349].

20 Body of Divinity [Parker, p. 19]. Thomas Gataker escreveu: "Mas há neste livro a própria marca de Deus sobreposta a cada sentença... pelo Espírito do próprio Deus" (A Wife in Deed [Rogers, p. 371]).

21 Tears of Repentance [Carden, p. 4].

22 Works, 16:297, 309. Increase Mather acreditava que a Bíblia "deve ser recebida por conta somente da autoridade do orador... Por causa da autoridade do orador, os homens têm razão infinita para ouvir e temer, para crer e obedecer". (The Latter Sign Discoursed... [Carden, p. 3]).

23 An Explication of the Fourteenth Chapter of the Prophet Hosea [Rogers, p. 409]. Lutero tinha sido particularmente inflexível quanto à confiabilidade da Escritura; ele escreveu ao Rei Henrique VIII: "A Palavra de Deus está acima de tudo; Deus não pode errar e enganar" (Plass, 3:1368). Noutra ocasião, Lutero expressou sua certeza de que "esta Sagrada Escritura... não me enganará" (palestra sobre Gênesis 37:9 [Plass, 2:839]).

24 Works [Warfield, p. 273].

uma ou outra das palavras à Bíblia. Para manter a visão de Lutero de que "a Escritura... nunca errou" e a convicção de Calvino de que a Bíblia é "a infalível regra de... verdade",[25] Samuel Rutherford declarou: "A Palavra de Deus... é infalível".[26] "Somente poderiam estabelecer a regra de fé e conduta aqueles", afirmou William Ames, "que... estavam livres de todo erro por causa da direta e infalível direção que tinham de Deus".[27] De acordo com Richard Baxter, os apóstolos escreveram "sem erros", e para John Owen a Bíblia era "uma revelação estável e infalível da mente e da vontade [de Deus]".[28]

É comum em círculos cristãos hoje atribuir-se a inerrância da Bíblia aos manuscritos originais apenas e reconhecer-se a presença de erros dos escribas nas Bíblias que possuímos. Esta distinção pode ser remontada ao menos até os primeiros protestantes. De acordo com Richard Capel, por exemplo,

> *os tradutores e transcritores podem errar, não estando... imbuídos daquele espírito infalível ao traduzirem e transcreverem. As Escrituras em suas cópias traduzidas não estão livres de todas as possíveis corrupções.*[29]

John Lightfoot afirmou que "nenhum erro ou contradição estão nela, senão o que há em algumas cópias, pela falha dos preservadores, transcritores, impressores ou tradutores".[30]

Não é difícil determinar como os puritanos se posicionavam na questão da inerrância que tanto tem preocupado a apologética do séc.

---

25 Lutero, Works [John Warwick Montgomery, "Lições de Lutero sobre a inerrância da Sagrada Escritura", em God's Inerrant Word (Minneapolis, Bethany Fellowship, 1974), p. 67]; Calvino, Commentary on Hebrews [Kenneth S. Kantzer, "Calvin and the Holy Scriptures", em Inspiration and Interpretation, ed. John F. Walvoord (Grand Rapids, Eerdmans, 1957), p. 142]. Na mesma página Kantzer cita oito passagens adicionais onde Calvino usou a palavra "infalível" ou "inerrante" para descrever a Bíblia.

26 A Free Disputation Against Pretended Liberty of Conscience [Warfield, p. 247].

27 The Marrow of Theology, pp. 185-86.

28 Baxter, Works [Warfield, p. 273]; Owen, Works, 14:273.

29 Remains [Warfield, pp. 244-45].

30 Works [Warfield, p. 273].

XX. Crendo ser a Bíblia a Palavra de Deus, os puritanos naturalmente consideravam-na como sendo sem erro. Mas dizer que a Bíblia é infalível não encerra o assunto, como tem demonstrado o atual debate sobre inerrância limitada. Em que áreas a Bíblia é autoritativa? Apenas em assuntos que falam diretamente da salvação? Ou a Bíblia fala infalivelmente com referência a toda a vida? Os puritanos deixaram claro a que distância estendiam a autoridade da Bíblia.

Para começar, a Escritura é o padrão autoritativo para testar a verdade religiosa. É "a pedra de toque que testa todas as doutrinas", "o juiz e determinante de todas as questões e controvérsias em religião", "a regra de acordo com a qual devemos crer".[31] Thomas Cartwright acreditava que a Bíblia ensina "todas as coisas relativas ao reino do céu, quer em matérias de doutrina ou governo", enquanto para John Gough era uma "pedra de toque pela qual se testariam todas as doutrinas".[32]

Os puritanos estenderam a autoridade bíblica também a assuntos de moralidade. Eles viram a Escritura como "suficiente para governarmos por meio dela todas as nossas ações", "o perfeito sistema ou quadro de leis para guiar todas as ações morais do homem".[33] "Para mim é um assombro", exclamou Samuel Rutherford no calor do debate, "que o Velho e o Novo Testamento, os quais contêm um sistema e um corpo exatos de toda a conduta... não devam ser a única regra de toda a conduta".[34] William Ames chamou a Bíblia de "uma perfeita regra de fé e conduta".[35]

---

31 William Tyndale, Prologue to the Book of Genesis [Knott, p. 20]; Samuel Rutherford, A Free Disputation Against Pretended Liberty of Conscience [Warfield, p. 256]; Increase Mather, David Serving His Generation [Carden, p. 7].

32 Cartwright, The Second Reply [Emerson, Puritanism in America, p. 20]; Gough, Prólogo ao Enchiridion de Erasmo [Trinterud, p. 38]. Thomas Gataker chamou a Escritura "a única pedra de toque de toda a verdade salvífica" (Shadows Without Substance [Rogers, p. 433]).

33 William Whittingham, Reformation of the Church [Jarman, p. 110]; John Eliot, The Christian Commonwealth [Carden, p. 5]. Arthur Hildersham escreveu que "não há bom trabalho que qualquer homem possa fazer para o qual não possa ter clara direção na Palavra de Deus" (CLII Lectures Upon Psalm LI [Kaufmann, p. 47]).

34 The Divine Right of a Church-Government [Rogers, p. 331].

35 The Marrow of Theology, p. 187. John Owen escreveu que a Escritura é "a única regra [de Deus] segura e guia infalível para a devida realização de todos os deveres, em relação a si mesmo e ao outro, que Ele requer de nós em todo o curso da nossa obediência... Vamos a elas [as Escrituras]... para aprender nosso próprio dever, ser

De acordo com os puritanos, a Bíblia também governa questões eclesiásticas. Thomas Cartwright iniciou uma revolução na Igreja da Inglaterra
quando declarou que "a Palavra de Deus contém a direção de todas as coisas referentes à igreja".[36] William Fulke afirmou que "a igreja de Deus...
deve ser dirigida em todas as coisas de acordo com a ordem prescrita... na
sua santa Palavra".[37] William Ames tornou claro que "nenhuma observância pode ser continuamente e em todo lugar necessária na igreja de Deus...
a menos que esteja contida nas Escrituras".[38]

Dizer que os puritanos consideravam a Bíblia um guia infalível em
áreas de doutrina, ética e prática eclesiástica é afirmar o que todos esperam deles. A questão controvertida em nossos dias é se a inerrância e a
autoridade da Bíblia se estendem além disto. Para os puritanos, limitar a
autoridade da Bíblia a questões rigorosamente religiosas violaria o princípio de que toda a vida é religiosa.

Quando os puritanos falavam da autoridade da Bíblia, davam-lhe
longo alcance em vez de limitá-la a assuntos relativos à salvação. "Não
há uma condição em que possa cair um filho de Deus", escreveu Thomas
Gouge, "para a qual não haja uma direção e uma regra na Palavra, em alguma medida apropriada".[39] Richard Sibbes concordou:

> *Não há nada nem qualquer condição que sobrevenha nesta vida a um*
> *cristão para a qual não haja uma regra geral na Escritura, sendo esta*
> *regra reforçada pelo exemplo, porque esse é um conhecimento prático.*[40]

Para Cartwright a Bíblia "contém a direção para... o que quer que se
encaixe em qualquer parte da vida do homem".[41]

---

instruídos em todo o curso de nossa obediência" (An Exposition of Hebrews [Kaufmann, p. 46]).

36 The Works of John Whitgift [Jarman, p. 21].

37 A Brief and Plain Declaration [Trinterud, p. 243]. Walter Travers falou de estabelecer "uma maneira justa e
legal de governo de acordo com a palavra de Deus" (A Full and Plain Declaration [Jarman, p. 66]).

38 The Marrow of Theology, p. 187.

39 Christian Directions [Kaufmann, pp. 45-46].

40 Divine Meditations and Holy Contemplations [Kaufmann, p. 46].

41 The Works of John Whitgift [Davies, Worship and Theology... 1534-1603, pp. 51-52].

Dentro de tal quadro referencial, não surpreende que a gama de questões a que os puritanos aplicaram princípios bíblicos e provas textuais é interminável. De acordo com William Perkins, a Bíblia "compreende muitas santas ciências", dentre as quais enumerava "a ética..., a economia (uma doutrina sobre governar a família)..., a política (uma doutrina da correta administração de um bem comum)..., a acadêmica (a doutrina de se governar bem escolas)".[42] De acordo com outra fonte, a Bíblia é tão ampla em sua aplicação que todos os assuntos "nas escolas e universidades" se podem relacionar a ela.[43]

Ao aplicarem assim a Escritura a toda a vida, os puritanos não esperavam simplisticamente encontrar regras específicas que pudessem seguir literal ou diretamente. O que encontraram foram princípios gerais que podiam ser traduzidos para situações contemporâneas ou aplicados de modos genéricos a várias disciplinas do pensamento. George Gillespie admitia que muitas de suas crenças não poderiam ser provadas expressamente pela Escritura, mas cria que o princípio subjacente a elas era uma "consequência natural" de dados bíblicos.[44]

Em última análise, a melhor indicação de como os puritanos viam a autoridade bíblica é observar como realmente aplicavam a Escritura. Eles citavam textos de prova e modelos bíblicos para quase todo tópico – economia, governo, família, igreja, vida, sexo, natureza, educação e muitos outros. Os puritanos abraçaram a inerrância limitada ou completa? Sua prática, assim como sua teoria, fizeram da Escritura a regra para toda a vida.

A acusação perene contra as pessoas que compartilham da convicção de que a Bíblia é uma autoridade infalível tem sido sempre a de "bibliola-

---

42 Works [Knappen, Tudor Puritanism, p. 355].

43 H. Ainsworth e F. Johnson, An Apology or Defense of Such True Christians as Are Commonly... Called Brownists [Knappen, p. 356]. A extensão da autoridade bíblica a todas as áreas da vida é reminiscente da prática de reformadores como Calvino e Lutero, que não apenas citavam a Bíblia em assuntos políticos, mas também, por exemplo, a usavam como autoridade científica para condenar o sistema Copernicano (ver Rogers, p. 96).

44 A Treatise of Miscellany Questions [Rogers, p. 346]. Thomas Gataker mostrou um contentamento semelhante ao crer em conclusões "deduzidas da Escritura" e então aplicadas a uma situação corrente (Shadows Without Substance [Rogers, p. 334]).

THE BIBLE
AND
HOLY SCRIPTVRES

CONTEYNED IN
THE OLDE AND NEWE
Teftament.

TRANSLATED ACCOR-
ding to the Ebrue and Greke, and conferred With
the beft tranflations in diuers langages.

WITH MOSTE PROFITABLE ANNOTA-
tions vpon all the hard places, and other things of great
importance as may appeare in the Epiftle to the Reader.

AT GENEVA.
PRINTED BY ROVLAND HALL.
M. D. LX.

A Bíblia de Genebra, publicada em 1560, foi o padrão Puritano de Bíblia até que a Bíblia King James praticamente a suplantou. Ela contribuiu mais para a Bíblia King James do que qualquer outra precursora.
Cortesia da Biblioteca Huntington.

tria". A acusação é de fato frívola. Todos reivindicam alguma autoridade para sua crença. Ter a Bíblia como a autoridade máxima não significava que os puritanos adoravam a Bíblia. Increase Mather escreveu: "Muito embora devamos reverenciar a bendita Bíblia acima de todos os outros livros, não devemos adorar senão ao autor dela".[45]

PRINCÍPIOS DE INTERPRETAÇÃO BÍBLICA

Os princípios de interpretação adotados pelos puritanos serão considerados pela maioria dos leitores como o padrão protestante de leitura da Bíblia. Isto não é um acidente. Temos de agradecer aos primeiros protestantes por nossos instrumentos básicos de análise bíblica. Se o território que estou para cobrir parece familiar, precisamos nos recordar de que estes princípios foram revolucionários quando os reformadores os estabeleceram.

A Interpretação Não-Alegórica da Escritura. O lugar de partida lógico é a convicção puritana de que a Bíblia deve ordinariamente ser interpretada literal ou historicamente, não alegorizada de modo arbitrário. Para entender por que os puritanos consideravam de tanta importância a interpretação literal ou singular da Escritura, precisamos conhecer algo sobre a secular prática católica de atribuir interpretações alegóricas a virtualmente toda a Escritura.

Intérpretes católicos, por exemplo, alegavam que na história de Rebeca, Rebeca tirando água para o servo de Abraão realmente significa que devemos diariamente vir à Bíblia encontrar Cristo.[46] Os seis potes de água no casamento em Caná referem-se à criação do mundo em seis dias.[47] O comentário da mulher, no Cântico dos Cânticos de Salomão, de que "meu amado é para mim um saco de mirra, que repousa entre meus seios", foi

---

45 Prefácio a obra de Willard, Brief Discourse Concerning that Ceremony of Laying the Hand on the Bible in Swearing [Lowrie, p. 33].

46 Frederic Farrar, History of Interpretation (1886; reimpressão, Grand Rapids, Baker, 1961), p. 199.

47 Ibid., p. 200.

interpretado como querendo dizer o Velho e o Novo Testamento, entre os quais se encontra Cristo. Outro comentarista achou que os seios denotavam os mestres cultos da igreja, e ainda outro pensou que o verso se referia à crucificação de Cristo, que o crente guarda como eterna lembrança entre seus seios, isto é, no seu coração.[48]

Para os puritanos, tal alegorização era ridícula e não confiável. "A Escritura tem só um sentido", declarou Tyndale, "que é o sentido literal, e esse sentido literal é a raiz e a base de tudo, bem como a âncora que nunca falha".[49] Thomas Gataker concordou: "Senhor, não ousamos alegorizar as Escrituras, onde a letra dela nos fornece um sentido claro e próprio".[50]

Deveríamos pausar e observar o que os puritanos não queriam dizer quando insistiram na interpretação literal e pura da Escritura. Eles não queriam dizer que a Bíblia é literal em vez de figurativa. William Bridge, por exemplo, comentou que, "embora o sentido da Escritura seja um, às vezes a Escritura deve ser entendida literalmente, às vezes figurativa e metaforicamente".[51] Os puritanos nem mesmo negaram que havia passagens alegóricas na Bíblia. James Durham escreveu: "Há grande diferença entre uma exposição alegorizada da Escritura e uma exposição de alegoria na Escritura".[52] Ele então procedeu a diferenciar entre passagens bíblicas escritas por seu autor para serem interpretadas alegoricamente e aquelas em que a alegoria é criada pelo intérprete, contrariamente à intenção do texto.

A Clareza da Escritura. Dentro do contexto de interpretação literal e pura, dois princípios puritanos adicionais naturalmente se encaixam. Um

---

48 Os exemplos são citados de H.H. Rowley, "A Interpretação do Cântico dos Cânticos", em The Servant of the Lord and Other Essays on the Old Testament (Londres, Lutterworth, 1952), pp. 196-97.

49 Obedience of a Christian Man [Knappen, p. 357].

50 Shadows Without Substance [Rogers, p. 301].

51 Scripture-Light, the Most Sure Light [Warfield, p. 252]. John Ball observou semelhantemente que "há apenas um sentido próprio e natural, embora às vezes as coisas sejam expressas de tal forma que elas mesmas signifiquem realmente outros assuntos" (A Short Treatise... [Warfield, p. 189]).

52 Clavis Cantici [Lewlaski, p. 122]. John White fez uma distinção semelhante quando escreveu que, "tais sentidos alegóricos da Escritura, nós não devemos facilmente admitir, a menos que a Escritura em si os sancione" (A Way to the Tree of Life [Warfield, p. 253]).

deles é a convicção de que a Bíblia é clara para qualquer leitor em todos os assuntos essenciais à salvação e à moral cristã. Dada nossa moderna consciência de o quanto as pessoas interpretam a Bíblia variadamente, não estamos inclinados a fazer reivindicações impetuosas pela clareza da Escritura. Os primeiros protestantes, porém, estavam operando num contexto bem diferente. Eles estavam se entregando ao trabalho de resgatar a Bíblia da obscuridade em que o clero católico a envolvera com suas interpretações alegóricas.

Richard Capel associou a clareza à interpretação literal, quando escreveu: "Da Palavra de Deus há um só sentido: é o mais facilmente achado, porque só há um sentido".[53] "A Escritura é composta de tal modo", escreveu John Arrowsmith, "a comunicar todas as coisas necessárias para a salvação de uma maneira clara e perspícua".[54] De acordo com John Owen, "toda a verdade necessária é pura e claramente revelada na Escritura".[55]

Esta ênfase na clareza da Escritura foi uma obra resultante da crença puritana no sacerdócio de todos os crentes, como John Milton tornou claro quando escreveu:

> A própria essência da Verdade é simplicidade e esplendor... As Escrituras [alegam] sua própria simplicidade e clareza, clamando a eles que sejam instruídos, não apenas aos sábios e entendidos, mas aos simples, aos pobres, aos bebês.[56]

A Iluminação do Espírito Santo. O sacerdócio de todos os crentes ajuda a explicar o que os reformadores tinham em mente com seu tema constante de que o Espírito Santo ilumina a mente de qualquer cristão, enquanto ele ou ela lê a Bíblia. "Todo homem santo tem nele mesmo uma

---

53 Tentations [Warfield, p. 253].
54 A Chain of Principles [Warfield, p. 234].
55 Works, 14:276.
56 Of Reformation [CPW, 1:566].

luz espiritual", declarou John White, "pela qual é dirigido no seu entendimento da mente de Deus revelada em sua Palavra".[57] Thomas Goodwin disse com igual confiança que

> *o mesmo Espírito que guiava os santos apóstolos e profetas a escreverem a Bíblia deve guiar o povo de Deus a saber o significado dela; e como Ele a princípio a comunicou, assim Ele deve ajudar os homens a entendê-la.*[58]

Que devemos pensar sobre esta confiança de que o Espírito Santo nos guia na compreensão da Bíblia? Devemos entender que a alegorização católica da Bíblia havia obscurecido a Escritura, com efeito tornando "o papa o guardião das chaves da Escritura, não o Espírito Santo".[59] Posto no contexto da engenhosa alegorização católica, na qual a mensagem da Bíblia era decifrável apenas pelo clero profissional, a crença puritana na iluminação do Espírito Santo colocou a Bíblia de volta ao alcance de todo leitor. Assim John Ball pôde escrever:

> *Não estamos necessariamente presos à exposição dos pais da igreja ou concílios para a descoberta do sentido da Escritura. Quem é o fiel intérprete da Escritura? O Espírito Santo que fala na Escritura é o único fiel intérprete da Escritura.*[60]

Interpretando Passagens no Contexto. Os puritanos eram tão insistentes quanto os bons estudiosos de hoje em que uma dada passagem da Bíblia deve ser interpretada no seu contexto. Um deles escreveu: "É a melhor regra chegar à compreensão das frases da Escritura, considerar em que

---

57 A Way to the Tree of Life [Warfield, p. 231].
58 Works [Warfield, pp. 231-32].
59 Farrar, History of Interpretation, p. 296.
60 A Short Treatise... [Warfield, p. 189].

sentido foram tomadas naquele país, entre o povo, onde foram escritas".[61] William Bridge acrescentou: "Se gostaria de entender o verdadeiro sentido... de uma Escritura controvertida, então observe bem a coerência, o escopo e o contexto da mesma".[62] As perguntas básicas de William Perkins para uma passagem eram: "Quem? para quem? em que ocasião? em que época? em que lugar? para que fim? o que vem antes? o que se segue?"[63]

É óbvio que o quadro de um pregador puritano precipitando-se sobre um texto e aplicando-o sem entender o que quer dizer no contexto é uma ridicularização impingida sobre nós pelos depreciadores dos puritanos.

A Unidade da Escritura. Nenhum princípio de interpretação foi mais crucial aos puritanos do que a crença de que a Bíblia é unificada. Esta unidade implicava, primeiramente, que a Bíblia como um todo não se contradiz. The Scots Confession (A Confissão Escocesa) afirmava que "o Espírito de Deus, que é espírito da unidade, não pode contradizer a si mesmo".[64] Richard Mather afirmou: "A Palavra nunca é contrária a si mesma".[65]

A frase que os puritanos mais frequentemente usavam quando falavam sobre a unidade da Bíblia era "a analogia da fé". É uma frase inadequada, baseada em uma má interpretação de Romanos 12.6.[66] O que os reformadores quiseram dizer com a frase foi que a Escritura forma um sistema coerente de doutrina e que qualquer passagem específica, incluindo uma obscura, deve ser interpretada em harmonia com o que conhecemos sobre a doutrina cristã em geral.

---

61 John Lightfoot, Works [Warfield, p. 304].

62 Works [Packer, p. 21]. John Owen escreveu: "Este é o modo genuíno e próprio de interpretação da Escritura, quando das próprias palavras, consideradas em relação às pessoas que as falam, e todas as suas circunstâncias, declaramos o que é sua compreensão e sentido determinados" (The Works [Kaufmann, p. 39]).

63 The Art of Prophesying [Breward, p. 338].

64 Citado em Rogers, p. 424.

65 An Answer to Two Questions [Carden, p. 5]. Outros puritanos falavam da "consonância e harmonia interna" das Escrituras e do "maravilhoso consentimento de todas as partes e passagens (embora escritas por diversos e variados escritores)" (Edward Reynolds, An Explication of the Fourteenth Chapter of the Prophet Hosea [Rogers, p. 409]; George Gillespie, A Treatise of Miscellany Questions [Warfield, p. 176]).

66 A frase, em Romanos 12:6, de que se o dom de uma pessoa é profecia ela deveria profetizar "na proporção da nossa fé", foi interpretada por Calvino como significando que uma pessoa não deveria romper o conteúdo da fé na profecia. A frase continua a ser usada hoje, mas eu descobri que dificilmente alguém que a usa tem uma boa explicação sobre o que a frase significa em si.

John Owen forneceu uma das melhores definições do conceito, quando escreveu:

> *na nossa busca da verdade, nossas mentes serão grandemente influenciadas e guiadas pela analogia da fé... Há uma harmonia, uma responsabilidade e uma proporção, em todo o sistema da fé ou nas coisas a serem cridas. Lugares particulares devem ser interpretados de forma a não quebrar ou perturbar esta ordem.*[67]

William Perkins também é útil no assunto:

> *A analogia da fé é um certo resumo ou soma de Escrituras, colecionado de lugares mais manifestos ou familiares. As partes dele são duas. A primeira diz respeito à fé, com que se lida no Credo dos Apóstolos. A segunda diz respeito à caridade ou amor, o que é explicado nos Dez Mandamentos.*[68]

Para ver como esta analogia da fé funciona na prática, podemos observar um exemplo de Thomas Gataker. Gataker refutava uma interpretação contraditória de uma passagem com o comentário de que "este não pode ser o significado do texto, porque frustra evidentemente o teor principal da história e da verdade da Palavra de Deus". Ao então oferecer sua própria interpretação da passagem, Gataker argumentou que "concorda bem, tanto com a verdade da história, como com a analogia da fé... e recebe posterior confirmação... pela comparação de outras Escrituras".[69]

---

67 An Exposition of the Epistle to the Hebrews [Kaufmann, p. 109]. The Scots Confession declarou: "Não ousamos receber ou admitir qualquer interpretação que seja contrária a qualquer ponto principal de nossa fé ou qualquer outro texto claro da Escritura, ou à regra do amor" [Rogers, p. 404].

68 The Art of Prophesying [Breward, p. 338]. Richard Barnard rejeitava qualquer interpretação que não "concorda com os princípios da religião, os pontos do catecismo estabelecidos no credo, o Pai Nosso, os Dez Mandamentos e a doutrina dos sacramentos" (The Faithful Shepherd [Packer, p. 23]).

69 God's Eye on His Israel [Rogers, p. 407]. Alhures Gataker escreveu: "Toda a doutrina da fé que estiver contida na Sagrada Escritura deve ser recebida; e aquela comparação da Escritura com a Escritura pode fornecer muita luz a lugares mais obscuros" (Shadows Without Substance [Rogers, p. 407]).

Em seus resultados práticos, esta teoria significava que uma dada passagem era interpretada pela própria Bíblia, sendo colocada no contexto mais amplo de toda ela. Alexander Henderson afirmou que "a Escritura não pode ser autenticamente interpretada, senão pela Escritura".[70] Alguém chamou a Escritura "sempre o mais seguro expositor de si mesma".[71] A analogia da fé também significou que passagens obscuras eram interpretadas à luz de textos claros. John Owen afirmou como regra que "não afixamos sentido algum a passagens obscuras ou difíceis da Escritura senão o que é... consoante a outras expressões e textos claros".[72] Numa variedade de formas, a analogia da fé agiu como uma guarda contra interpretações excêntricas, baseadas em passagens isoladas da Bíblia, e ao mesmo tempo assegurou uma preocupação com uma vasta extensão da doutrina bíblica.

Lei e Evangelho. J.I. Packer disse que, "com Lutero, os reformadores viram a Escritura como sendo, em última análise, ou lei ou evangelho – por 'lei' subentendendo tudo que expõe nossa ruína pelo pecado e por 'graça' tudo que demonstra nossa restauração pela fé".[73] O quadro referencial, quando aplicado com flexibilidade, ajuda a organizar virtualmente qualquer passagem na Escritura. A Bíblia como um todo afirma um tema duplo – um negativo, o outro positivo.

Embora os Puritanos nem sempre usassem os termos de Lutero, lei e graça, eles interpretavam a Bíblia dentro de um quadro referencial semelhante. William Tyndale escreveu:

> *A Escritura contém... primeiro, a lei, para condenar toda a carne; e em segundo lugar, o evangelho, isto é, as promessas de misericórdia para todos que se arrependem e reconhecem seus pecados.*[74]

---

70 The Papers Which Passed at Newcastle... [Rogers, p. 412].

71 John Lightfoot, Works [Warfield, p. 304].

72 Works [Packer, p. 23]. John Ball escreveu: "Sempre se deve cuidar para que lugares obscuros não sejam expostos contrariamente à regra de fé estabelecida em lugares mais claros da Escritura" (A Short Treatise... [Warfield, p. 187]).

73 "Sole Fide: The Reformed Doctrine of Justification", em Soli Deo Gloria: Essays in Reformed Theology, ed. R.C. Sproul (Filadélfia, Presbyterian and Reformed, 1976), p. 11.

74 Prologue to Jonah [Clebsch, p. 164]. Samuel Rutherford dividia o conteúdo bíblico em "Lei e Evangelho"

William Perkins articulou o mesmo quadro referencial duplo ao discutir como conduzir a parte da aplicação de um sermão:

> *A base da aplicação é saber se o texto proposto é uma sentença da lei ou do evangelho... Pois a lei é até aqui eficaz ao declarar-nos a doença do pecado e, como consequência, exaspera-o ou atiça-o, mas não oferece remédio algum. Agora, o evangelho, como ensina o que é para ser feito, assim também tem a eficácia do Espírito Santo unida a ele ...*[75]

George Gillespie falou do "escopo geral" da Bíblia como sendo "humilhar o homem e exaltar a Deus".[76] Os termos puritanos mais comuns para o que tenho descrito eram "promessas" e "ameaças" de Deus.[77]

A BÍBLIA COMO LITERATURA

O séc. XX popularizou a frase "a Bíblia como literatura". A ironia do fato, como observa C.S. Lewis,[78] é que o conceito virou moda apenas depois que a maioria do povo de fala inglesa cessou de crer na Bíblia como um livro sagrado. Nossa própria época perpetuou uma dicotomia entre incrédulos que leem a Bíblia apenas como literatura e cristãos crentes que estão em boa parte alheios ao fato de que, em seus gêneros e estilos de escrita, a Bíblia está muito mais próxima a uma antologia de literatura do que a um livro de teologia. Para a síntese que vê a Bíblia tanto como um livro sagrado quanto como uma obra de literatura, precisamos voltar à época puritana.

(The Trial and Triumph of Faith... [Rogers, p. 357]).

75 The Art of Prophesying [Breward, pp. 341-42].

76 A Treatise of Miscellany Questions [Warfield, p. 176].

77 Edward Reynolds, por exemplo, falou da "misericórdia e graça de Deus nas promessas" e das "ameaças de Deus estabelecidas em sua Palavra, e executadas em seus julgamentos sobre homens ímpios" (Sermão em Oséias [Rogers, p. 374]). A Westminster Confession (XIV, sec. ii) usou os termos "ordens", "ameaças e promessas" contidas na Bíblia [Kaufmann, p. 203].

78 The Literary Impact of the Authorized Version (Filadélfia, Fortress, 1963), pp.29-34.

O que significa dizer que a Bíblia é parcialmente literária por natureza? Primeiramente, três coisas: a Bíblia muitas vezes toma a experiência humana concreta como seu sujeito; ela frequentemente mostra uma perfeição de estilo e técnica que se pode apenas chamar de artística; além de consistir predominantemente de formas ou gêneros literários em vez da escrita expositiva. Em todos os três aspectos os puritanos tinham uma compreensão da natureza literária da Bíblia.

Ao nível da matéria, a literatura toma a real forma da experiência humana como seu foco. Ela apresenta a experiência humana em vez de falar abstratamente sobre ela. Ela apela para nossa imaginação – para nossa capacidade de fazer imagens e de percebê-las. William Ames, o arquilógico entre os puritanos, nos surpreende ao afirmar, tão bem quanto nunca vi declarado, como a literatura funciona:

> *Em forma de expressão, a Escritura não explica a vontade de Deus por regras universais e científicas, mas por histórias, exemplos, preceitos, exortações, admoestações e promessas. Esse estilo adapta-se melhor ao uso comum de todos os tipos de homens e também afeta a vontade ao suscitar motivações piedosas, o que é o fim principal da teologia.*[79]

Richard Sibbes foi igualmente claro quanto ao fato de que a Bíblia não se contenta em apresentar a verdade abstrata e intelectualmente: "Depois de Deus haver revelado verdades espirituais, e a fé lhes haver apreendido, então a imaginação opera, enquanto a alma se une ao corpo".[80] Henry Lukin resumiu a ideia dizendo: "Por isso os exemplos são uma força maior do que os preceitos, e de uma certa forma compelem".[81]

Os puritanos também demonstraram uma consciência da arte com que a Escritura expressa sua verdade. Thomas Gataker foi particularmente esclarecido no assunto:

---

79 The Marrow of Theology, pp. 187-88.
80 The Soul's Conflict [Lewalski, p. 167].
81 An Introduction to the Holy Scriptures [Kaufmann, p. 70].

Entre os Salmos, há alguns deles sobre os quais o prazer do Espírito Santo foi que os escritores se entregassem ao esforço mais do que o comum, e mais arte do que a ordinária se devesse mostrar, no montá--los e projetá-los: e onde Ele usa mais arte podemos bem esperar mais excelência.[82]

George Wither chamou os Salmos de a "mais excelente poesia lírica jamais inventada", e Milton acreditava que as partes poéticas da Bíblia, "não em seu argumento divino apenas, mas na própria... arte da composição", são "incomparáveis", acima de toda a poesia extrabíblica.[83]

Deus inspirou as formas da Bíblia ou apenas o conteúdo? Os puritanos não apenas fizeram a pergunta como implicitamente a responderam, dizendo que as formas da Bíblia são dignas da nossa atenção e admiração. Eles falaram repetidamente do que um deles chamou de "a majestade do estilo" da Bíblia.[84]

Abordar a Bíblia como literatura também significa ser sensível às suas formas e gêneros literários, e aqui também os puritanos são um guia confiável. Os dois gêneros dominantes na Bíblia são a narrativa, ou a história, e a poesia. A premissa básica da narrativa é que o narrador fala por meio dos personagens e dos eventos, não na forma de argumentos lógicos. A narrativa incorpora o significado num exemplo ou situação concretos.

Era assim exatamente como os puritanos viam a narrativa bíblica. William Perkins, após dividir os livros do Velho Testamento em três categorias, histórica, dogmática e profética, comentou que os livros históricos (de Gênesis a Jó) são "histórias de coisas feitas para a ilustração ou confirmação daquelas doutrinas propostas em outros livros".[85] Richard Rogers explicou deste modo seu propósito em um comentário de Juízes:

---

82 David's Instructor: A Sermon [Rogers, p. 300].

83 Wither, Preparation to the Psalter [Lewalski, p. 80]; Milton, Reason of Church-Government [CPW, 1:816].

84 George Gillespie, A Treatise of Miscellany Questions [Warfield, p. 175].

85 The Art of Prophesying [Kaufmann, p. 81].

Eu pretendi... beneficiar estudantes e pregadores... para que possam aprender como fazer uso da parte histórica da Bíblia, extraindo doutrina e instrução desses exemplos.[86]

O resultado deste interesse pela narrativa bíblica como uma fonte de verdade teológica foi todo um corpo de pregação e exegese puritana, que tratava os personagens e os eventos bíblicos como exemplos de princípios gerais que eram relevantes ao povo em qualquer época.

A outra categoria importante da literatura bíblica é a poesia. O princípio importante aqui é que a poesia utiliza um idioma especial que compreende imagens e figuras de linguagem. A poesia é baseada numa espécie de ensino indireto. Como a narrativa, portanto, ela requer interpretação. Os puritanos tinham muito a dizer sobre a linguagem figurada da Bíblia.

A regra mais geral para interpretar a poesia foi exposta por John Ball como a necessidade de determinar "se as palavras seriam faladas figuradamente ou simplesmente".[87] Thomas Hall, de igual modo, afirmou a necessidade de se prestar atenção às "metáforas, metonímias, sinédoques etc." na Bíblia, acrescentando que a "ignorância da retórica é a base de muitos erros" na interpretação bíblica.[88] Wither falou dos "símiles, metáforas, hipérboles, comparações" nos Salmos, sendo Richard Sibbes igualmente sensível a como "Deus condescendeu em representar as coisas celestiais sob termos terrenos".[89]

Virtualmente todo comentarista puritano mostrou semelhante familiaridade com as formas da poesia. Um moderno literato tem demonstrado como criam os protestantes do séc. XVII na "centralidade da linguagem figurada para a verdade teológica". Eles viam a linguagem poética não como

---

86 A Commentary Upon the Whole Book of Judges [Kaufmann, p. 82].
87 A Short Treatise... [Warfield, p. 186].
88 Rhetorica Sacra [Lewalski, p. 83].
89 Wither, A Preparation to the Psalter [Baroway, p. 466]; Sibbes, The Soul's Conflict [Lewalski, p. 166].

Os Puritanos eram um povo do Livro. Aqui um personagem na obra de Bunyan, *O Peregrino*, lê a Bíblia.
Cortesia das coleções especiais da Biblioteca do Wheaton College.

um ornamento, mas como um veículo para a verdade divina: "A pressuposição regente... era de que a linguagem poética da Escritura em si... é um veículo da verdade, validado pelo próprio Deus, que escolheu tais formas para sua revelação".[90]

Para resumir, os comentaristas puritanos manejavam a Bíblia com sensibilidade a suas formas e seus estilos literários. Eles reconheciam a tendência da Bíblia de incorporar a verdade em imagens concretas e gêneros literários, como a narrativa e a poesia. Eles também admiravam sua excelência estilística.

O PODER ATINGIDOR DA BÍBLIA

Para os puritanos, a Bíblia era um livro de informação e teologia, mas também era mais do que isso. Era um livro de influência – um livro com uma habilidade extraordinária de mover e influenciar uma pessoa.

Um princípio-chave subjacente à experiência puritana da Bíblia era a convicção de que ela é perpetuamente relevante e atual. William Ames escreveu:

> *Embora várias partes da Escritura tenham sido escritas sob uma ocasião especial e tenham sido dirigidas a homens e assembleias particulares, na intenção de Deus elas são para a instrução dos fiéis de todas as épocas, como se fossem especialmente dirigidas a eles.*[91]

Isaac Ambrose acreditava que o conteúdo da Bíblia é "diariamente testemunhado nos outros e em meu próprio ser", e o conselho de Thomas Gouge com respeito às ordens e aos avisos da Bíblia foi: "De tal forma aplicá-los a ti, como se Deus nominalmente te houvesse comunicado".[92]

---

90 Lewalski, pp. 78, 83.

91 The Marrow of Theology, p. 187.

92 Ambrósio, Prima, Media, and Ultima [Kaufmann, p. 203]; Gouge, Christian Directions [Kaufmann, p. 2051].

Com relação aos detalhes na Bíblia como ilimitados na sua aplicação, os puritanos produziram uma riqueza de sermões, histórias e diários nos quais liam suas próprias experiências em termos da história e dos personagens da Bíblia.

> *Convencidos de que a Bíblia falava a suas próprias situações, os puritanos defenderam a ideia da leitura diária da Bíblia. John Preston falou pela maioria dos puritanos quando escreveu: "Se desejas abundar na graça... estuda as Escrituras, atende bem a elas, medita muito nelas dia e noite".[93] Richard Greenham advertiu: "Sempre esteja se concentrando, meditando, lendo, ouvindo e falando da Palavra de Deus".[94]*

Os puritanos sabiam que não há nada de mágico quanto a ler a Bíblia. A leitura da Bíblia não produz quaisquer efeitos automaticamente, da forma como o chão absorve a chuva. Tudo depende de como a mente e a vontade individuais atuam sobre a Palavra. Os puritanos viam o contato com a Bíblia como um trampolim para a ação. Tal progresso começava com um assentimento da vontade ao conteúdo da Bíblia. John Bunyan descobriu "sua alma e a Escritura... a se abraçarem, e uma doce correspondência e acordo entre elas".[95] Mero conhecimento intelectual nunca foi o objetivo da leitura bíblica puritana. Nicholas Udall defendeu a tradução bíblica com base em que ela levava as pessoas "a não serem pesquisadoras curiosas dos mistérios elevados, mas a serem fiéis executores e realizadores das ordens de Deus".[96]

A chave para se permitir que a Bíblia seja um incentivo à ação era, de acordo com os puritanos, vê-la como pessoalmente aplicável. Robert Harris disse que "devemos ser cuidadosos ao lê-la, ouvi-la, e alojá-la em

---

93 The New Covenant [Coolidge, p. 145].

94 The Works [Knotts, p. 32].

95 A Few Sighs From Hell [Knott, p. 137].

96 Prefácio a The First Tome or Volume of the Paraphrases of Erasmus Upon the New Testament [Knott, p.26]. Isto ecoa a visão de Lutero de que "a Escritura certamente não contém palavras que são meramente para serem lidas... mas é cheia de palavras que devem ser vividas... não para se especular e filosofar a respeito, mas para tornar-se em vida e ação" (observações dedicatórias a uma interpretação do Salmo 118 [Plass, 1:84]).

nossos corações, aplicá-las junto a nossas consciências, e então ela sarará nossos corações".[97] Cornelius Burges escreveu:

> É a grande falta de muitos, quando leem nas Escrituras das maravilhosas proteções e livramentos, as observarem apenas para admirá-los, mas não para se voltarem em virtude disso a Deus para algo semelhante.[98]

Increase Mather observou que a Bíblia "alcança os próprios pensamentos do teu coração", enquanto Henry Lukin comentou que

> ao ler qualquer mandamento ou proibição na Escritura devemos fazer particular aplicação deles a nós mesmos, como se Deus o tivesse dirigido a nós em particular ou tivesse falado conosco pelo nome ou enviado uma mensagem especial do céu para nós.[99]

Por verem o contato com a Bíblia como dinâmico em vez de estático, os puritanos tinham enorme fé no poder afetivo da Escritura. Edward Reynolds escreveu: "Embora os homens fossem tão duros como rochas, a Palavra é um martelo que pode quebrá-los; embora tão afiados como espinhos e sarças, a Palavra é um fogo que pode devorá-los e atormentá-los".[100] George Gillespie falou do "irresistível poder sobre a consciência" que a Bíblia possui, enquanto Nicholas Udall chamou a Escritura de "o fogo consumidor da palavra de Deus".[101] John Goodwin observou que

> o mundo agora, por muitas gerações juntas, teve um experimento [experiência] completo deste grande poder do qual falamos, irrompendo

---

97 A Treatise of the New Covenant [Rogers, p. 385].

98 Another Sermon [John Wilson, p. 144].

99 Mather, Substance of Sermons [Carden, p. 40]; Lukin, An Introduction to the Holy Scriptures [Kaufmann, p. 238].

100 An Explication of the Hundred and Tenth Psalm [Rogers, p. 356].

101 Gillespie, A Treatise of Miscellany Questions [Warfield, p. 175]; Udall, Prefácio a The First Tome... [Knott, p. 26].

das Escrituras no ministério a eles, como fogo ou relâmpago da nuvem,
pelo que seus corações e almas foram reavivados, preparados e levanta-
dos, como se fossem dos mortos.[102]

O equivalente inglês ao momento quando Martinho Lutero esteve em julgamento e declarou: "Estou preso às Escrituras", foi o julgamento de John Rogers, em 1555. No julgamento de Rogers, perante a Alta Comissão sobre acusações de heresia, o Bispo Stephen Gardiner, Ministro da Justiça da Rainha Maria, afirmou: "Não, não, não se pode provar nada pela Escritura, a Escritura está morta: ela precisa ter um expositor vivo". Ao que Rogers replicou: "Não, a Escritura está viva".[103] Este foi, de fato, o lema inarticulado de dois séculos de puritanos.

SUMÁRIO

Os puritanos eram um povo do Livro. Eles tornaram a Bíblia acessível a todos, traduzindo-a para o inglês. Eles consideravam a Bíblia um guia digno de confiança para toda a vida. Para os puritanos, além do mais, a Bíblia era um livro vivo, singularmente poderoso para afetar o comportamento e destino de uma pessoa.

Os puritanos também legaram os princípios de interpretação bíblica que ainda permanecem – a ênfase no plano puro do significado em vez da arbitrária alegorização; a dependência da iluminação do Espírito Santo para qualquer verdadeiro investigador da verdade da Escritura; a atenção ao contexto da passagem; a certeza da unidade da Bíblia; a distinção entre lei e evangelho como os temas bíblicos dominantes, e a sensibilidade à dimensão literária da Bíblia.

O que significava a Bíblia para os puritanos? O prefácio à Bíblia de Genebra é um resumo adequado: a Bíblia é "a luz para nossos caminhos, a

---

102 The Divine Authority of the Scripture Asserted [Knott, p. 36].

103 John Foxe, Acts and Monuments [Knott, p. 13].

chave do reino do céu, nosso conforto na aflição, nossa proteção e espada contra Satanás, a escola de toda sabedoria, o espelho no qual contemplamos a face de Deus, o testemunho do seu favor, e o único alimento e nutrição das nossas almas".

Pense, em toda linha que lê, que Deus está falando com você.
– Thomas Watson

O fundamento da verdadeira igreja de Deus é a Escritura.
– John Lightfoot

A Escritura contém... primeiro a lei, para condenar toda a carne; e em segundo lugar, o evangelho, isto é, as promessas de misericórdia para todos que se arrependem e reconhecem seus pecados.
– Wilham Tyndale

O Puritanismo foi um movimento culto. Especialmente influente foi o Emmanuel College, Universidade de Cambridge.

CAPÍTULO 9

EDUCAÇÃO

A verdade vem de Deus, onde quer que
a encontremos, e é nossa. – RICHARD SIBBES

T S. Eliot certa vez observou que "devemos derivar nossa teoria da educação de nossa filosofia de vida. O problema torna-se um problema religioso".[1] Os puritanos teriam concordado. Nunca houve melhor exemplo de educação partindo de uma filosofia de vida do que o fornecido pelos eles.

A teoria da educação que estou para esboçar é um corretivo não apenas para a educação secular como para muito da educação cristã também. Alguns porta-vozes da educação cristã hoje, que se presumem dentro da tradição da Reforma, estão de fato fora dela.

OS PURITANOS COMO DEFENSORES DE EDUCAÇÃO

Antes de ver a filosofia puritana da educação, podemos proveitosamente observar alguns fatos e estatísticas concernentes ao movimento puritano na educação. Este esboço histórico revelará que o zelo puritano pela educação foi um dos aspectos mais notáveis do movimento.

---

1 "Modern Education and the Classics", em Essays Ancient and Modern (Nova York, Harcourt, Brace, 1932, 1936), p. 169.

Na América, nenhum dos outros colonizadores de fala inglesa estabeleceu tão cedo a educação universitária após sua chegada quanto o fizeram os puritanos. Apenas seis anos depois da sua chegada na Baía de Massachusetts, o Tribunal Geral votou quatrocentas libras "para uma escola ou faculdade".[2] Assim estabelecida, a faculdade de Harvard foi mantida durante seus primeiros anos parcialmente pelo sacrifício de fazendeiros, que contribuíram com trigo para sustentar professores e alunos.[3]

No famoso documento do puritanismo americano, intitulado New England's First Fruits (1643) (Os Primeiros Frutos da Nova Inglaterra), lemos este relato do que estava por detrás da fundação do Harvard College:

> Depois que Deus nos levara a salvo para a Nova Inglaterra, e havíamos construído nossas casas, fornecido o necessário para nossa sobrevivência, criado lugares convenientes para o culto a Deus, e estabelecido o governo civil, uma das próximas coisas que desejávamos e buscávamos era dar continuidade ao estudo e perpetuá-lo para a posteridade.[4]

Cotton Mather chamou aquele ato de "a melhor coisa no que a Nova Inglaterra jamais pensara", acrescentando que os puritanos "estavam desejosos de deixar as colônias mais ricas, que retinham os costumes da Igreja da Inglaterra, verem 'o quanto a religião verdadeira era uma amiga da boa literatura'".[5]

Fundar escolas tornou-se a marca do puritanismo americano. "Senhor, por escolas em todo lugar entre nós!", orou John Eliot num sínodo das igrejas de Boston nos seus primeiros dias; "Oh, que nossas escolas possam florescer! Que cada membro desta assembleia possa ir para casa e consiga

---

2 Miller/Johnson, 2:700.

3 Ibid., 1:14.

4 Ibid., 2:701.

5 Magnalia Christi Americana, livro 4, pt. 1.

uma boa escola para ser encorajado na cidade onde mora".[6] Uma lei de Massachusetts, de 1647, ordenou o estabelecimento de escolas, e Connecticut fez o mesmo três anos depois. O Código de New Haven, de 1655, ordenava a todos os pais e mestres a providenciarem meios para ensinarem seus filhos e aprendizes.[7]

Este respeito pela educação foi igualmente característico do puritanismo inglês. O número de escolas primárias dobrou na Inglaterra enquanto os puritanos estavam em ascendência.[8] John Knox teve a ousadia de recomendar ao Grande Conselho da Escócia que "vossas Senhorias sejam ao máximo cuidadosos da educação virtuosa e da santa instrução dos jovens desta região".[9] Um puritano inglês disse ao Parlamento:

> *Aquele Deus que é sabedoria abstrata e tem prazer em que suas criaturas racionais busquem por ele, e que seus ministros estudem para propagá-la, esperará que sejam pais adotivos do conhecimento.[10]*

Oliver Cromwell foi pessoalmente responsável por estabelecer uma faculdade em Durham.[11]

Modernos historiadores da educação dão crédito aos puritanos por grandes empreendimentos educacionais. Um deles diz que, "sob vários aspectos, o Commonwealth da Inglaterra foi um período quando os estudos universitários alcançaram um ápice".[12] Entre 1640 e 1660 as autoridades puritanas assumiram um papel ativo na regulamentação das escolas da nação e no esta-

---

6 Crawford, pp. 12-13. A mesma fonte fornece dados sobre o estabelecimento de escolas na Nova Inglaterra.

7 Ellwood P. Cubberly, A Brief History of Education (Boston, Houghton Mifflin, 1922), pp. 195-96.

8 Knappen, Tudor Puritanism, p. 469. A história de Foster Watson sobre as escolas de primeiro grau conclui que "as escolas de primeiro grau inglesas ganharam muito de sua vitalidade e inspiração da vida nacional, em sua mais intensa manifestação, no puritanismo" (pp. 538-39).

9 Book of Discipline [Porter, Tudor England, p. 1981.]

10 Citado em Miller, Seventeenth Century, p. 69.

11 Ashley, p. 142.

12 J.W. Ashley Smith, The Birth of Modern Education, p. 12. Maurice Ashley chama os anos da Comunidade de "um período de viva atividade na educação", sendo a Londres de 1650 "um centro do pensamento filosófico e científico originais" (p. 142).

belecimento de novas escolas. O Ato de Propagação de 1641 foi instrumental na fundação de mais de sessenta escolas livres em Gales, todas as quais desapareceram após a Restauração.[13] Cromwell "fundou ou reabriu inúmeras escolas primárias, e também determinou que professores fossem enviados pelo país afora para suprir as necessidades educacionais".[14]

DEFESAS PURITANAS DO ESTUDO CONTRA O ANTI-INTELECTUALISMO

A educação sempre precisou de defesa contra forças anti-intelectuais na sociedade e dentro da igreja. No séc. XVII, protestantes radicais na Inglaterra conhecidos como "sectários" mantinham um ataque constante aos puritanos e a outros que enalteciam o valor da educação e a importância da razão. Seus correspondentes na América, conhecidos como "os antinomistas", criaram tamanho distúrbio que os puritanos finalmente os baniram para Rhode Island. Um dos antinomistas afirmou sua preferência ao pregar, com o comentário: "Prefiro ouvir alguém que fala pela mera movimentação do espírito, sem qualquer estudo que seja, do que a qualquer um dos seus eruditos, embora ele possa estar mais cheio da Escritura".[15]

Os puritanos maciçamente defendiam a causa do estudo e a faculdade da razão contra tais ataques à mente. Para eles, o zelo não era um substituto para o conhecimento. John Preston declarou: "Eu não nego que um homem possa ter muito conhecimento sem ter graça, mas, por outro lado... não se pode ter mais graça do que se tem conhecimento".[16] Richard Baxter acreditava que "a educa-

---

13 James, pp. 314-326. A respeito do declínio da educação, após a Restauração, Schlatter escreve: "Claramente, a Igreja da Inglaterra, em conjunção com o governo, estava disposta a sacrificar muito do progresso que havia sido feito pelos puritanos a fim de eliminar a dissensão inteiramente" (p. 46).

14 Greaves, Puritan Revolution and Educational Thought, p. 15. Alhures Greaves observa que, "com a exceção dos presbiterianos, os puritanos evidenciaram mais interesse em questões educacionais do que em questões de política eclesiástica" (Society and Religion, p. 329).

15 Citado em Miller, Seventeenth Century, p. 74. Greaves, Puritan Revolution and Educational Thought, documenta em detalhe como os puritanos ingleses defendiam o conhecimento, a aprendizagem e a razão, contra os ataques anti-intelectuais de sectaristas na Inglaterra de meados do séc. XVII.

16 The New Covenant [Axtell, p. 12].

ção é o meio ordinário de Deus para a comunicação da sua graça, tanto quanto a pregação da Palavra não devia ser colocada em oposição ao Espírito".[17] John Cotton declarou que, embora "o conhecimento não seja conhecimento sem zelo, este é um fogo descontrolado sem conhecimento".[18]

Os sectários e antinomistas visualizavam a fé e a razão como antagônicas. Os puritanos rejeitavam a perene tentativa de menosprezar a razão em questões religiosas. "A fé é baseada no conhecimento", disse Samuel Willard; "embora Deus seja... visto pelo olho da fé, ele também deve ser visto pelo olho da razão: pois embora a fé veja as coisas acima da razão, nada vê senão por meio da razão".[19] John Preston escreveu que a graça divina que

> eleva a razão, e a torna mais alta, a faz ver além do que a razão poderia, é de fato contrária à razão corrupta, mas à razão que é razão certa não é contrária, apenas a eleva ainda mais; e, portanto, a fé não ensina algo contrário ao senso e à razão.[20]

John Cotton chamou a razão de "uma indispensável sabedoria em nós", e William Hubbard, "nossa melhor e mais fiel conselheira".[21]

A fé puritana na autoridade da Bíblia não os levou a menosprezar a razão como irrelevante. Cotton Mather fez o profundo comentário de que "a Escritura é razão em sua forma mais elevada".[22] As primeiras leis da faculdade de Harvard exigiam que os estudantes fossem capazes não apenas de ler as

---

17 The Autobiography of Richard Baxter [Axtell, p. 12].

18 Christ the Fountain of Life [Miller/Jolínson, 1:22].

19 Citado em Miller, Seventeenth Century, pp. 67 e 171. Cotton Mather fez reivindicações semelhantes: "Toda graça entra na alma através do entendimento" (Cores About the Nurseries [Edmund Morgan, Puritan Family, p. 89]). Mather também teorizou que, para se crer na doutrina católica da transubstanciação, uma pessoa deve "perder inteiramente todo o uso do senso comum e da razão, naquelas mesmas coisas em que o próprio Deus lhe fez juiz" (Citado em Miller, Seventeenth Century, p. 71).

20 The Cup of Blessing [Miller/Johnson, 1:39].

21 Cotton, A Practical Commentary... [Miller/Johnson, 1:24]; Hubbard, The Happiness of a People [Miller/Johnson, p. 1:24].

22 Reasonable Religion [Middlekauff, p. 297].

Escrituras, mas também "de interpretá-las logicamente".[23] Uma pista do que isto acarretava é sugerida pela descrição de Richard Baxter das instâncias em que os cristãos devem usar sua razão:

> *Devemos usar nossa melhor razão... para saber quais são as verdadeiras Escrituras Canônicas... para expor o texto, para traduzi-lo fielmente... para reunir justas e certas inferências das afirmações da Escritura, para aplicar regras gerais a casos particulares, em assuntos de doutrina, culto, disciplina e prática costumeira.*[24]

William Bridge soou a autêntica nota puritana quando escreveu que "a razão é de grande uso, mesmo nas coisas de Deus".[25] Thomas Hooker foi elogiado por seu colega Samuel Stone por fazer "a verdade aparecer pela luz da razão".[26]

Dadas as forças do anti-intelectualismo operante no seu próprio meio religioso, os puritanos poderiam ter caído num desprezo da razão. Ao invés disto, eles permaneceram defensores da razão e do conhecimento.

A AVERSÃO PURITANA À IGNORÂNCIA

A defesa puritana do estudo e da razão teve como contraparte uma aversão incomum à ignorância, especialmente em assuntos religiosos. O impulso por trás da fundação do Harvard College pelos puritanos foi seu "pavor de deixar um ministério inculto às igrejas, quando nossos atuais ministros repousarem no pó".[27] Ebenezer Pemberton, num sermão fune-

---

23 Morison, Founding of Harvard College, p. 337.

24 The Judgment of Non-Conformists of the Interest of Reason in Matters of Religion [Miller, Seventeenth Century, p. 72]. Baxter também teorizou que "os mais religiosos são os mais verdadeiramente e mais nobremente racionais".

25 Scripture-Light... [Warfield, p. 234].

26 Citado em Miller, Seventeenth Century, p. 69.

27 New England's First Fruits [Miller/Johnson, 2:701].

rário pregado na morte do honrável John Walley, declarou que, "quando a ignorância e a barbaridade invadem uma geração, sua glória é deitada no pó".[28] Thomas Hooker exclamou com relação ao povo inglês do seu tempo: "É incrível e inconcebível a ignorância que há entre eles", enquanto William Perkins era da opinião de que "onde reina a ignorância aí reina o pecado".[29]

Dizer que os puritanos valorizavam uma mente educada não é subentender que eles achavam aquele ideal fácil de se obter. Os obstáculos eram os mesmos de agora: a preguiça mental, a complacência e a pretensão da ignorância, as pressões do tempo e a tentação de se acumular dinheiro em vez de pagar por uma educação.

Líderes puritanos, pelo menos, valorizavam uma mente educada acima de riquezas materiais. Cotton Mather advertiu sua congregação com o comentário: "Se a sua principal preocupação for ganhar as riquezas deste mundo para seus filhos, e deixá-los fartos com as coisas deste mundo, parece muito suspeitosamente que vocês mesmos são pessoas deste mundo, pessoas cuja porção está apenas nesta vida".[30] John Milton prestou este comovente tributo a seu pai quando se aproximava do término de sua educação universitária:

Pai, não me mandaste ir onde o caminho largo se abre, onde o dinheiro escorre mais facilmente às mãos, e a dourada esperança de acumular riqueza brilha forte e certa... desejando, porém, que minha mente fosse cultivada e enriquecida... Que maior riqueza um pai poderia ter dado... embora tivesse dado tudo menos o céu?[31]

---

28 Sermons and Discourses on Several Occasions [Miller/Johnson, 1:18].

29 Hooker, The Soul's Preparation for Christ [Miller/Johnson, 1:12]; Perkins, The Foundation of Christian Religion Gathered into Six Principles [Axtell, p. 12]. Richard Rogers registrou em seu Diary que experienciava "muita aflição" por causa de suas "carências de conhecimento" (Knappen, Two Elizabethan Puritan Diaries, p. 59).

30 What the Pious, Parent Wishes [Edmund Morgan, Puritan Family, p. 87].

31 To My Father [the Complete Poetical Works of John Milton, ed. Douglas Bush (Boston, Houghton Mifflin, 1965), p. 100].

Estabelecer a correta prioridade de valores tem sido a agenda oculta para cada geração de cristãos. Em dias de meios materiais relativamente modestos, muitos puritanos demonstraram pelas suas ações que valorizavam o estudo acima dos bens.

O PROPÓSITO CRISTÃO DA EDUCAÇÃO

Albert Einstein uma vez observou que vivemos em tempos de meios perfeitos e objetivos confusos. Os puritanos não cometeram esse erro. A força de sua teoria educacional era que sabiam para que era a educação. Seu objetivo primeiro era a nutrição e crescimento cristãos. Os estatutos do Emmanuel College, a faculdade mais puritana da Universidade de Cambridge, afirmavam: "Há três coisas as quais acima de tudo desejamos que todos os alunos desta faculdade atendam, a saber, o culto a Deus, o crescimento da fé e a probidade na conduta".[32] John Knox exortou o Conselho da Escócia a ser "ao máximo cuidadosos da educação virtuosa e da santa instrução dos jovens desta região", "para a promoção da glória de Cristo".[33]

Os puritanos americanos expressaram os mesmos objetivos religiosos quanto à educação. A causa imediata para a fundação do Harvard College foi religiosa, como já vimos. Uma regra observada na nova faculdade era esta:

Que todo estudante seja claramente instruído e seriamente forçado a considerar bem que o principal fim da sua vida e de seus estudos é conhecer a Deus e a Jesus Cristo, que é a vida eterna, João 17:3; e, portanto, pôr a Cristo na base, como o único fundamento de todo conhecimento e sã doutrina.[34]

---

32 Porter, Tudor England, p. 185.

33 Ibid., p. 198. A "Order of Schools", preparada sob os auspícios de Knox, afirmou a necessidade de escolas "em que jovens possam ser treinados no conhecimento e no temor de Deus" (Frederick Eby, Early Protestant Educators [1931; reimpressão, Nova York, AMS Press, 1971], p. 275). Tudo isso faz lembrar a ênfase semelhante de Lutero, que louvou o concílio de Nuremberg por manter uma escola que contribuía para a "eterna salvação assim como para o bem-estar temporal e para a honra" de estudantes (A Sermon on Keeping Children in School [Lutero, Works, 46:214]).

34 New England's First Fruits [Miller/Johnson, 2:702].

Quando seu filho entrou em Harvard como estudante, Thomas Shepard lhe escreveu: "Lembre-se do fim de sua vida, que é voltar para Deus novamente e comungar com Ele".[35]

O objetivo religioso da educação era evidente no mais famoso ato educacional jamais visto na América. É conhecido como "O Ato do Velho Enganador" e estabelecia a educação pública gratuita em Massachusetts, em 1647. A razão que o Tribunal Geral de Massachusetts deu para o estabelecimento de uma escola de leitura foi esta: é "um dos objetivos principais do velho enganador, Satanás, privar os homens do conhecimento das Escrituras".[36] A maneira de frustrar Satanás, de acordo com os puritanos, era educar as pessoas para lerem e estudarem a Bíblia.

É óbvio que eles se chocariam com uma educação secular destituída de propósito religioso. Na sua opinião, tal educação careceria do ingrediente mais essencial. Cotton Mather o expressou assim:

> Antes e acima de tudo, é no conhecimento da religião cristã que os pais devem educar seus filhos... O conhecimento de outras coisas, embora seja empreendimento tão desejável, nossos filhos podem chegar à felicidade eterna sem ele. Mas o conhecimento da santa doutrina nas palavras do Senhor Jesus Cristo é um milhão de vezes mais necessário.[37]

O pregador inglês Thomas Gataker via as coisas da mesma forma:

> Que os pais aprendam sobre ao que visar na educação de seus filhos... não pensar apenas em como fornecer-lhes possessões... mas lutar para instruí-los na sabedoria e no entendimento verdadeiros.[38]

---

35 Ibid., p. 715.

36 Massachusetts Laws of 1648 [Edmund Morgan, Puritan Family, p. 88].

37 Cares About the Nurseries [Edmund Morgan, Puritan Family, p. 90].

38 A Good Wife God's Gift [Emerson, English Puritanism, p. 215]. Lutero e Calvino haviam dito coisas semelhantes sobre as limitações da aprendizagem puramente humanística. Lutero disse: "Pois certamente queremos dispor não apenas para a barriga de nossos filhos, mas também para suas almas. Pelo menos isso é o que pais verdadeiramente cristãos diriam a respeito" (Tothe Councilmen of Germany, that They Establish and Maintain

É importante observar que os escritores puritanos, tratando do assunto, endereçam a maioria de seus comentários sobre o objetivo cristão da educação aos pais, e não aos educadores.. Na visão deles, a educação cristã começa em casa e é, em última análise, responsabilidade paterna. As escolas são apenas uma extensão da instrução e dos valores dos pais, não um substituto para eles.

A CENTRALIDADE DA BÍBLIA NO CURRÍCULO

Dada esta concepção religiosa de educação, os puritanos naturalmente tornaram central no currículo o estudo da Bíblia e da doutrina cristã. Esta prática pode ser remontada a Lutero, que havia insistido que, "acima de tudo, a leitura principal para todo mundo, tanto nas universidades como nas escolas, deveria ser as Sagradas Escrituras... Eu não aconselharia ninguém a enviar seu filho aonde as Sagradas Escrituras não são supremas".[39]

Os puritanos concordavam. Na Universidade de Cambridge, os estatutos da faculdade Emmanuel estabeleceram a Bíblia como central no currículo:

É uma antiga instituição da igreja... que as escolas e faculdades sejam fundadas para a educação dos jovens em toda piedade e boa aprendizagem e especialmente na Sagrada Escritura e na teologia, para que sendo assim instruídos possam depois disso ensinar a verdadeira e pura religião.[40]

Na faculdade de Harvard a regra era que

cada um deve exercitar-se de tal forma em ler as Escrituras duas vezes por dia que esteja pronto para prestar tal relatório de sua proficiência

---

Christian Schools [Lutero, Works, 45:349]). No mesmo assunto, Calvino escreveu que "o conhecimento de todas as ciências é mera fumaça, onde a celestial ciência de Cristo está faltando" (Comentário sobre I Coríntios 1:20).

39 To the Christian Nobility... [Lutero, Works, 44:205-7].

40 Estatutos da Faculdade Emmanuel [Porter, Tudor England, p. 182].

nisso... como seu professor venha a exigir... vendo que o estudo da Pala-
vra dá luz, dá entendimento aos simples, Salmo 119:130.[41]

O objetivo dos puritanos na sala de aula era medir todo o conhecimento humano pelo padrão da verdade bíblica. Embora o currículo
proposto por Milton contivesse leitura tanto clássica quanto cristã, as
obras de escritores como Platão e Plutarco foram submetidas finalmente
à "avaliação determinante de Davi e Salomão, dos evangelhos e cartas
apostólicas".[42] Thomas Hall escreveu que "devemos... trazer o conhecimento humano para casa para ser podado e aparado com sabedoria
espiritual".[43] Uma estipulação da Escola de Rivington, uma das muitas
escolas de primeiro grau fundadas pelos puritanos em Lancashire, Inglaterra, era que a instrução deve ser de acordo com "aquilo que está
contido na santa Bíblia".[44]

A DEFINIÇÃO DE MILTON DE EDUCAÇÃO CRISTÃ

A clássica frase do objetivo cristão da educação aparece no famoso tratado de Milton, Of Education (Da Educação), onde escreveu:

O fim então do estudo é reparar as ruínas de nossos primeiros pais, re-
cuperando o correto conhecimento de Deus, e a partir deste conhecimento
amá-Lo, imitá-Lo, ser como Ele.[45]

Milton define a educação em termos do que ela se propõe a realizar. Podem existir muitos meios de se alcançar a educação cristã, mas por enquanto
é melhor não perdermos de vista o que ela é.

---

41 New England's First Fruits [Miller/Johnson, 2:702].

42 Of Education [CPW, 2:397].

43 Vindiciae Literarum [Greaves, Puritan Revolution and Educational Thought, p. 122]. Henry Thurman,
enquanto estudante em Oxford, teve como ideal "o estudo do conhecimento humano em subordinação à teologia" (A Defense of Humane Learning in the Ministry [Greaves, p. 37]).

44 Victoria County History of Lancashire [Derek Wilson, p. 136].

45 CPW, 2:366-67.

Na visão de Milton, a educação não é aquilo a que as pessoas sempre a reduzem – completar um certo número de cursos, escrever um certo número de trabalhos, "livrar-se de um pré-requisito", ou adquirir um diploma (embora talvez não uma educação). Milton, o educador, está menos interessado no quanto uma pessoa sabe do que no tipo de pessoa na qual ela está em processo de tornar-se.

O objetivo da educação, na definição de Milton, focaliza o relacionamento da pessoa com Deus. Conduzida apropriadamente, a educação de uma pessoa faz dele ou dela um melhor cristão. Milton até descreve a educação como um processo de santificação, quando escreve que o objetivo é "conhecer a Deus corretamente, e a partir deste conhecimento amá-Lo, imitá-Lo, e ser como Ele". Nós costumeiramente limitamos a santificação ao progresso moral e espiritual; para Milton, tornar-se como Deus pode significar compartilhar do amor de Deus à verdade e à beleza assim como da sua santidade.

Os puritanos mantiveram o objetivo religioso da educação claramente à vista. Eles tinham grandes expectativas para a educação cristã, a qual concebiam muito abrangentemente. Enquanto nossa sociedade hoje está preocupada com habilidades comerciáveis, os puritanos estiveram ocupados com tornar-se como Deus.

O IDEAL DAS ARTES LIBERAIS*

A ênfase puritana no elemento cristão da educação não surpreenderá a ninguém. Aquela ênfase, no entanto, é apenas metade do quadro. A outra metade não chega nem perto de ser tão bem conhecida. Enquanto o propósito da educação puritana era religioso, seu conteúdo eram as artes liberais. Faculdades puritanas foram estabelecidas primeiramente para proporcionar um clero educado, mas isto não significava que eram seminários ou faculdades teológicas. Elas eram faculdades cristãs de artes liberais.

Esta preocupação com uma educação ampla em todas as matérias foi influenciada pelos reformadores continentais, especialmente Lutero e Calvino. Lutero havia escrito para os conselheiros da Alemanha:

Se tivesse filhos e pudesse dar conta disso, eu os poria a estudar não apenas línguas e História, mas também canto e música, juntos à matemática... Os gregos antigos treinaram seus filhos nestas disciplinas; eles cresciam para serem pessoas de habilidades extraordinárias, subsequentemente aptas para tudo.[46]

"Aptas para tudo" – este sempre foi o objetivo da educação liberal, como sendo distinto do treinamento vocacional.

A pessoa apta para tudo também era o ideal puritano. Robert Cleaver teorizou que, não importando em que profissão entrasse,

quanto mais habilidade e conhecimento ele tem nas ciências liberais, muito mais cedo aprende sua ocupação e mais preparado... estará nela.[47]

Em Dorchester, Massachusetts, nos regulamentos de 1645, o professor era obrigado a instruir seus alunos "tanto no conhecimento humano quanto na boa literatura", com a parte final da frase denotando as ciências humanas como distintas de uma educação vocacional.[48]

Visto que os primeiros colonizadores tiveram de lutar com a selva para sua sobrevivência, poderíamos imaginar que teriam sido indiferentes às artes liberais, mas o inverso é verdadeiro. Cotton Mather louvou o presidente Charles Chauncy, de Harvard, não apenas por "quão constantemente ele expunha as Escrituras a eles no 'hall' da faculdade", mas também por "quão sabiamente ele... transmitia todos os conhecimentos liberais àqueles que sentavam a seus pés".[49] Os estudantes ministeriais em Harvard não apenas aprendiam a

---

46 To the Councilmen... [Lutero, Works, 45:369-70]. Calvino era semelhantemente comprometido com as artes liberais. Em sua academia em Genebra, das vinte e sete preleções semanais, três eram em teologia, oito em hebraico e Velho Testamento, três em ética, cinco em oradores e poetas gregos, três em física e matemática e cinco em dialética e retórica. Os textos incluíam trabalhos de Virgílio, Cícero, Ovídio, Tito Lívio, Homero, Aristóteles, Platão e Plutarco (Eby, p. 253; W. Stanford Reid, "Calvin and the Founding of the Academy of Geneva", Westminster Theological Journal, 18 [1955], pp. 13, 16).

47 A Godly Form of Household Government [Knappen, Tudor Puritanism, p. 468].

48 Morison, Intellectual Life, p. 89. A frase "boa literatura" vem de Cícero, bonae literae.

49 Magnalia Christi Americana [Morison, Harvard College in the Seventeenth Century, 1:324]. Mather certa

ler a Bíblia na sua língua original e a expor a teologia, mas também estudavam matemática, astronomia, física, botânica, química, filosofia, poesia, história e medicina. Uma autoridade descreve a tradição inicial em Harvard com uma em que "não havia distinção entre uma educação liberal e uma teológica, e suas duas fontes eram, primeiro, o Calvinismo, e, segundo, Aristóteles".[50]

Para os reformadores e seus herdeiros, os puritanos, nenhuma educação era completa se incluísse apenas conhecimento religioso. Samuel Rutherford disse, por exemplo: "É falso que apenas a Escritura, contradistinta da lei da natureza, pode nos dirigir ao céu: pois ambas concorrem de uma maneira especial, nem é uma exclusiva em relação à outra".[51] O Tribunal Geral de Massachusetts entrou para a história como crendo que a "habilidade nas línguas e nas artes liberais" era, "acima de qualquer dúvida, não apenas louvável, mas também necessária a pessoas educadas".[52] Aqui novamente podemos ver a indisposição puritana de estabelecer uma divisão entre o espiritual e o natural.

Até hoje, dos ministros de tradição reformada ou puritana se espera que tenham uma educação universitária, acrescida de treinamento no seminário; não simplesmente uma educação religiosa como em algumas tradições pietistas. Esta prática é parte da herança puritana. "Que arte ou ciência há da qual um teólogo não careça?", perguntou Richard Bernard; "gramática, retórica, lógica, física, matemática, metafísica, ética, política, economia, história e disciplina militar" são todas úteis ao ministro.[53]

Na América, o Presidente Chauncy, de Harvard, disse que "até onde cabe a um ministro pregar todas as verdades proveitosas da Escritura, o conhe-

---

vez expressou o sonho que tinha de "encher o país com uma educação liberal" (The Serviceable Man [Miller, Nature's Nation, p. 48]).

50 J. W. Ashley Smith, p. 71. Morison, Intellectual Life, semelhantemente conclui que "o puritanismo na Nova Inglaterra preservou muito mais da tradição humanista do que o fez o não-puritanismo em outras colônias inglesas" (p. 17).

51 The Divine Right of Church-Govemment [Rogers, p. 284]. Na Alemanha, Filipe Melanchton expressou a mesma teoria de educação: "Pois alguns não ensinam absolutamente nada das Sagradas Escrituras; alguns não ensinam às crianças absolutamente nada além das Sagradas Escrituras; ambos os quais não devem ser tolerados" (citado em A History of Religious Educations, ed. Elmer L. Towns [Grand Rapids, Baker, 1975], p. 152).

52 Miller/Johnson, 1:20.

53 The Faithful Shepherd [Haller, Rise of Puritanism, p. 138]. Mark Curtis documenta que "o interesse puritano na reforma da Igreja lhes deu fortes convicções sobre a utilidade da educação universitária" (p. 190).

cimento das artes e das ciências é útil e expediente para transmiti-las a seus ouvintes".[54] Os escritos de Cotton Mather mostram sua familiaridade com mais de trezentos autores, incluindo Aristóteles, Catão, Tito Lívio, Homero, Ovídio, Plutarco, Virgílio e Tácito.[55] Matthew Swallow louvou seu pastor, John Cotton, pela excelência "no conhecimento das artes e das línguas e em todo tipo de conhecimento divino e humano", acrescentando: "Nem alimentou ele seu povo com cascas secas de discursos vãos".[56]

O endosso puritano das artes liberais é facilmente explicável se guardamos em mente que a época puritana na Inglaterra foi também a idade da Renascença. A Renascença foi o renascimento dos valores humanísticos da cultura clássica. Baseada numa recuperação de textos clássicos, levou ao humanismo – o esforço para aperfeiçoar todas as possibilidades humanas. Embora em nosso século o termo "humanismo" seja às vezes usado para denotar conhecimento puramente humano, nos séc. XVI e XVII a maioria dos humanistas eram humanistas cristãos. Eles valorizavam o conhecimento dentro de um contexto de cristianismo centralizado em Deus. Seria um grande erro expor o puritanismo e a Renascença como opostos. Eles compartilhavam de muito, incluindo o repúdio ao catolicismo medieval, o desejo de retornar a um passado mais distante e uma preocupação com antigos textos como a chave para a mudança construtiva. É por isso que C.S. Lewis pôde escrever que "não havia necessidade de animosidade entre puritanos e humanistas. Eles eram frequentemente as mesmas pessoas, e quase sempre o mesmo tipo de pessoa: os jovens no Movimento, os impacientes progressistas exigindo uma 'limpeza purificadora'".[57] Os primeiros tradutores de textos clássicos para o inglês eram

---

54   Citado em Miller, Seventeenth Century, p. 85. William Shurtleff disse num sermão que "o conhecimento não apenas dos idiomas cultos, como de todo o círculo das artes e ciências, pode ser de utilidade ao ministro do evangelho" (The Labour That Attends the Gospel Ministry [Morison, Harvard College in the Seventeenth Century, 1:166]).

55   T.G. Wright, pp. 244-53.

56   Citado em Miller, Seventeenth Century, p. 311. Cotton Mather louvou John Cotton pelas mesmas qualidades, chamando-o de "um dos escolásticos mais universais, um sistema vivo de artes liberais e uma biblioteca ambulante" (Magnalia Christi Americana [Mitchell, p. 102]).

57   Studies in Medieval and Renaissance Literature (Cambridge, Cambridge University Press, 1966), p. 122. Um historiador da arte semelhantemente concluiu: "Onde eles tinham tanto em comum não é sempre possível extrair uma distinção entre a reflexão da Renascença e as ideias da Reforma... A princípio... os dois trabalharam

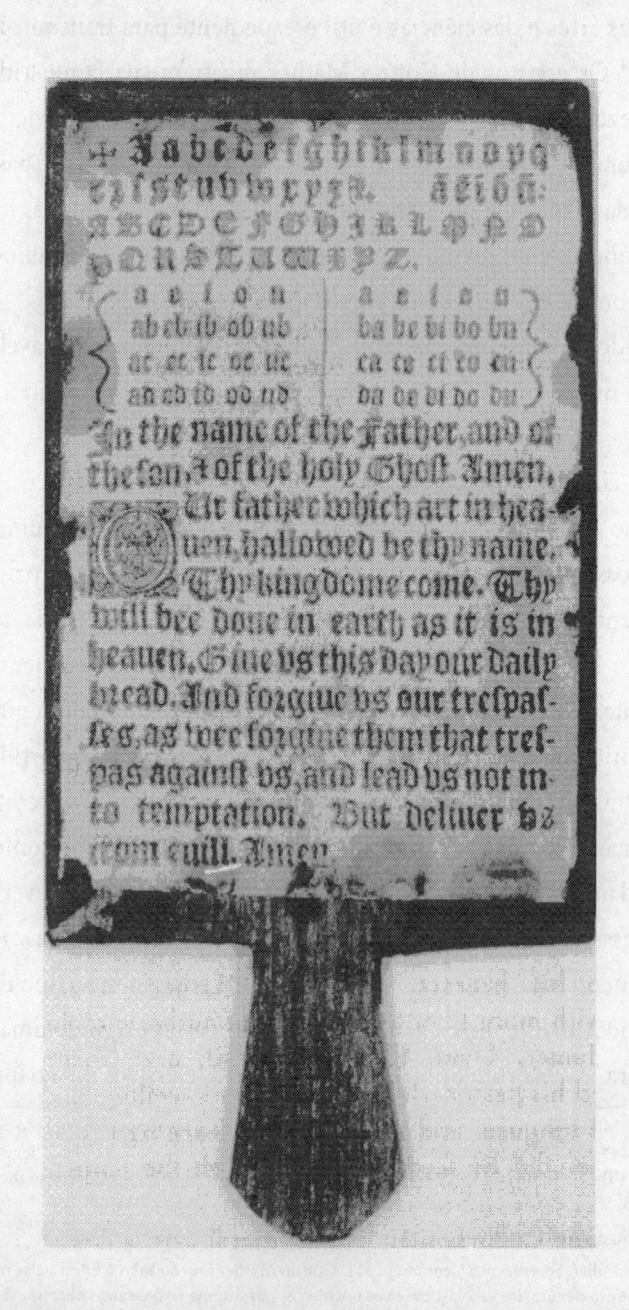

Este quadro usado pelas crianças de escolas Puritanas nos lembra o quanto a educação foi importante na vida diária dos Puritanos, Ele também sugere o impulso essencial da educação Puritana: domínio dos instrumentos da cultura para propósitos cristãos.
Cortesia da Biblioteca Folger Shakespeare (STC 13813.5)

protestantes radicais ou puritanos.[58] Ambos, o renascimento humanista e o puritanismo, compartilhavam um zelo pela educação como o melhor meio para a mudança da consciência e dos valores de sua cultura.[59]

O ideal puritano era um estudo abrangente do conhecimento humano em todas as suas ramificações dentro do contexto da revelação bíblica. Tal integração de conhecimento humano com a Bíblia é captada numa tese de Harvard, de 1670, que descreveu as sete artes liberais como "um círculo de sete seções, das quais o centro é Deus".[60] Puritanos de tal mentalidade viam a piedade e o estudo como complementares, não como opostos. As frases que usavam ao falarem sobre escolas dizem muito: "semeadura de piedade e de artes liberais"; "piedade, moralidade e estudo"; "conhecimento e santidade"; "progresso no estudo e na santidade"; "que pessoas aptas, de aprovada piedade e estudo, podem... aplicar-se à educação das crianças na piedade e na boa literatura".[61]

TODA VERDADE É VERDADE DE DEUS

O compromisso puritano com o conhecimento humanístico era baseado na convicção de que Deus é a fonte suprema de toda verdade. Toda verdade é verdade de Deus. Richard Sibbes afirmou que

em harmonia, e muitos dos homens mais conscientes da Renascença da metade do século foram os protestantes mais extremos" (Eric Mercer, English Art, 1553-1625 [Oxford, Oxford University Press, 1962], pp. 6-7).

58   Ver C.H. Conley, The First English Translators of the Classics (New Haven, Yale University Press, 1927). Conley fala da "harmonia inerente entre o protestantismo e o classicismo" (p. 76). Por outro lado, é importante observar também a conclusão de Conley de que "o movimento de transformação... iniciado pelos puritanos foi trazido a um fim pelos puritanos" (p. 116), sugerindo que enquanto se desenvolviam a Renascença e a Reforma, as tensões entre elas tornavam-se muito mais acentuadas.

59   Joan Simon, Education and Society in Tudor England (Cambridge, Cambridge University Press, 1967), p. 402, conclui que "a insistência humanística na necessidade de disseminar a educação havia recebido um novo ímpeto na Reforma". Para documentação da extensão dos textos clássicos que compuseram o currículo de educação puritana, ver as seguintes fontes: Mark H. Curtis, Oxford and Cambridge in Transition, 1558-1642; H. McUchlan, English Education under the Test Acts, Being the History of the Non-Conformist Academies, 1662-1820 (Manchester, Manchester University Press, 1931); J.W. Ashley Smith, The Birth of Modern Education; Irene Parker, Dissenting Academies in England (Cambridge, Cambridge University Press, 1914).

60   Citado em Miller, Seventeenth Century, p. 160.

61   As frases citadas vêm, seriatim, de John Milton, An Apology Against a Pamphlet [CPW, 1:923]; Carta Magna de 1642 do Harvard College [Kenneth Murdock, Increase Mather: The Foremost American Puritan (Cambridge, Harvard University Press, 1926), p. 45]; Carta Magna de 1650 do Harvard College [Morison, Harvard College in the Seventeenth Century, 1:6]; New England's First Fruits [Miller/Johnson, 2:701]; Ato de Propagação Parlamentar de 1641 [James, p. 322].

a verdade vem de Deus, onde quer que a encontremos, e é nossa, é da
igreja... Não devemos fazer destas coisas um ídolo, mas a verdade, onde
quer que a encontremos, é da igreja; portanto, com uma boa consciên-
cia podemos fazer uso de qualquer autor humano.[62]

Charles Chauncy disse num sermão de formatura: "Não pode ser negado que toda verdade, seja quem for que a fala, vem do Deus da verdade".[63]

O quadro referencial doutrinário que permitiu aos puritanos afirmar tanto
o conhecimento religioso como o humano foi a ideia de que Deus havia revelado
sua verdade em dois "livros" – a Bíblia e a natureza. Na Inglaterra, Edward Reynolds rejeitou o ataque sectarista ao conhecimento humano com o comentário:

Há um conhecimento natural de Deus em e por meio de suas obras, e
um conhecimento sobrenatural pela revelação da Palavra; e embora
este seja o principal, o outro, entretanto, não é para ser depreciado.[64]

Do outro lado do Atlântico, Thomas Shepard escreveu a seu filho em
Harvard:

Lembre-se de que não apenas o conhecimento celestial, espiritual e so-
brenatural desce de Deus, mas também todo conhecimento e todas
as habilidades naturais e humanas; portanto, ore muito ao Pai das Lu-
zes e das misericórdias, não somente por um, mas também pelo outro.[65]

Crendo na revelação geral de Deus na natureza, assim como na sua revelação especial na Bíblia, os puritanos abraçaram totalmente o estudo científico

---

62 The Christian's Portion [George, p. 347].

63 Miller/Johnson, 2:706.

64 A Sermon Touching the Use of Humane Learning [Miller, Seventeenth Century, p. 82]. Noutro lugar Reynolds escreveu que conhecemos os julgamentos de Deus de dois modos, "um natural, pelo sentido; o outro
espiritual, pela fé" (A Treatise of the Passions and Faculties of the Soul of Man [Rogers, p. 248]).

65 Miller/Johnson, 2:719.

do mundo físico. Se de fato produziram a ascensão da ciência moderna é uma questão de grande debate erudito, mas que eram favoráveis ao movimento é indiscutível.[66] Richard Baxter escreveu:

> *Nossa Física, que é uma grande parte do conhecimento humano, não passa do estudo das obras admiráveis de Deus; e terá algum homem a coragem de chamar-se criatura de Deus e ainda reprová-la como vã aprendizagem humana?*[67]

Alexander Richardson escreveu que "o mundo e as criaturas nele são como um livro no qual a sabedoria de Deus é escrita, e aí devemos buscá-la".[68] Para John Cotton, "estudar a natureza, o curso e o uso de todas as obras de Deus é um dever imposto por Deus sobre todos os tipos de homens".[69]

Os puritanos abraçaram o estudo das artes tão completamente como o da ciência. Nos regulamentos de Dorchester, de 1645, do professor se exigia que instruísse a seus alunos "tanto no conhecimento humano como na boa literatura", o que significava as ciências humanas e os clássicos.[70] Increase Mather foi ao ponto de dizer à Câmara que "alguns observaram bem e verdadeiramente que o interesse da religião e da boa literatura tem surgido e decaído juntamente".[71]

---

66 O caso mais forte da influência puritana na ciência moderna é o livro de Robert K. Merton, Science, Technology, and Society in Seventeenth Century England. Ver também Christopher Hill, Intellectual Origins of the English Revolution (Oxford, Oxford University Press, 1965); e John Dillenberger, Protestant Thought and Natural Science (Garden City, N.Y., Doubleday, 1960). O tópico tem gerado uma enorme quantidade de debates eruditos; para alguns ensaios-chave no debate e sugestões de bibliografia completa, ver Charles Webster, ed. The Intellectual Revolution of the Seventeenth Century (Londres, Routledge and Kegan Paul, 1974). Webster coloca-se bem distante do argumento causal ao observar que "a ciência inglesa emergiu à proeminência junto ao puritanismo" (p. 15).

67 The Unreasonableness of Infidelity [Greaves, Puritan Revolution and Educational Thought, p. 12].

68 The Logician's School-Mather [Miller, Seventeenth Century, p. 162].

69 A Brief Exposition... Upon the Whole Book of Ecclesiastes [Miller, Seventeenth Century, p. 212].

70 Morison, Intellectual Life, p. 89.

71 Discourse Concerning the Danger of Apostasy [Miller/Johnson, 1:21]. Mather estava provavelmente aludindo a Lutero, que havia escrito: "Estou convencido de que sem o conhecimento da literatura pura a teologia pura não pode perdurar, exatamente como antigamente, quando as letras declinaram e se prostraram, a teologia também decaiu miseravelmente; não, eu vejo que nunca houve uma grande revelação da Palavra de Deus a menos que Ele tivesse primeiro preparado o caminho para o surgimento e para a prosperidade dos idiomas e

Reforçar a aceitação puritana das artes liberais era a doutrina da graça comum, que sempre foi proeminente no calvinismo. A doutrina da graça comum afirma que Deus dota todas as pessoas, crentes e incrédulos igualmente, com a capacidade para a verdade, bondade e beleza. Calvino descreveu a graça comum assim:

> *Ao ler autores profanos, a luz admirável da verdade exposta neles deveria lembrar-nos de que a mente humana, não importando quão decaída e pervertida da sua integridade original, ainda é adornada e investida de dons admiráveis do seu Criador. Se refletimos que o Espírito de Deus é a única fonte de verdade, seremos cuidadosos... em não rejeitar ou condenar a verdade onde quer que ela apareça.*[72]

Uma compreensão firme da doutrina da graça comum permitiu à maioria dos educadores puritanos aceitar a validade do conhecimento pagão.[73] Increase Mather observou que "alguns entre os pagãos foram notáveis moralistas, tais como Catão, Sêneca, Aristides etc."[74] Baseado em tal perspectiva

---

das letras... Certamente é meu desejo que haja tantos poetas e retóricos quanto possível, porque eu vejo que por estes estudos, como por nenhum outro meio, as pessoas são maravilhosamente capacitadas para a apreensão da verdade sagrada e para a manejarem hábil e alegremente" (Carta a Eobanus Hessus [Robert Ulic, A History of Religious Education (Nova York, New York University Press, 1968), pp. 110-11]).

72 Institutes of the Christian Religion. 2.2.15. Alhures escreveu Calvino: "Os filhos de Caim, embora privados do Espírito de regeneração, foram investidos de dons de tipo indesprezível; exatamente como a experiência de todas as épocas nos ensina quão extensamente os raios da luz divina têm brilhado sobre nações incrédulas, para o benefício da vida presente; e nós vemos... quais são os excelentes dons do Espírito difundidos por toda a raça humana" (Comentário sobre Gênesis 4:20).

73 Nem todos os puritanos concordavam com o ponto de vista da maioria, o qual esboço. William Dell foi o depreciador mais aberto do conhecimento pagão. Ele escreveu, por exemplo, que os estudantes deveriam "aprender os idiomas grego e latim especialmente com cristãos, e isto sem as mentiras, fábulas, loucuras, vaidades, prostituição, cobiça, orgulho, vingança, etc., dos pagãos, especialmente observando que nem suas palavras nem suas frases são apropriadas para que os cristãos as tomem em suas bocas; e mais necessário se faz que os cristãos esqueçam-se dos nomes dos deuses e musas, que não passavam de demônios e criaturas malditas, e toda sua mitologia e invenções fabulosas, e os deixem ir todos para Satanás, de onde vieram" (Foster Watson, p. 535).

74 Woe to Drunkards [Miller/Johnson, 1:22]. A mesma ênfase estava presente em Lutero, que escreveu: "As artes liberais, inventadas e trazidas à luz por pessoas cultas e proeminentes – embora aquelas pessoas fossem pagãs – são serviçais e úteis às pessoas. Além do mais, elas são criações e dons nobres, preciosos... [Deus] os tem usado de acordo com seu bel-prazer, para o louvor, honra e glória de seu santo nome" (Comentário inscrito num livro de poesia clássica [Plass, 1:450]).

da graça comum, Mather poderia encorajar as pessoas a "encontrar um amigo em Platão, um amigo em Sócrates e... em Aristóteles".[75] Charles Chauncy escreveu: "Quem pode negar que se encontram muitas excelentes e divinas verdades morais em Platão, Aristóteles, Plutarco, Sêneca etc.?"[76] O puritano inglês Richard Sibbes acreditava que desde que "a verdade vem de Deus", "podemos ler autores pagãos".[77]

Desde que toda verdade é verdade de Deus, ela é, em última análise, uma. Os puritanos então tinham um fundamento para ver a inter-relação de todas as matérias acadêmicas. Samuel Mather comentou que

> *todas as artes nada são, exceto os raios da Sabedoria do primeiro Ser nas criaturas, brilhando e refletindo daí sobre o espelho do entendimento humano; e como dEle vêm, assim a Ele tendem. Consequentemente há uma afinidade e parentesco entre as artes. Uma faz uso da outra, uma serve à outra, até que todas O alcançam e a Ele retornam.*[78]

Alguém disse corretamente que, "à vista da crença puritana na unidade de todo conhecimento, renunciar a qualquer das artes e ciências... era impensável".[79]

UMA EDUCAÇÃO COMPLETA E GENEROSA

O ideal puritano no estudo era a educação nas artes liberais. Seu objetivo era uma pessoa capaz e qualificada. Nenhuma declaração deste ideal pode competir com a de Milton em seu tratado *Of Education* (Da Educação):

---

75 A Presidential Address [Miller/Johnson, 2:721].

76 A Commencement Sermon [Miller/Johnson, 2:706].

77 The Christian's Portion [George, p. 347].

78 A Congregational Church Is a Catholic Visible Church [Miller, Seventeenth Century, p. 180].

79 Greaves, Puritan Revolution and Educational Thought, p. 39.

Chamo de uma educação completa e generosa aquela que capacita um
homem para atuar justamente, habilidosamente, magnanimamente,
em todos os ofícios, tanto privados como públicos, de paz e de guerra.[80]

O cerne da definição de Milton é que uma educação completa é a que libera a pessoa para realizar "todos os ofícios, tanto privados como públicos". Uma educação liberal é abrangente. Ela prepara a pessoa para fazer bem tudo a que seja chamada para fazer na vida.

Aprender uma certa porção de informação não irá constituir por si uma educação liberal. Tal conhecimento tem valor apenas enquanto é instrumental em formar uma pessoa qualificada. O efeito de uma boa educação, de acordo com Milton, é duplo: a educação influencia as pessoas em suas vidas pessoais e as torna membros produtivos da sociedade.

A educação em nosso tempo frequentemente enfoca um único papel público, aquele do trabalho ou da vocação, o qual vem sendo crescentemente definido apenas em termos econômicos. A frase de Milton "ofícios públicos" cobre muito mais do que isso, porém. Ela inclui ser um bom membro de igreja e um colaborador positivo da comunidade.

Ao assim enfatizar o propósito social da educação, Milton foi tipicamente puritano. John Knox havia exortado os pais a educarem seus filhos "para o benefício da igreja e da comunidade".[81] No cenário americano, o Ato de Roxbury, de 1645, estabeleceu a educação "como um meio de preparar instrumentos para o serviço público na igreja e na comunidade".[82]

E quais são os "ofícios particulares" que Milton mencionou? Eles incluíam ser um bom amigo, colega, esposo, ou pai, e incluem o mundo mais pessoal de todos – o mundo interior da mente e da imaginação. Um dos melhores testes sobre se uma pessoa é generosamente educada é o que ela faz com o tempo de lazer. Muitos puritanos não se ofendiam com a ideia de que o conhecimento é sua própria recompensa, mesmo quando não é usado diretamente.

---

80 CPW, 2:377.
81 Book of Discipline [Porter, Tudor England, p. 1991.]
82 Cairns, p. 331.

Richard Baxter falou de uma pessoa "tendo conforto no seu conhecimento e sabedoria" ao "fazer descobertas nas artes e nas ciências que o agradam... pelo próprio feito".[83] Edward Reyner defendeu o estudo da filosofia natural em parte com base em que ela "é um estudo muito agradável".[84]

Se Milton e a tradição puritana dentro da qual escreveu estavam corretos, não deveríamos perguntar em primeiro lugar: "O que posso fazer com uma educação cristã nas artes liberais?", mas antes: "O que uma educação cristã nas artes liberais pode fazer comigo e por mim como pessoa?"

SUMÁRIO

A teoria puritana da educação era um todo maravilhoso e integrado. Ela combinava as revelações especiais e naturais de Deus, a Bíblia e o conhecimento humano, a fé e a razão. O currículo incluía tanto a teologia como as artes e as ciências, tanto a Bíblia como os clássicos.

Os objetivos da educação eram semelhantemente abrangentes. Eles incluíam tanto a piedade como o conhecimento, tanto a busca por ser semelhante a Deus como a capacitação para fazer bem todas as coisas na vida diária do mundo.

A educação puritana visava a educar toda a pessoa. Samuel Willard resumiu o ideal ao afirmar:

A Palavra de Deus e a regra da religião nos ensinam não a destruir, mas a aperfeiçoar cada faculdade em nós... para a glória de Deus que as deu a nós.[85]

---

83 A Christian Directory [Tichi, p. 58]. Lutero havia escrito numa veia semelhante: "Não direi nada aqui sobre o puro prazer que um homem obtém por haver estudado, de como, mesmo que ele nunca ocupe uma posição, ele pode, em casa, sozinho, ler todos os tipos de coisas, conversar e associar-se com pessoas educadas" (A Sermon on Keeping Children in School [Lutero, Works, 46:243]).

84 Treatise on the Necessity of Humane Learning for the Gospel Preacher [Ashley Smith, p. 28]. Calvino também valorizava as artes pelas artes em si mesmas: "Embora a invenção da harpa e de instrumentos de música semelhantes possa ministrar a nosso prazer em vez de à nossa necessidade, ainda assim não se deve considerá-la inteiramente supérflua; muito menos ela merece... ser condenada" (Comentário sobre Gênesis 4:20).

85 The Mourner's Cordial Against Excessive Sorrow [Lowrie, p. 255].

Toda esta integração foi possível, em última análise, por causa da visão da verdade dos puritanos. Na sua perspectiva, Deus era a fonte e o fim de toda verdade. A descrição de Samuel Willard mais uma vez serve como uma conclusão apropriada:

Todas as correntes descem naturalmente para o oceano; e todas as verdades divinas levam-nos de igual modo para a casa do próprio Deus, que é a verdade essencial. Como a verdade vem de Deus, assim ela conduz de volta a Deus.[86]

---

86 Heavenly Merchandise [Lowrie, p. 205].

A estátua de Oliver Cromwell, que hoje se acha em frente a Casa do Parlamento, é uma recordação do quão significativamente o Puritanismo tem influenciado a consciência social e as instituições da Inglaterra e da América.

CAPÍTULO 10

AÇÃO SOCIAL

O amor a Deus não pode subsistir... sem caridade
em relação a nosso vizinho. – WILLIAM AMES

Estudar o Puritanismo é explorar o que significa manter um equilíbrio paradoxal entre polos de pensamento. A doutrina puritana é um vasto equilíbrio de opostos em potencial mantidos sob harmoniosa tensão. Alguns exemplos incluem fé e razão, intelecto e sentimento, lei e graça, as vidas contemplativa e ativa, este mundo e o mundo eterno, teoria e prática, otimismo e pessimismo.

O pensamento puritano sobre o indivíduo na sociedade foi talvez o mais paradoxal de todos. Sua teoria da relação do cristão com a sociedade como descrevo em linhas gerais neste capítulo combinará tais dicotomias como o indivíduo e a comunidade, direitos pessoais e deveres sociais, o tradicional e o radical, os pecados particulares e sociais, piedade pública e pessoal, o voluntário e o autoritário, igualdade e hierarquia.

ENVOLVIMENTO SOCIAL COMO UM CHAMADO CRISTÃO

Os puritanos não eram obscurantistas. Eles aceitavam a sociedade como algo ordenado por Deus e como a arena dentro da qual deles se esperava que fizessem prevalecer os princípios cristãos. Na Inglaterra, os puritanos torna-ram-se fortes o suficiente para exercer a influência dominante no governo por quase duas décadas na metade do séc. XVII. Nas colônias de Massachusetts e Connecticut, eles tiveram um papel ainda mais ativo na formulação das políti-cas sociais e governamentais.

Os puritanos sentiam-se confortáveis em tal envolvimento social porque consideravam a sociedade como parte da ordem de Deus para a vida neste mundo. "Em sua raiz, o governo ordenado de homens sobre homens... é de Deus", declarou John Davenport num sermão proferido num dia de eleição, em 1669.[1] A ideia de vocação, central no pensamento puritano, estabeleceu um lugar definitivo para a política como chamado. Na visão de Thomas Ada-ms o "governo do homem" era "a mais alta e atarefada ocupação".[2]

O envolvimento cultural foi uma das coisas que distinguiu os puritanos de outros grupos religiosos na América. Um estudo mostrou que as primei-ras famílias da Boston puritana contribuíram com muito mais descendentes para a liderança intelectual e política da nação do que seus contemporâneos na Filadélfia Quacre.[3] A tradição católica havia elevado ao status de santo a pessoa que se afastava da sociedade, mas o puritano Samuel Willard elogiou o comerciante John Hull com o comentário de que "ele era um santo sobre a terra", não em isolamento, mas "em meio a todas as ocasiões externas e urgen-tes dos negócios".[4]

Básico a todo o envolvimento puritano na cultura era seu ideal da socie-dade cristã. Os meios para aquele fim variavam amplamente entre os próprios puritanos, mas o objetivo em si nunca esteve em dúvida. O objetivo era, nas palavras do título de um dos livros de Richard Baxter, uma santa comunidade. Ainda mais famoso é o comentário de John Winthrop sobre a experiência pu-ritana na América: "Devemos considerar que seremos uma cidade sobre um

---

1 Miller, Seventeenth Century, p. 421.
2 Works [Breen, p. 8].
3 E. Digby Baltzell, Puritan Boston and Quaker Philadelphia.
4 The High Esteem Which God Hath of the Death of His Saints [Miller, Nature's Nation, p. 38].

monte, os olhos de todas as pessoas estão sobre nós".[5] O antigo puritano inglês Thomas Cartwright afirmou que

> *a comunidade deve-se fazer concordar com a igreja [isto é, com os princípios cristãos]... Como a igreja é o fundamento do mundo, é apropriado que a comunidade, que é construída sobre esse fundamento, seja formada de acordo com ela.*[6]

Mais de um século depois, o americano John Barnard declarou: "O máximo e o supremo fins do governo são iguais ao do fim principal de todas as criaturas, e todas as suas ações: que Deus seja glorificado em todas as coisas".[7]

BUSCANDO O BEM COMUM

A preocupação puritana com a saúde da sociedade foi baseada em parte na ética da responsabilidade pelo bem comum. Ouvimos acusações de "individualismo austero" dirigidas contra os puritanos tão frequentemente, que nos expomos a um choque quando descobrimos em que os Puritanos realmente acreditavam com respeito à vida em comunidade.

Na Nova Inglaterra puritana, homens e mulheres solteiros eram forçados a viver com famílias. Em 1636, Connecticut promulgou uma lei em que "nenhum jovem rapaz que não seja casado nem tenha algum servo... deve manter casa sozinho sem o consentimento da cidade em que vive".[8] Plymouth promulgou uma legislação semelhante em 1669.[9] Durante os anos de 1669-1677, Massachusetts processou sessenta pessoas por viverem sozinhas.[10] O forte aspecto introspectivo dos puritanos, evidente em seus diários e práticas de

---

5 A Model of Christian Charity [McGiffert, p. 32].

6 A Reply to an Answer [Walzer, p. 182].

7 The Throne Established by Righteousness [Miller/Johnson, 1:275].

8 Connecticut Records [Edmund Morgan, Puritan Family, p. 145].

9 Morgan, p. 145.

10 Emerson, Puritanism in America, p. 134.

meditação, era, nas palavras de um erudito, "menos prejudicial do que parece, porque as pessoas viviam muito mais próximas uma das outras três séculos atrás".[11]

Os puritanos não compartilhavam da confiança do nosso século de que a coesão social depende de estruturas governamentais. Antes, eles entendiam o papel crucial desempenhado pelo espírito de comunidade, qualquer que fosse o sistema governamental. Eles também entendiam que os ingredientes essenciais do espírito comunitário são o altruísmo e a preocupação mútua. "Próximo é uma palavra de amor", escreveu William Tyndale, "e significa que um homem sempre deveria estar perto, disponível e pronto para ajudar em tempo de necessidade".[12] "Quando estamos em Cristo", disse Richard Sibbes, "vivemos para os outros, não para nós mesmos".[13] Uma boa sociedade é uma em que "cada parte" está "tão próxima" às outras "que por isso participam mutuamente um com o outro, tanto na saúde como na enfermidade, no prazer como na dor".[14]

Uma das mais nobres de todas as declarações puritanas sobre a unidade social é o sermão de John Winthrop, A Model of Christian Charity (Um Modelo de Caridade Cristã), entregue aos passageiros do Arbella na rota para a Nova Inglaterra. "O cuidado pelo público deve sobrepor-se a todos os aspectos privados", disse Winthrop, "pois é uma regra verdadeira que patrimônios particulares não podem subsistir sob a ruína do público". Ele continuou a dizer:

> *Devemos estar unidos neste trabalho como um homem, devemos entreter um ao outro em afeição fraternal... devemos manter um comércio familiar em toda mansidão, docilidade, paciência e liberalidade; devemos nos deleitar um no outro, fazer as condições dos outros nossas próprias, regozijarmo-nos juntos, condoermo-nos juntos, trabalharmos*

---

11 Ibid.

12 The Parable of the Wicked Mammon [Campbell, p. 111].

13 The Saints' Cordials [MCGee, p. 2021.

14 Fonte não identificada, citada em Miller, Seventeenth Century, p. 416.

e sofrermos juntos, tendo sempre diante dos nossos olhos nossa comissão
e comunhão no trabalho, nossa comunhão como membros do mesmo
corpo, de forma que, ao mantermos a unidade do espírito no vínculo
da paz, o Senhor será o nosso Deus e se deleitará de habitar entre nós.[15]

Não surpreende que um comentarista moderno tenha dito que o espírito deste sermão tende mais na direção do socialismo do que do capitalismo, embora seu estilo esteja ainda mais próximo da descrição feita por Paulo da igreja como o corpo de Cristo.

Na visão puritana, a sociedade é toda uma rede de pessoas interdependentes. Foi exatamente como Thomas Lever o visualizou num sermão pregado na Igreja de St. Paul's Cross:

O comerciante ao comprar e vender, e o artesão pela sua ocupação, deve
providenciar para a comunidade as mercadorias necessárias e supri-
mentos suficientes para todos. O proprietário, ao arrendar terras a um
preço moderado, deve fornecer campos e casas aos arrendatários a bai-
xas taxas de aluguel. O agricultor deve lavrar o solo com a diligência
apropriada, e assim produzir as safras, aluguéis e provisões necessárias
para si mesmo e para a comunidade em geral.[16]

A motivação para tal espírito comunitário, disseram os puritanos, é um forte compromisso com o bem público ou comum, acima de interesses puramente pessoais. De acordo com William Perkins:

Abusa do seu chamado, quem quer que... o utiliza para si mesmo,
buscando inteiramente o seu próprio bem e não o comum. E aquele
provérbio popular: Cada um por si e Deus por todos, é perverso.[17]

---

15 Miller/Johnson, 1:197-98.
16 A Sermon Preached at Paul's Cross [Hyma, p. 182].
17 A Treatise of the Vocations... [White, p. 245].

Richard Baxter declarou que uma comunidade santa é aquela em que as coisas são feitas para "o bem comum e a glória e o prazer de Deus".[18] "Avance, todo homem que avança, com um espírito público", exortou John Cotton aos colonizadores ao embarcarem em 1630, e vigie "não só as suas próprias coisas, mas também as dos outros".[19] Samuel Willard disse que "todo homem, em seu lugar, deve a si mesmo o bem do todo, e se assim não o fizer, ele é injusto".[20]

É óbvio que tal concepção de espírito comunitário é fortemente moral, arraigada na Lei e nos Profetas do Velho Testamento, assim como nas exortações das Epístolas do Novo Testamento, quanto ao cuidado mútuo e a metáfora de Paulo sobre os crentes como um único corpo. O modo puritano favorito de ver a participação individual na sociedade era através de contrato. "Todas as relações civis estão fundadas no pacto", disse John Cotton.[21] Thomas Hooker acrescentou que qualquer pessoa que escolhe entrar numa sociedade "deve voluntariamente unir-se e envolver-se com cada membro da sociedade para promoção do bem do todo".[22]

A ideia da sociedade como um contrato entre pessoas, e entre o indivíduo e o Estado, amplia-se ao explicar o equilíbrio que os puritanos encontraram entre os interesses pessoal e público. Um contrato inclui direitos e deveres. Ele confere promessas assim como impõem obrigações. A coesão social tem sido chamada de "a maior realização dos puritanos",[23] mas não era uma coesão conseguida ao custo de uma porção razoável de liberdade individual. Os puritanos possuíam um ponto de vista equilibrado que permitiu a William Perkins afirmar, numa única frase, que devemos trabalhar para "manter nossas famílias", bem como que "o verdadeiro fim de nossas vidas é servir a Deus, servindo ao homem".[24]

---

18 A Holy Commonwealth [Schneider, p. 15].

19 God's Promise [Carroll, p. 133].

20 The Character of a Good Ruler [Miller/Johnson, 1:252].

21 Citado em Miller, Seventeenth Century, p. 423.

22 A Survey [Carroll, pp. 132-33].

23 Timothy H. Breen e Stephen Foster, "'The Puritans' Greatest Achievement: A Study of Social Cohesion in Seventeenth-Century Massachusetts", em Vaughan e Bremer, pp. 110-27.

24 A Treatise of the Vocations... [Edmund Morgan, Political Ideas, p. 56].

AÇÃO SOCIAL PURITANA

Os puritanos foram protótipos da ação social evangélica. A preocupação pelos pobres é virtualmente a primeira coisa que vem à nossa mente quando usamos a expressão "ação social", e é um bom lugar para iniciar uma discussão sobre a consciência social dos puritanos. Uma fonte de dados é um grande número de exortações em sermões e folhetos.

De acordo com uma dessas fontes, "um dos principais objetivos de todas as nossas ações sociais, empregos políticos e empreendimentos tangíveis em nossos chamados particulares, deve ser o de cuidar dos pobres".[25] Um tratado anônimo, chamado St. Paul the Tent-Maker (São Paulo, o Fazedor de Tendas), afirmou que, "quanto mais diligentemente buscarmos nossos diversos chamados, mais somos capacitados para estender nossa caridade aos que encontram-se na pobreza e em apuro".[26] William Perkins era da opinião de que quaisquer ganhos acima de uma justa manutenção patrimonial deve ir diretamente para "o bem dos outros... o alívio do pobre... a manutenção da igreja".[27] Thomas Lever disse num sermão que "homens ricos deveriam guardar para si mesmos não mais do que necessitam, e dar aos pobres tanto quanto eles necessitam".[28]

Mas falar sai barato em tais assuntos. O que os puritanos realmente fizeram para ajudar os pobres? O teólogo anglicano Lancelot Andrews observou, em 1588, que as igrejas calvinistas de refugiados em Londres foram capazes "de fazer tanto bem que nenhum de seus pobres é visto nas ruas a pedir", lamentando que, "esta cidade, abrigadora e mantenedora deles, não seja capaz de fazer o mesmo bem".[29] W.K. Jordan reuniu uma enorme quantidade de dados sobre padrões de filantropia na Inglaterra durante a época da Reforma.[30] Ele contrasta tempos medievais católicos, que "foram extremamente

---

25 Richard Bernard, The Ready Way to Good Works [George, p. 156].

26 Hill, Society and Puritanism, p. 136.

27 Works [George, p. 172].

28 A Sermon Made in the Shrouds in Paul's Cross [Hyma, p. 181].

29 Spittle Sermon [Hill, Puritanism and Revolution, p. 234].

30 Philanthropy in England, 1480-1660 (Londres: Allen and Unwin, 1959).

sensíveis às necessidades espirituais da humanidade enquanto demonstraram uma preocupação escassa e ineficaz com o alívio" da pobreza, da miséria e da ignorância, com as notáveis doações particulares na Inglaterra de 1480-1660. "Uma vasta porção [dos doadores] eram puritanos", conclui Jordan, mencionando como um dos "grandes impulsos condutores" por trás do crescimento da caridade voluntária "a emergência da ética protestante".[31]

É digno de nota que pregadores puritanos, eles mesmos relativamente pobres, foram modelos especiais da caridade cristã aos pobres. Samuel Ward registrou "que homem bom é o Sr. Chadderton, que tem tão viva afeição pelos pobres, o que é sinal certo de um cristão verdadeiro".[32] John Foxe escreveu ter visto na casa de John Hooper, em Worcester, "uma mesa posta com boa quantidade de carne e cheia de mendigos e gente pobre"; por investigação, Foxe soube que Hooper fazia da alimentação dos pobres uma prática regular.[33] Richard Greenham elaborou um esquema de compra cooperativa em sua paróquia para ajudar os pobres a comprarem milho barato em tempo de crise.[34]

Os puritanos mostraram igual preocupação pelos desempregados. Um século após Calvino comparecer diante do conselho da cidade de Genebra para instar com os magistrados a acharem trabalho para os desempregados,[35] Samuel Hartlib, o utópico puritano, sugeriu que se fizesse uma clara distinção entre os incorrigivelmente ociosos e os involuntariamente desempregados. Os "pobres sem conforto", disse ele, "esperam por uma reforma, como os sedentos anseiam pela chuva... e há... grande necessidade do Parlamento encontrar modos e meios de preservar o povo da pobreza".[36]

Os puritanos também encorajavam a ação pública contra certas formas de injustiça social. Eles eram, por exemplo, capazes de agir contra preços exor-

---

31 Ibid., pp. 17, 20, 151.

32 Diary [Knappen, Two Elizabethan Puritan Diaries, p. 107].

33 Acts and Monuments [Emerson, English Puritanism, p. 50].

34 Hill, Society and Puritanism, p. 277. Knappen, Tudor Puritanism, concluiu que o ministro puritano típico "abria sua bolsa a prisioneiros necessitados, assistia estudantes com dificuldades durante a universidade, e vendia sua safra aos pobres abaixo do preço de mercado" (p. 344).

35 Hyma, p. 86.

36 London's Charity Enlarged [Jordan, p. 213].

Neste quadro de *O Peregrino* de John Bunyan, Misericórdia veste os pobres.
Cortesia das coleções especiais da biblioteca do Wheaton College.

bitantes. Às vezes os puritanos usavam o púlpito para influenciar os preços. Em 1673, o puritano da Nova Inglaterra, Urian Oakes, falou contra o muito "apertar, e espremer, e moer os pobres".[37] Increase Mather exortou seus congregados assim:

O homem pobre chega a vocês necessitando determinada mercadoria, e vocês o farão pagar o que lhes satisfaz, pondo o preço que lhes agrade no que ele precisa... sem o menor respeito pelo justo valor da mercadoria.[38]

Há o comentado caso de Robert Keayne, de Boston. De acordo com o jornal de Winthrop, Keayne era um comerciante "notoriamente mais observado e censurado do que outros" porque cobrava preços abusivos. "Sendo discutida a questão pela igreja, alguns acharam que ele devia ser excomungado, mas a maioria pensou que a admoestação seria suficiente".[39] Keayne foi multado em duzentas libras pelo magistrado, embora sua defesa deixe, em seu

---

37 New-England Pleaded With [Miller, Nature's Nation, p. 30].
38 The Day of Trouble Is Near [Miller, Nature's Nation, p. 31].
39 McGiffert, pp. 114-16.

último testamento, a impressão de que a sociedade puritana havia sido exces-sivamente zelosa na proteção dos direitos do consumidor.[40]

Na Inglaterra, Richard Baxter mostrou uma preocupação semelhante com relação aos abusos econômicos na sociedade em geral. Incluídos numa lista de práticas comerciais que ele proibiu, estavam: ganhar mais pelos bens do que eles valem, fazer um produto parecer melhor do que é, esconder falhas no produto, pedir um preço tão alto quanto se pensa poder conseguir e tirar vantagem das necessidades dos outros.[41]

A consciência social puritana não estava limitada aos cristãos em ne-cessidade, mas estendia-se a toda a sociedade. Baxter disse que "tamanha é a ternura de um santo, que ele tem lágrimas para derramar até pelos inimigos".[42] John Preston, ao responder à questão: "Você nos faria amar a ninguém, a não ser os santos?", replicou: "Devemos amar todos os outros com um amor de piedade, devemos mostrar abundância deste amor a toda a humanidade".[43] E Thomas Doolittle encorajou seus companheiros puritanos, na Londres asso-lada pela peste, a "ter um sentimento de companheirismo em relação àqueles atingidos pela miséria... independentemente de sua condição espiritual".[44]

A caricatura comum dos puritanos como preocupados apenas com os pecados particulares e despreocupados com os pecados sociais é inexata. Quando William Perkins pregou na Feira Rural de Sturbridge, por volta de 1592, denunciou os pecados da sua cultura. A lista resultante incluía tanto pecados pessoais como sociais: "Ignorância da vontade de Deus e do culto", "desprezo pela religião cristã", "blasfêmia", "profanação do domingo", "acordos injustos nos negócios entre os homens", "assassinatos, adultérios, usuras, su-bornos, extorsões".[45]

---

40 O último testamento de Keayne é reimpresso em McGiffert, pp. 117-21.

41 Chapters from a Christian Directory, ed. Tawney, pp. 102-12.

42 Meditations and Disquisitions Upon the First Psalm [McGee, p. 1921.]

43 Breast-Plate of Faith and Love [McGee, p. 1921.]

44 A Spiritual Antidote Against Sinful Contagion [McGee, p. 1921.]

45 Citado em White, pp. 190-91. Aqui está outro exemplo das denúncias de Perkins: "Na vocação do comer-ciante e do lojista, há falsos pesos e falsas medidas... pondo um brilho nas mercadorias, limpando, engomando, soprando, lojas obscuras... e toda sorte de maus negócios... No proprietário, há elevação exorbitante de aluguéis,

A BASE MORAL E TEOLÓGICA PARA
A AÇÃO SOCIAL CRISTÃ

O que estava por trás deste posicionamento puritano quanto à ação social? A resposta é tanto moral como teológica. No lado moral, eles estavam convencidos de que os cristãos são responsáveis por aqueles em necessidade. Sua ação social estava arraigada na consciência moral cristã. "A verdadeira moralidade, ou a ética cristã", escreveu Baxter, "é o amor a Deus e ao homem, incitado pelo Espírito de Cristo, pela fé; e exercido nas obras de piedade, justiça, caridade e temperança".[46] Noutro lugar Baxter advertiu: "Cuidado para não perder aquele amor comum que deves à humanidade".[47] Para William Ames: "servir ou beneficiar os outros é um dever que pertence a todos os homens... Amor a Deus não pode subsistir sem esta caridade para com nosso próximo... nem o pode qualquer verdadeira religião".[48]

Houve também um lado teológico do envolvimento social puritano. Em contraste com as perspectivas católicas das boas obras como algo necessário para a salvação, os puritanos acreditavam que o Novo Nascimento resulta em preocupação social. A piedade genuína produz boas obras, que são atos de gratidão, não de mérito. Cotton Mather disse de seu pai:

> Uma nobre demonstração deu ele de que aqueles que fazem boas obras porque já são justificados não farão menos do que aqueles que fazem boas obras para que possam ser justificados; e que aqueles que renunciam a toda pretensão de mérito por suas boas obras

---

tomada de taxas imoderadas, cercando terrenos que eram de uso comum, a causa carecendo de sobriedade e temperança na dieta e no traje. No agricultor e negociante de milho, há injustiça excedente ao armazenarem o grão até o tempo de melhor vantagem e ao tomarem o que mais podem para si mesmos, embora seja para o derramamento de sangue do pobre" (White, p. 192).

46 The Last Work of a Believer [Rooy, p. 108].

47 The Life of Faith [Rooy, p. 109].

48 Conscience, With the Power and Cases Thereof [George, pp. 155-56]. Cotton Mather falou uma linguagem idêntica de preocupação moral: "Próximos! vocês estão relacionados um ao outro. E deveriam... ser excelentes nos deveres da boa vizinhança... Os órfãos e as viúvas, e assim todos os filhos da aflição na vizinhança, devem ser visitados e aliviados com agradável gentileza" (Bonifacius [Miller, American Puritans, pp. 216-217]).

abundarão mais em boas obras do que os maiores negociantes de
méritos no mundo.[49]

A questão da piedade produzindo moralidade foi um dos tópicos mais comuns entre os puritanos. "Preceitos sem padrões farão pouco bem", escreveu Eleazar Mather; "deve-se... falar pela vida assim como pelas palavras; deve-se viver a religião, tanto quanto se deve falar em religião".[50] William Ames concordou: "Obediência interna não é suficiente, porque todo o homem deve sujeitar-se a Deus. Nossos corpos devem ser oferecidos a Ele".[51]

AÇÃO SOCIAL PESSOAL EM VEZ DE INSTITUCIONAL

Os puritanos tinham muito mais confiança na responsabilidade social individual do que nas agências governamentais e sociais. Para eles, a ação social eficaz começava com o indivíduo. Richard Greenham escreveu:

Certamente, se os homens fossem cuidadosos em reformar a si mesmos
primeiro, e então suas próprias famílias, veriam as múltiplas bênçãos
de Deus na nossa terra e sobre a igreja e a comunidade. Pois de pessoas
particulares vêm famílias; de famílias, cidades; de cidades, províncias;
e de províncias, regiões inteiras.[52]

Tal declaração é uma rejeição implícita à posição liberal moderna de que o modo de combater os males sociais é multiplicar agências sociais. Que as pessoas como indivíduos são decaídas, os puritanos sabiam tão bem quanto nós, mas eles também sabiam que as instituições não escapavam aos efeitos da

---

49 Parentator [Edmund Morgan, Puritan Family, p. 4].

50 A Serious Exhortation to the Present and Succeeding Generation in New England [Edmund Morgan, Puritan Family, p. 102].

51 The Marrow of Theology, p. 236.

52 Of the Good Education of Children [Emerson, English Puritanism, p. 153].

Queda e são, de fato, o produto de pessoas decaídas. M.M. Knappen resume a teoria puritana quando escreve:

> *Quando o puritanismo é comparado com os sistemas modernos coletivistas, seu individualismo também aparece. Os pensadores do séc. XVI não depositavam fé no Estado como tal. A integridade de um sistema não salvaria alguém. A integridade deve haver, mas também deve haver a cooperação e a responsabilidade pessoal.*[53]

Os puritanos eram igualmente individualistas em sua abordagem da ajuda financeira. Eles opunham-se à caridade indiscriminada e insistiam que a ajuda fosse dada apenas àqueles em genuína necessidade. William Perkins pode ser considerado como típico quanto ao pensamento puritano a respeito de mendigos e vagabundos. Perkins disse que eles "são (na maior parte) uma geração maldita", "pragas e chatos" tanto para a igreja quanto para o Estado.[54] "É a boa lei da nossa terra", acrescentou ele, "agradável à lei de Deus, que ninguém deveria pedir, se é capaz de trabalhar".[55] A injunção de Paulo de que, "se alguém não quer trabalhar, que não coma" (2 Tessalonicenses 3:10) foi um dos textos citados mais frequentemente entre os puritanos.

Christopher Hill resume a atitude puritana como uma questão de pensar que "a caridade indiscriminada... era uma ameaça social. Ela impedia o pobre de realizar suas responsabilidades e de procurar seriamente um emprego".[56] Como resultado, muitos puritanos preferiam que as igrejas tomassem conta dos pobres em suas próprias paróquias, onde julgariam entre a necessidade genuína e a fraudulenta.

O plano positivo de contra-ataque ao dolo era pôr as pessoas para trabalhar e torná-las membros produtivos da sociedade. Richard Stock reivindicou que

---

53 Tudor Puritanism, p. 348.
54 Works [Hill, Puritanism and Revolution, pp. 227-228].
55 Ibid., p. 231.
56 Puritanism and Revolution, p. 222.

esta é a melhor caridade, aliviar os pobres ao fornecer-lhes trabalho. Beneficia ao doador tê-los a trabalhar; beneficia a comunidade, que não sofre parasitismos, nem nutre qualquer ociosidade; beneficia aos próprios pobres.[57]

Quando Hugh Peter retornou à Inglaterra da América, disse ao Parlamento num sermão: "Tenho vivido num país onde em sete anos nunca vi um pedinte, nem ouvi palavrões, nem olhei para um bêbado; por que deveria haver mendigos na sua Israel, onde há tanto trabalho a fazer?"[58] Richard Baxter, pastor em Kidderminster, empreendeu um programa bem-sucedido para capacitar os pobres para o trabalho na indústria têxtil.[59]

Os puritanos estavam profundamente preocupados com a qualidade da sua sociedade. Increase Mather resumiu seus pontos de vista quando disse que o propósito da Bíblia é mostrar-nos "como devemos servir a Deus e como devemos servir à geração na qual vivemos".[60] Servir à geração na qual vivemos: este sempre tem sido o lema dos cristãos que estão preocupados em viver sua fé no mundo.

NENHUM POVO PEQUENO: A TENDÊNCIA À IGUALDADE NO PURITANISMO

Apesar de toda sua ênfase na comunidade, o puritanismo também é conhecido como um movimento que defendia o individualismo. A base teológica desse individualismo era o sacerdócio de todos os crentes. Este individualismo não era o humanístico, da Renascença, o qual era uma forma de autorrealização baseada na bondade inerente a cada pessoa. Era ao invés disso um "individualismo... para o homem comum".[61]

---

57 Commentary Upon... Malachi [Hill, Society and Puritanism, p. 277].

58 God's Doings, and Man's Duty [Hill, Puritanism and Revolution, p. 234].

59 Thomas Fuller, Worthies [Hill, Society and Puritanism, p. 138]. Fuller também registra que John White de Dorchester encorajava a todos a trabalharem, "a piedade gerando a indústria, e a indústria granjeando-lhe a abundância"; significativamente, "um pedinte não deveria ser visto na cidade" (Hill, p. 138).

60 David Serving His Generation [Carden, p. 5].

61 A caracterização do puritanismo como desposador do individualismo da pessoa comum e o contraste do

Este individualismo pode ser visto no impulso "nivelador" dos puritanos ao tratarem todas as pessoas como iguais diante de Deus e protegerem a importância de cada indivíduo. Para ilustrar, considere as seguintes declarações representativas que cobrem uma variedade de situações:

> *A pessoa mais desprezada na região deve ser tratada como se fosse um irmão do rei e membro-companheiro com ele no reino de Deus e de Cristo. Que o rei, portanto, não se considere bom demais para prestar serviço a tais pessoas humildes.*[62]
>
> *O mais pobre lavrador é em Cristo igual ao maior príncipe.*[63]
>
> *Nenhum homem deverá firmar-se no seu nascimento ilustre, ou gloriar-se em seu parentesco pela nobreza e pelo bom sangue, mas apenas regozijar-se nisto: que foi retirado do reino das trevas.*[64]
>
> *Um povo não é feito para as regras, mas as regras para um povo.*[65]
>
> *Todos os cristãos... são igualmente feitos sacerdotes para Deus; e assim não há entre eles clero ou laicato, mas os ministros são aqueles escolhidos pelos cristãos... eles não têm nem direito nem autoridade alguma neste ofício, senão pelo consentimento da igreja.*[66]

Todas estas frases tendem na direção de pôr as pessoas em pé de igualdade, especialmente em assuntos espirituais. Todas elas desafiam séculos de pensamentos, nos quais a sociedade havia automaticamente concedido alguns privilégios e poderes a uma elite exaltada. Lawrence Stone escreveu sobre "o efeito da consciência puritana em solapar o respeito por posição e títulos em

---

individualismo humanista da Renascença vem de Eric Mercer, English Art 1553-1625 (Oxford, Oxford University Press, 1962), p. 6. Haller diz sobre os puritanos que "uma viva expectativa de se tornar 'alguém' não conduz à uma vontade de permanecer ninguém. A maioria que tem a certeza de que deve herdar o céu tem uma maneira de tomar presentemente posse da terra" (Rise of Puritanism, p. 162).

62 William Tyndale, The Obedience of a Christian Man [Campbell, p. 117].

63 Hugh Latimer, A Most Faithful Sermon Preached Before the King's Most Excellent Majesty [White, p. 123].

64 William Perkins, Works [Hill, Puritanism and Revolution, p. 237].

65 Samuel Willard, The Character of a Good Ruler [Miller/Johnson, 1:254].

66 William Dell, The Way of True Peace and Unity [Woodhouse, p. 312].

todos os níveis da hierarquia social".[67] Um resultado desta tendência era exaltar a dignidade e o valor de cada indivíduo. Um estudioso moderno crê que "o mais profundo laço entre o puritanismo e a democracia é seu respeito comum por todo indivíduo humano, independente do seu lugar em qualquer instituição eclesiástica, política, econômica ou outra".[68] Isto não é para alegar, é claro, que os puritanos poderiam ter vislumbrado as instituições democráticas que eventualmente se originariam de seu pensamento.

Os puritanos estavam todos cientes de que havia algo revolucionário em sua ênfase sobre a pessoa comum. Cromwell organizou o New Model Army (Novo Modelo do Exército) com base no mérito em vez de status; ele escreveu: "Os oficiais não são de melhor família do que os soldados comuns".[69] Outro puritano escreveu:

> A voz de Jesus Cristo reinando em sua igreja vem primeiro das... pessoas comuns... Deus usou o povo comum e a multidão para proclamar que o Senhor Deus Onipotente reina... Vocês que são de ordem inferior, povo comum, não sejam desencorajados; pois Deus pretende fazer uso do povo comum na grande obra que é a proclamação do reino de seu Filho.[70]

De acordo com John Benbrigge, uma marca essencial de um verdadeiro convertido é que ele ou ela "estima o homem ou a mulher mais pobre que é rico(a) em Cristo", e denunciou pessoas que preferem "ricos mundanos a cristãos pobres".[71]

Tais atitudes sobre a igualdade eram inerentes à teologia reformada. Ao atribuir primazia a assuntos espirituais em vez de externos, os puritanos

---

67 Stone, Crisis, p. 745.

68 Perry, p. 192. A melhor coleção de documentos primários sobre o espírito democrático dos puritanos está em Puritanism and Liberty, ed. A.S.P. Woodhouse.

69 Letter to Clarendon [Baltzell, p. 80].

70 Hanserd Knollys, A Glimpse of Sion's Glory [Woodhouse, p. 234].

71 Christ Above All Exalted [MeGee, p. 191].

abriram a porta para o enfraquecimento de qualquer privilégio baseado exclusivamente em nascimento ou posição. Isto, por sua vez, foi unido à doutrina do sacerdócio de todo crente. Em tal clima de pensamento, cada santo torna-se igual ao outro e superior às pessoas cuja única reivindicação de status é social ou institucional. De acordo com William Dell, é uma regra na igreja

> *manter a igualdade entre cristãos. Pois, embora de acordo com nosso primeiro nascimento... há grande desigualdade... de acordo com nosso novo ou segundo nascimento, pelo qual somos nascidos de Deus, há exata igualdade, pois aqui não há melhor ou pior, maior ou menor.*[72]

Thomas Hooker fez uma reivindicação semelhante:

> *Tome o santo mais inferior que já respirou sobre a terra e o mais bem preparado e estudado erudito... a mais inferior alma ignorante, que é quase um tolo natural, sabe e entende mais sobre a graça e a misericórdia de Cristo do que todos os mais sábios e entendidos no mundo, do que todos os grandes eruditos.*[73]

Para que não pensemos que isto é simplesmente uma preferência pela pessoa ignorante, podemos emparelhá-la com a frase do mais conhecido de todos os poetas ingleses, John Milton: "Um mero homem inculto, que vive por aquela luz que ele tem, é melhor e mais sábio e edifica aos outros mais na direção de uma vida mais santa e feliz" que um clérigo treinado em todas as universidades.[74] Como fundamento de todas essas frases está o princípio de que o cristianismo introduz todo um novo conjunto de critérios pelos quais julgar o valor de uma pessoa.

---

72 The Way of True Peace and Unity [Woodhouse, pp. 308-309]. Thomas Adams semelhantemente declarou que "não é o nascimento, mas o novo nascimento, que torna o homem verdadeiramente nobre" (The Holy Choice [Walzer, p. 235]).

73 The Soul's Vocation [Miller, Errand into the Wilderness, p. 46].

74 Animadversions [Haller, Liberty and Reformation, p. 55].

A direção mais obviamente "democrática" que o pensamento puritano tomou foi uma nova ênfase no controle pelo consentimento daqueles que são governados. No séc. XVII, as pessoas progressivamente presumiram que tinham um direito de rejeitar o governo de magistrados ou oficiais da igreja, cujas decisões não gozassem do apoio da maioria das pessoas. Onde quer que os puritanos ganhavam certo domínio, as congregações tinham uma voz na escolha de seus ministros.

No âmbito político, John Winthrop teorizou que as pessoas não deveriam ser submetidas ao governo de ninguém, exceto "de acordo com sua vontade e mediante um pacto", e considerava como ilegítima qualquer situação "onde um povo tem homens dominando sobre eles sem sua escolha ou permissão".[75] John Davenport disse, num sermão sobre a eleição, que o povo consente com um governo condicionalmente... de forma que, se a condição for violada, eles podem retomar seu poder de escolher outro".[76] Na Inglaterra, John Milton defendeu a deposição do rei sob exatamente a mesma base:

> *Visto que o rei ou magistrado mantém sua autoridade pelo povo... então pode o povo, com a frequência com que julgar melhor, ou escolhê-lo ou rejeitá-lo, retê-lo ou depô-lo... meramente pela liberdade e pelo direito que têm os homens nascidos livres de serem governados como melhor lhes pareça.[77]*

Estas aspirações democráticas não eram necessariamente baseadas em fundamentos bíblicos ou teológicos. Num tratado que leva o título relevador de The Throne Established by Righteousness (O Trono Estabelecido pela Justiça), John Barnard negava que qualquer instituição política, por si mesma, garanta o sucesso de uma sociedade:

---

75 Citado em Miller, Seventeenth Century, p. 408.
76 Sermão de eleição de 1669 [Miller, Seventeenth Century, p. 421].
77 The Tenure of Kings and Magistrates [CPW, 3:206].

Não sei de qualquer forma particular de governo civil que o próprio
Deus tenha designado, direta ou imediatamente, em qualquer revela-
ção clara de sua mente e de sua vontade, a qualquer povo que seja.[78]

Os puritanos foram responsáveis pela ascensão da democracia moderna? Toda sua situação política era tão diferente da nossa que é difícil responder a essa questão. No mínimo, eles produziram um clima de pensamento e prática que tornou possível seu desenvolvimento. Alguém falou a respeito do puritanismo da Nova Inglaterra que

> *poucas sociedades, na cultura ocidental, jamais dependeram mais*
> *inteiramente e mais autoconscientemente do consentimento de seus*
> *membros do que as alegadamente repressivas "teocracias" da Nova*
> *Inglaterra antiga... Cada aspecto da vida pública na Nova Ingla-*
> *terra exigia o assentimento formal do público. Membros de igreja*
> *elegiam seus ministros; associações comunitárias, seus homens se-*
> *letos; homens livres, seus delegados e magistrados; e os militares,*
> *seus oficiais.*[79]

Certamente o espírito da democracia era inerente ao pensamento puritano.[80]

SUMÁRIO

Os puritanos foram pensadores e ativistas sociais. Diante da situação da igreja do Estado, até a liberdade de praticar suas convicções especificamente religiosas exigia que eles entrassem na arena política.

---

78 Miller/Johnson, 1:273.

79 Foster, p. 156.

80 Margaret James escreve que "o puritanismo ajudou a trazer o nascimento do espírito da democracia moderna" (p. 25). A.S.P. Woodhouse crê que os puritanos contribuíram com "os hábitos de pensamento e sentimento dos quais a democracia deve necessariamente depender e em cuja ausência inevitavelmente cessaria" ("Religion and Some Foundations of English Democracy", Philosophical Review, 61, n° 4 [Outubro, 19521: 510).

A ação social puritana era baseada numa teologia do pacto, que requeria das pessoas que buscassem o bem comum da comunidade e que via as boas obras como um ato inevitável de gratidão pela salvação de Deus. Um aspecto da ação social puritana era uma preocupação em ajudar aos necessitados. Outro, era a denúncia de pecados públicos e sociais tanto quanto dos privados. A ação social puritana era principalmente voluntária e pessoal, em vez de governamental ou institucional.

A ênfase puritana na comunidade era compensada por uma preocupação pela liberdade e pela dignidade de cada indivíduo. Os puritanos desafiaram o privilégio baseado em posição ou em nascimento e encorajaram um espírito de igualdade. Eles também articularam e praticaram uma teoria de governo que dependesse do consentimento dos governados.

A estátua de John Bunyan que se acha hoje em Bedford, Inglaterra, sugere um pouco da ambivalência que muitas pessoas hoje sentem em relação aos Puritanos. Achamos fácil admirar sua coragem, sua fidelidade a Deus e à Bíblia, sua eficácia em mudar o curso da história. Mas também sentimos sua distância de nós, sua austeridade algo prognosticadora, seu rigor e sua tendência a estar buscando um argumento.

CAPÍTULO 11

APRENDENDO COM EXEMPLO NEGATIVO:
ALGUMAS FALTAS PURITANAS

Eles discursam muito longa e cultamente... Seu fôlego resistente é deplorável.

ROBERT BAILLIE

Este capítulo sobre as faltas puritanas é essencial de duas importantes maneiras às finalidades do livro. Meu objetivo tem sido apresentar a verdade sobre o que os puritanos pensavam e praticavam. Eles estavam longe de serem perfeitos, e suas falhas, também, são parte da verdade sobre eles.

Em segundo lugar, estou interessado no que os puritanos podem nos ensinar. Ao explorar suas falhas, não perdi de vista aquele propósito. As falhas puritanas destacam questões importantes e podem servir como um exemplo do que deveríamos evitar.

A crítica é, claro, uma atividade subjetiva. O que chamo de faltas puritanas ocasionalmente parecerão virtudes para outros. Estou também seguro de ter omitido itens que outros considerariam falhas notáveis dos puritanos.

ALGUNS CUIDADOS PRELIMINARES

Pode ser uma questão arriscada criticar as pessoas do passado. Muito dano tem sido feito pelos depreciadores dos puritanos que não investigam o contexto de certas práticas puritanas. Por exemplo, quando ouvimos que alguns deles eram contrários à celebração do Natal, devemos parar para perguntar exatamente a quê se opunham. Presumimos que as festividades do Natal sempre têm sido as mesmas e que os puritanos eram fanáticos por rejeitarem algo tão sadio.

Não se pode tolerar tal ingenuidade histórica. O governador William Bradford não permitiu aos da Nova Inglaterra celebrarem o dia de Natal como tinham sido habituados a fazê-lo (simplesmente como um feriado), mas não se opunha ao Natal em princípio. Ele escreveu em seu diário de bordo: "Se faziam do guardá-lo uma questão de devoção, que guardem em suas casas, mas não deverá haver nenhuma diversão ou festejos nas ruas".[1] Um Natal religioso genuíno obviamente não era objetável.

Quais eram então as práticas de Natal a que os puritanos se opunham? Um observador inglês pintou este quadro das atividades praticadas sob o Senhor da Desordem, na época de Natal:

> *Então marcha esta companhia pagã em direção à igreja e ao pátio da igreja, seus gaiteiros tocando, bateristas trovejando... e desta forma eles vão para a igreja (embora o ministro esteja em oração ou na pregação), dançando e balançando seus lenços sobre suas cabeças... com barulho tão confuso que nenhum homem pode ouvir sua própria voz. Então o povo tolo olha, fita, ri, o povo... monta sobre as estruturas e os bancos para ver estes cortejos vistosos.*[2]

Antes de criticarmos os puritanos, portanto, seria melhor inquirirmos quanto aos detalhes de sua situação histórica.

Necessitamos também estar cientes de que os puritanos são às vezes atacados por coisas que não eram peculiares a eles, mas que eram compartilhadas por outras culturas. Quando alguém viaja pela Inglaterra hoje, dizem-lhe sobre como "os puritanos" removeram a arte das igrejas. Mas

---

1 Citado em Crawford, p. 495.
2 Philip Stubbes, Anatomy of Abuses [Crawford, pp. 499-500].

estas práticas também foram obra dos anglicanos. Uma injunção da rainha Elizabeth, em 1559, estipulava:

> *Também retirarão totalmente, extinguirão e destruirão todos os relicá-rios, coberturas de relicários, todas as mesas, candelabros, anéis e rolos de cera, pinturas e outros monumentos de milagres dissimulados, pere-grinações, idolatria e superstição; de forma que não permaneça nem memória dos mesmos nas paredes, janelas de vidro e qualquer outro lugar dentro das igrejas e das casas.[3]*

Exércitos puritanos usavam as igrejas e catedrais como barracas e estábulos de cavalos, mas assim também faziam os exércitos reais que incluíam anglicanos.[4]

Algo mais que faríamos bem em acertar o mais rápido possível é que a história de Nathaniel Hawthorne, The Scarlet Letter (A Letra Escarlate), não é um retrato historicamente exato dos puritanos. No prefácio da novela, Hawthorne descreve a descoberta da letra escarlate que Hester usa na história como punição por seu adultério, enquanto trabalhava na alfândega em Salem. O relato de Hawthorne é puramente fictício; ele nunca encontrou por acaso tal letra na vida real. Além do mais, Hawthorne (que escreveu dois séculos após os puritanos originais) usou os puritanos em sua história para fins satíricos, e é um costume da sátira exagerar as características negativas da coisa sob ataque. É uma grande tragédia que o único retrato que muitas pessoas devem ter dos puritanos vem de obras de sátira literária que não alegam ser fontes precisas de história.

Uma nota preliminar foral que preciso fazer é que comecei este estudo dos puritanos pensando que suas atitudes em relação à arte, à música e à literatura encontrariam lugar neste capítulo sobre suas falhas. Minha pesquisa não confirmou este preconceito, e enumerei algumas fontes que leitores

---

3 Citado em Scholes, p. 235. Knappen, Tudor Puritanism, pp. 434-35, chamou a atenção para a mesma evidência e atribuiu a caiação à injunção de Elizabeth.

4 Crouch, pp. 136-37; Scholes, p. 222.

interessados podem buscar.[5] A remoção da arte das igrejas e catedrais pelos puritanos é quase totalmente irrelevante a este respeito, já que sua objeção era às práticas de culto católicas em vez da arte. De fato, os Puritanos às vezes compravam os órgãos e pinturas em leilões para uso em suas casas.

UMA VISÃO INADEQUADA DA RECREAÇÃO

A atitude puritana em relação ao lazer sempre me deixou desconfortável. Uma recente pesquisa das visões puritanas da recreação descortinou um quadro mais positivo do que havíamos em geral sido levados a esperar.[6] O estereótipo moderno de que os puritanos se opunham à recreação é baseado numa leitura pobre da evidência: o repúdio puritano a todos os esportes nos domingos e de certos esportes em geral (esportes como o jogo, a briga de galo, o açulamento com cães ao urso acorrentado, e jogos de azar, incluindo o jogo de cartas) tem sido interpretado como querendo dizer que eram contra o esporte em princípio.[7]

John Downame escreveu que as pessoas deveriam tomar moderadamente parte de passatempos como:

passear em lugares agradáveis, conferências prazerosas e sem ofensas, poesia, música, caça, e outros esportes permissíveis como melhor se adaptem às várias disposições dos homens para seu conforto e refrigério.[8]

---

5 Uma bibliografia introdutória incluiria os seguintes livros: Crouch, Puritanism and Art: An Inquiry into a Popular Fallacy (1910); Edward Dowden, Puritan and Anglican: Studies in Literature (Londres, Kegan Paul, 1910); Scholes, The Puritans and Music (1934); Roland Frye, Perspective on Man: Literature and the Christian Tradition (Filadélfia, Westminster, 1961), pp. 171-79; Sasek, The Literary Temper of the English Puritans (1961); Sacvan Bercovitch, The American Puritan Imagination (Cambridge, Cambridge University Press, 1974); Daly, God's Altar: The World and the Flesh in Puritan Poetry (1978); John Wilson, "Calvin and the Arts", Third Way, 2, nº 2 (1978): 3-5; Lewalski, Protestant Poetics and the Seventeenth-Century Religious Lyric (1979); Emory Elliot, ed. Puritan Influences in American Literature (Urbana, University of Illinois Press, 1979); Alan Sinfield, Literature in Protestant England, 1560.1660 (Londres, Croom Helm, 1983); E. Beatrice Batson, John Bunyan: Allegory and Imagination (Londres, Croom Helm, 1984).

6 Hans-Peter Wagner, Puritan Attitudes Towards Recreation in Early SeventeenthCentury New England (Frankfurt, Verlag Peter Lang, 1982).

7 Solberg, pp. 46-52, é um exemplo de tal interpretação errônea.

8 Christian Warfare [Foster, p. 106]. William Perkins escreveu: "Descanso do trabalho com o refrescar do

William Burkitt escreveu numa veia semelhante:

> *Sendo impossível para a mente do homem estar sempre dirigida aos negócios, e para o corpo exercitar-se em trabalhos contínuos, a sabedoria de Deus tem, portanto, julgado alguma diversão ou recreação... tanto útil como prudente... Um homem sábio e bom... é forçado a... deixar a religião escolher entre essas recreações quais sejam saudáveis, curtas, recreativas e apropriadas, para refrescar tanto a mente como o corpo.[9]*

Um ato parlamentar de 1647, quando os puritanos estavam no controle, decretou que cada segunda terça-feira do mês seria um feriado, quando todas as lojas, armazéns etc. seriam fechados das 8 da manhã às 8 da noite para a recreação dos trabalhadores.[10]

No cenário americano, Thomas Shepard aconselhou seu filho, então na faculdade: "Não enfade seu corpo, mente e olhos com uma longa meditação sobre seu livro... Recrei-se um pouco, e assim volte ao trabalho refrescado".[11] John Winthrop certa vez reduziu sua recreação para se concentrar mais inteiramente a seus empreendimentos religiosos. Ele relatou que:

> *enchi-me de grande tédio e descontentamento; razão por que, tendo finalmente percebido, examinei meu coração, e, achando necessário recrear minha mente com alguma recreação externa, cedi a isso, e fui muito refrescado por meio de exercícios moderados.[12]*

---

corpo e da mente é necessário, porque a natureza do homem é como um arco, o qual sendo sempre dobrado e usado logo se despedaça" (The Whole Treatise [Wagner, pp. 53-54]).

9 The Poor Man's Help [Wagner, p. 46]. De acordo com Thomas Cartwright, o sexto mandamento é quebrado quando uma pessoa "não usa a recreação honesta, com que sua saúde pode ser mantida; pois não devemos pensar que não há outros modos de se matar um homem além de com uma faca" (Pearson, p. 403).

10 Scholes, pp. 110-111.

11 Miller/Johnson, 2:171.

12 Citado em Wagner, p. 22.

O que, então, estava errado com a ética puritana da recreação? Para começar, a defesa da recreação era uma teoria utilitária da recreação. Em vez de valorizar a recreação em si mesma, ou como celebração, ou como um engrandecimento do espírito humano do indivíduo, os puritanos tendiam a ver a recreação como algo que tornava possível o trabalho:

> *A recreação não pertence ao descanso, mas ao trabalho; e é usada para que os homens, por intermédio dela,possam fazer-se mais aptos ao trabalho.*[13]

> *O verdadeiro fim da recreação é o refrescar da mente e o recrear do corpo, para torná-los mais aptos para o serviço de Deus, nos deveres de nossos chamados gerais e particulares.*[14]

> *Ao ordenar o trabalho, [Deus] permite os meios de nos tornarmos aptos para o trabalho. E portanto... Ele admite a recreação lícita, porque é um meio necessário para refrescar o corpo ou a mente, para que possamos realizar melhor ainda os deveres que pertencem a nós... E por isso a recreação... serve apenas para tornar-nos mais capazes de continuar no trabalho.*[15]

Alguém observou corretamente sobre os puritanos que "eles escreveram sobre a recreação com a seriedade de um sociólogo moderno".[16]

Esta ética utilitária da recreação foi o resultado da ênfase exagerada no trabalho. Falando-se realisticamente, quanto se pode esperar de recreação de uma mentalidade que pensa da seguinte maneira:

> *Que os seus negócios absorvam a maior parte de seu tempo. "Não é uma hora aqui e ali nos seus negócios que resolverá. Seja entusiasmado com respeito a seus negócios, tão cedo quanto seja conveniente." Mantenha-*

---

13 Francis White, citado em Wagner, p. 45.

14 William Burkitt, The Poor Man's Help [Wagner, p. 50].

15 William Perkins, A Treatise of the Vocations or Callings of Men [Breward, p. 471].

16 McNeill, p. 40.

-se próximo dos seus negócios, até que seja conveniente você deixá-lo.[17]

Seja completamente tomado pelos exigentes negócios quando não estiver ocupado no serviço mais imediato de Deus.[18]

Além de fazerem da recreação um suplemento da sua ética, os puritanos cercaram suas afirmações sobre a recreação de um legalismo altamente desenvolvido que abafou drasticamente seu endosso teórico da recreação. Richard Baxter afirmou a existência do "esporte e da recreação lícitos" e então prosseguiu a enumerar dezoito regras para determinar se uma dada recreação era ou não "lícita!"[19] William Perkins endossou as recreações e prontamente estabeleceu "regras" a que deveriam atender.[20]

Os puritanos achavam um lugar para a recreação necessário à sua ética do trabalho, mas foram incapazes de evoluir para uma teoria genuína do lazer e do passatempo. Eles eram muito temerosos da ociosidade para fazerem isso. Baxter igualou "passatempo" com "perda de tempo" e rejeitou a própria palavra como "infame".[21] Seu conselho foi:

Mantenha uma alta estima do tempo e seja a cada dia mais cuidadoso para não perder tempo algum do seu... E se a vã recreação, os trajes, os festejos, as conversas inúteis, a companhia não proveitosa ou o sono forem quaisquer deles tentações para roubar-lhe alguma parte de seu tempo, aumente da mesma forma sua vigilância.[22]

17 Cotton Mather, A Christian at His Calling [Foster, p. 1071.

18 Richard Baxter, A Christian Directory [Weber, p. 262].

19 A Christian Directory [Wagner, pp. 48-49].

20 As regras eram estas: (1) as recreações devem ser "da melhor reputação"; (2) elas "devem ser benéficas a nós mesmos e aos outros, e devem tender à glória de Deus"; (3) seu propósito "deve ser refrescar nossos corpos e mentes"; e (4) seu uso "deve ser moderado e frugal" de tempo e "afeições" (Cases of Conscience [Sasek, p. 113]).

21 A Christian Directory [Sasek, p. 114].

22 A Christian Directory [Weber, p. 261]. Baxter também escreveu: "Remir o tempo é ter a certeza de não lançar nada dele fora; mas usar todo minuto dele como uma coisa das mais preciosas, e gastá-lo inteiramente na forma do dever" (A Christian Directory [Kitch, p. 170]).

Michael Walzer sugeriu que os puritanos "descobriram a utopia... sem o lazer".[23] Uma gloriosa exceção entre eles foi Milton, que escreveu: "Nós... temos necessidade de algumas interrupções agradáveis, em que a alma engrandecida... possa guardar seus feriados para o prazer e para o passatempo inofensivo".[24]

REGRAS DEMAIS

Os puritanos eram rígidos no estilo de vida, e também gostavam que os assuntos fossem bem definidos. Estas virtudes, quando levadas a um extremo, produzem um estilo de vida legalista que se torna sufocante com tantas regras. No pior dos casos, os puritanos praticaram este vício com entusiasmo.

Podemos ver isso, por exemplo, na sua observância do domingo. Teoricamente, os puritanos faziam uma distinção entre a observância do Dia do Senhor como uma lei moral perpétua e como uma lei cerimonial do Velho Testamento, cuja rigidez foi ab-rogada para os cristãos do Novo Testamento. Mas, na prática, eles eram frequentemente tão rígidos quanto as leis de Moisés haviam sido.

Na Nova Inglaterra, dois jovens namorados foram julgados por "senta-rem-se juntos no Dia do Senhor sob uma macieira no pomar de Goodman Chapman". Mais alguém foi publicamente reprovado "por escrever uma nota sobre negócios comuns no Dia do Senhor, pelo menos um pouco cedo na noite" (itálico meu). Elizabeth Eddy, de Plymouth, foi multada "por torcer e estender roupas", e um soldado inglês por "umedecer um pedaço de chapéu velho para pôr em seu sapato" como proteção para seu pé.[25]

É claro que tal legalismo produziu uma falsa culpa e uma perda da noção sobre o que constituía um pecado sério. Na idade de dezesseis anos, Nathaniel Mather escreveu em seu diário:

---

23 Walzer, p. 210.

24 Tetrachordon [CPW, 2:597].

25 Tomei alguns dos exemplos deste parágrafo de Alice Morse Earle, The Sabbath in Puritan New England (Nova York, Scribner, 1893), pp. 246-47.

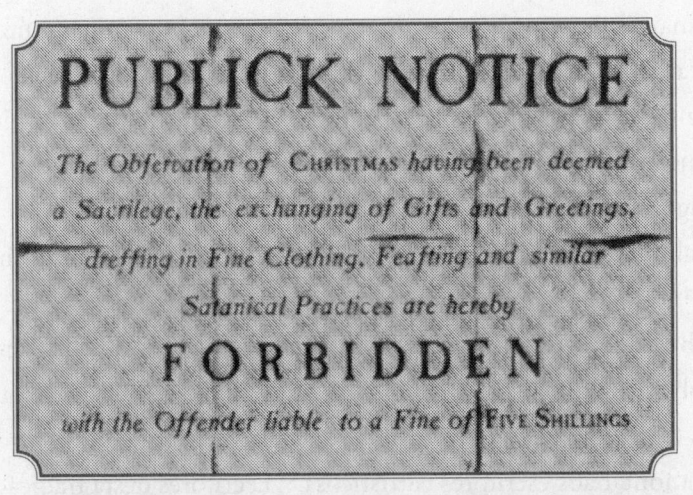

Uma notícia pública que oferece o teor de um estatuto de 1660 da Nova Inglaterra.

Quando muito jovem, eu me afastei de Deus... Dos múltiplos peca-
dos dos quais eu fui culpado, nenhum se fixou tanto em mim quanto
aquele em que... eu estava entalhando a madeira no Dia do Senhor;
e com medo de ser visto, o fiz atrás da porta. Um grande opróbrio
para Deus! um espécime daquele ateísmo que eu trouxe ao mundo
comigo.[26]

O caso de John Bunyan é ainda mais famoso. Jogando um jogo do
"gato" num domingo à tarde, após o sermão da manhã haver focalizado a
observância do domingo, Bunyan de repente foi tomado de culpa entre o
primeiro e o segundo golpe da madeira. Momentaneamente esmorecido,
ele concluiu que era um pecador grande demais para ser perdoado e "continuou a pecar com grande ganância de mente".[27]

Através deste livro tenho tido ocasião de louvar os puritanos pelas
coisas que eles afirmavam – trabalho, sexo, o mundo físico, educação, e

---

26 Citado em Fleming, p. 21.
27 Grace Abounding to the Chief of Sinners, pp. 12-13.

muito mais. Mas os teóricos puritanos destas matérias tinham um meio de cercarem suas afirmações com regras restritivas que uma pessoa mal poderia praticá-las sem sentirem um certo senso de culpa. Já observei o legalismo com que eles cercavam as atividades recreativas.

Algo semelhante emerge das afirmações puritanas sobre o sexo conjugal. Havendo argumentado que o sexo é uma parte necessária do casamento, os puritanos então prosseguiram a falar longamente sobre a possibilidade de que o sexo conjugal pudesse ser, no final das contas, uma cobiça ilegítima. Toda uma literatura desenvolveu-se abordando os perigos de se cometer adultério com o próprio cônjuge (um tema que se pode remontar aos escritores patrísticos).[28] Escritores desta tradição fizeram sombrias denúncias do "amor sensual e animalesco" no casamento, "sexo imoderado, intemperante, excessivo", "sexo não natural", e sexo que não era "modesto e casto". Sejam quais forem os princípios legítimos que pudessem formar a base desta bem elaborada teoria do adultério com o próprio cônjuge, para mim seu efeito é estorvar o endosso puritano do sexo conjugal.

O puritano parecia nunca se cansar de criar listas de regras às quais uma dada atividade deveria atender. Eles o faziam para o trabalho, para escolher um cônjuge, e para muitas outras atividades.

PALAVRAS DEMAIS

Prolixidade, o vício de serem cansativos e verbosos, era uma das características mais salientes dos puritanos. Muitos deles careciam do tipo de autocrítica que lhes permitisse saber quando o suficiente havia sido dito. Eles certamente falharam em perceber o poder de se deixar algumas coisas indeclaradas ou apenas sugeridas.

Considere alguns dos relatos que vêm a nós da história da pregação puritana. Cotton Mather relatou que em sua ordenação ele orou duran-

---

28 Schnucker, pp. 356-64, tem uma seção sobre o tópico.

te uma hora e um quarto, depois disto ele pregou por uma hora e três quartos.[29] Em 1625, membros da Casa dos Comuns foram sujeitados a sete horas de pregação num culto que "continuou por nove horas seguidas, durante cujo tempo total observou-se que nenhum homem presente desanimou".[30]

Anthony Burgess pregou 145 sermões sobre João 17, e um pregador chamado Manton, 190 sermões sobre o Salmo 119. George Trosse passou vários anos pregando uma série de sermões sobre os atributos de Deus. Outro pregador Puritano pregou por quatro meses sobre o casaco de muitas cores de José.[31] Aqui está a descrição do que transpirava num dia puritano de jejum:

> Havendo o Dr. Twisse começado o culto público com uma breve oração, o Sr. Marshall orou de uma maneira tocante, maravilhosa e prudente por duas horas. O Sr. Arrowsmith então pregou por uma hora; então eles cantaram um salmo, depois do qual o Sr. Vines orou quase duas horas. O Sr. Henderson então falou sobre os males do tempo e sobre como deveriam ser remediados, e o Dr. Twisse encerrou o culto com uma curta oração.[32]

Os puritanos tinham um jeito de falar das coisas até o desvanecimento. Representantes escoceses do Parlamento Inglês, em 1643, cedo se cansaram de longos debates sobre assuntos de igreja. "Eles discursam muito longa e cultamente", escreveu Robert Baillie, "mas seu fôlego resistente é deplorável nesta época". A assembleia passou duas ou três sessões discutindo os deveres das viúvas na igreja, "não que precisássemos permanecer tão longamente nessa matéria", reclamou Baillie, "mas em parte porque

---

29 Louis B. Wright, Colonial America, p. 169.

30 Citado em Seaver, p. 38.

31 Estes exemplos são tomados de Davies, Worship and Theology... 1603-1690, p. 165.

32 Peter Lewis, p. 61.

tudo que vem à assembleia deve ser debatido, e nenhum de seus debates são curtos". Após vários meses disso, a paciência escocesa se enfraqueceu. Baillie reclamou da "prolixidade infeliz e incorrigível deste povo", acrescentando que "estamos vexados e exaustos com seus modos".[33]

A fartura puritana de palavras é evidente em seu estilo de redação. Ao escolher citações para este livro eu repetidamente tive de omitir redundâncias nas passagens. O estilo puritano característico, rapidamente concluí, é tomar ao menos o dobro de palavras a mais que o necessário para expressar um pensamento. Como os poetas da Bíblia (mas sem sua concisão e arte poéticas), os puritanos pareciam buscar maneiras de dizer tudo pelo menos duas vezes em palavras diferentes. Um exemplo fortuito de tal redundância é este:

> Deus nos colocou no mundo para lhe fazer alguma obra. Este é o local de trabalho de Deus; Ele tem casas de trabalho para nós: ora, nosso lote aqui é trabalhar, estar em algum chamado... trabalhar para Deus.[34]

Olhando para trás em sua vida, Richard Baxter concluiu: "E a respeito de quase todos os meus escritos devo confessar que meu próprio julgamento é que, menos bem estudados e polidos, teriam sido melhores".[35] Este julgamento pode estender-se apropriadamente ao movimento puritano como um todo.

DEMASIADA MORALIZAÇÃO PIEDOSA

Os puritanos não isentaram nenhuma parte da vida de sua religião. Esta era sua força. Eles não estavam contentes, porém, de deixar princípios

---

33 Letters and Journals [Haller, Liberty and Reformation, p. 111]. O veredito final de Baillie é um pequeno clássico: "O humor deste povo é muito variado e inclinado a singularidades, a fim de se diferenciarem de todo o mundo, e um do outro, e, em suma, de si mesmos".

34 Richard Sibbes, Beams of Divine Light [George, p. 131].

35 Autobiography, p. 102.

cristãos em geral serem simplesmente o quadro referencial mais amplo dentro do qual eles conduziriam seus afazeres. Alguns deles parecem ter sentido que uma atividade não poderia ser conduzida para a glória de Deus sem arrastar um pouco de moralização cristã.

Considerem algumas de suas expressões de amor romântico. Edward Taylor aparentemente não se sentia confortável em expressar seu amor a sua amada ("uma bola dourada de puro fogo", ele a chamou) sem piedosamente acrescentar que "deve ser mantido dentro de limites, também. Pois deve ser subordinado à glória de Deus".[36] John Winthrop dirigiu-se a sua noiva como "o feliz e esperançoso suprimento (próximo a Cristo Jesus) de minhas maiores perdas", e após o casamento escreveu para ela que ela era "o principal de todos os confortos abaixo da esperança de salvação".[37] Os puritanos parecem ter colocado tudo na mira teológica, todo o tempo.

Hábitos puritanos de educação dos filhos fornecem um exemplo ainda mais claro dessa moralização piedosa. Quando os filhos de Cotton Mather adoeceram, ele os relembrava da "análoga indisposição de suas almas" e os instruía a "como buscar a seu grande Salvador para a cura dos desconfortos". Quando via seus filhos brincarem, sugeria a eles "aquelas piedosas instruções em que as suas brincadeiras podem levar-lhes a pensar".[38] Mather também estabeleceu a regra de "raramente deixar um de meus filhos chegar perto de mim, e nunca sentar com eles, sem algum plano e esforço explícitos de deixar sair alguma frase ou outra que carregasse uma instrução útil com ela".[39]

Os puritanos acreditavam que seus corpos lhes haviam sido dados por Deus para que, como criaturas, eles pudessem glorificar a seu Criador. Não contente em permitir que isto continuasse um princípio geral, Cotton Mather

---

36 Frances M. Caulkins, History of Norwich, Connecticut [Edmund Morgan, Puritan Family, p. 50].

37 Life and Letters of John Winthrop [Edmund Morgan, Puritan Family, p. 50].

38 Diary [Edmund Morgan, Puritan Family, pp. 97-98].

39 Ibid.

anatômica e particularmente, consideraria cada parte do meu corpo...
quanto ao método pelo qual com eles eu poderia servir a meu glorioso
Senhor... Estas considerações devem ser seguidas por consagrações... so-
licitando ao Senhor que aceite meu corpo... nestes empregos.[40]

Tomado da percepção de sua semelhança física com os cães, Mather resolveu tornar-se o melhor dos brutos "moldando em minha mente algum pensamento, santo, nobre, divino" cada vez que ia ao banheiro.[41]

A cada instância, pregadores e escritores puritanos mostram uma tendência a moralizar sobre o tópico em pauta. Não importando que atividade humana eles discutissem, acreditavam ser seu dever acrescentar um lembrete de que deve ser feito para a glória de Deus e que deve ser "lícito". Sua teologia nestas ocasiões era impecável, mas seu estilo pendia na direção do que hoje poderíamos chamar de "excessivo".

CHAUVINISMO MASCULINO

No máximo de sua iluminação, a teoria puritana da liderança do marido e da subordinação da mulher era uma posição cristã defensável. Mas os termos em que os puritanos frequentemente embasavam sua teoria da hierarquia conjugal são uma vergonha e uma ofensa num dia de sensibilidade aos sentimentos e à dignidade da mulher.

Após descrever a superioridade masculina mental e física em relação às mulheres, Robert Bolton acrescentou que a esposa "tem uma alma nobre como ele" e que "as almas não têm sexos". Mas o modo como ele então firmou o ponto mostra seu chauvinismo: "Na melhor parte, são ambos homens".[42] John Robinson reivindicou que "a experiência mostra ser inconveniente que uma mulher tenha um pouco mais de entendimento... do

---

40   Diary [Wagner, pp. 102-103].

41   Diary [Greven, Protestant Temperament, p. 67].

42   Works [George, p. 282].

que seu marido".[43] De acordo com William Gouge, "uma esposa deve ser suave, mansa, dócil, obediente, mesmo estando unida a um marido escroque, perverso, profano e ímpio".[44]

Benjamin Wadsworth pensava que um bom marido "lutaria mais para ser amado do que temido, embora nenhum dos dois devesse ser excluído".[45] Richard Baxter enumerou vinte desvantagens de casamentos para ministros, uma das quais centralizava-se na "imbecilidade inata do sexo feminino", pelo que aparentemente queria dizer "fraqueza".[46] John Winthrop tinha uma teoria interessante sobre por que a esposa do Governador Hopkins de Connecticut ficou louca. Ela leu muito e intrometeu-se em assuntos intelectuais que não eram da sua conta:

> *Pois se ela tivesse atendido aos negócios de sua família, e demais coisas que pertencem às mulheres, e não se tivesse desviado do seu caminho... para se imiscuir em coisas próprias para homens, cujas mentes são mais fortes, etc., ela teria mantido seu juízo e poderia tê-lo aperfeiçoado de modo útil e honrável no lugar que Deus lhe havia posto.*[47]

Thomas Parker escreveu uma carta pública a sua irmã na qual lhe disse: "O fato de você imprimir um livro, contrariando o costume de seu sexo, certamente cheira mal".[48] E John Knox, em *The First Blast of the Trumpet Against the Monstruous Regiment of Women* (O Primeiro Soar da Trombeta Contra o Monstruoso Regimento das Mulheres), fez saber ao mundo como se sentia sobre ter uma mulher no trono da Inglaterra:

> *Promover uma mulher para que reine... sobre qualquer reino... é repug-*

---

43 Ibid., p. 279.

44 Of Domestical Duties [Haller, "Puritan Art of Love", p. 251].

45 The Well-Ordered Family [Edmund Morgan, Puritan Family, p. 44].

46 A Christian Directory [Schlatter, p. 11].

47 The History of New England [Edmund Morgan, Puritan Family, p. 44].

48 The Copy of a Letter Written... to His Sister [Edmund Morgan, Puritan Family, p. 44].

nante à natureza, ofensivo a Deus, uma coisa muito contrária a sua
vontade revelada e a sua aprovada ordenação; e finalmente, é a subver-
são da boa ordem e de toda igualdade e justiça.[49]

Este tipo de patriarcalismo às vezes estendia-se à dominância dos pais sobre os filhos. O modo de Cotton Mather treinar seus filhos incluía o seguinte procedimento:

Eu primeiro gero neles uma elevada opinião do amor de seu pai por eles
e de ser mais capaz de julgar o que será melhor para eles. Então os torno
sensíveis, é uma loucura para eles presumirem qualquer juízo e vontade
próprios; eles devem render tudo a mim, que terei a certeza de fazer o
que é melhor; minha palavra deve ser sua lei.[50]

O quadro que desenhei aqui não deveria permitir o obscurecimento do que foi positivo com relação às contribuições puritanas para o casamento e para o lugar das mulheres. Eruditos modernos geralmente concordam que o status das mulheres elevou-se com o progresso da Reforma.[51] Mas por padrões modernos há demasiado chauvinismo masculino nos escritos puritanos sobre estes assuntos.

ESPÍRITO PARTIDÁRIO

M.M. Knappen escreveu que "a maldição do partidarismo foi outra herança maligna da luta da antiga Reforma".[52] Tal partidarismo foi caracte-

---

49 White, p. 161.

50 Citado em Greven, Protestant Temperament, p. 52.

51 Durante os séculos séc. XVI e XVII, a aptidão literária entre as mulheres cresceu, sua participação na formação de opinião foi acentuada, seu papel como esposas e mães foi exaltado, suas chances de educação cresceram, e seu status legal foi melhorado. Embora as leis permitissem aos maridos baterem em suas mulheres, pregadores puritanos o denunciavam do púlpito. As primeiras mulheres profissionais, pintoras, compositoras e poetisas de importância datam do Protetorado Puritano. Os puritanos não foram necessariamente a principal causa de tais ganhos, mas exerceram um papel neste movimento cultural de seu tempo. Para um breve comentário, ver Christopher Hill, The Intellectual Origins of the English Revolution (Oxford, Oxford University Press, 1965), pp. 27475; estudos mais detalhados incluem Ulrich, Good Wives; e Roberta Hamilton, The Liberation of Women: A Study of Patriarchy and Capitalism, cap. 7.

52 Tudor Puritanism, p. 352.

rístico de todos os grupos da época. Eu deveria notar também que o tipo de espírito partidário que estou para explorar foi um marco da polêmica e controvertida escrita puritana muito mais do que da escrita que não envolvia o combate direto com oponentes.

O resultado mais infeliz do partidarismo puritano foi que muitos deles tiveram uma reação exagerada ao rejeitarem coisas que eram religiosamente indiferentes. Porque os órgãos de igreja eram associados ao ritual e à doutrina católicos, os puritanos os arrancaram das igrejas, às vezes despedaçando-os no processo, mas também, como mencionado antes, às vezes colocando-os em suas próprias casas. Quando os puritanos construíram suas casas de reunião na Nova Inglaterra, eles originalmente as construíram sem torres de sino e campanários porque estes eram considerados "papistas".[53]

Deveríamos talvez não ser muito apressados em julgar os puritanos nestes casos. No seu próprio contexto histórico, muitas coisas carregavam significados que desapareceram com o tempo. Mas com o luxo da distância histórica à nossa disposição, não deveríamos seguir o exemplo puritano em tais assuntos.

A total rejeição puritana de coisas que haviam sido submetidas a abuso tem imposto uma pesada taxa a eles em nossos dias. Tem sido fácil demais para os depreciadores desabonarem os puritanos apontando o terem fechado os teatros, sua hostilidade à leitura de ficção e recreativa (especialmente de romances), sua rejeição das celebrações de Natal e sua objeção ao uso de alianças de casamento.

Dada a situação da igreja do Estado, em que apenas uma aliança religiosa era permitida, foi talvez inevitável que os puritanos tivessem desenvolvido uma perspectiva de tudo ou nada. Compreensível como pode ser, é entretanto uma falta que se precisa reconhecer. Sua forma mais comum era ter a visão de que, se algo falhasse em atender à doutrina puritana, deveria estar completamente errado.

Considere, por exemplo, o seguinte bem conhecido repúdio ao Livro de Oração anglicano:

---

53 Louis B. Wright, Colonial America, pp. 166-68.

É preciso dizer... que este livro é um livro imperfeito, selecionado e escolhido daquele monte de esterco papista, o livro da missa cheio de todas as abominações. Pois alguns e muitos dos conteúdos são tão contra a palavra de Deus quanto.[54]

Mesmo se "muitos" dos conteúdos fossem heréticos, a lógica nos diz que "muitos" também deveriam ter sido bíblicos. Para os puritanos, raramente houve qualquer reconhecimento de um meio termo entre a total aceitação e a total rejeição. Uma coisa foi William Whittingham chamar a Bíblia de o "único, suficiente" guia, e negar a autoridade foral a "o que quer que seja acrescentado a esta Palavra pelo ardil do homem"; mas outra coisa bem diferente foi denunciar todos os padrões humanos como "maus, ímpios e abomináveis".[55]

O estilo puritano nestes assuntos foi caracterizado por uma desagradável rabugice, que é uma de suas qualidades menos atraentes. Como seus oponentes, os puritanos fizeram pouca tentativa de tratar outros pontos de vista religiosos com respeito. Na Diocese de Chester, por exemplo, os puritanos fizeram coisas como as seguintes:

1. Ralph Hickock interrompeu o batismo de seu filho dizendo ao "ministro para não usar o sinal da cruz e chamando-o tolo caduco e camarada descortês".
2. Numerosos Puritanos mantiveram seus chapéus na cabeça durante cultos na igreja para mostrar o seu desrespeito pela igreja anglicana.
3. Thomas Constable, arrastado a um tribunal da igreja por falhar em atender à comunhão anglicana, declarou: "Eu nunca me ajoelharei à comunhão enquanto eu viver".[56]

54 An Admonition to the Parliament [Puritan Manifestoes, p. 21].
55 Reformation of the Church [Jarman, p. 110].
56 R.C. Richardson, pp. 80-81.

Este espírito impertinente também infectou as relações puritanas entre eles mesmos. Os puritanos acharam quase impossível concordar em programas de ação e nunca representaram uma frente unida. Ou considere o relato do jesuíta William Weston com respeito aos cultos de pregação nas ruas que observou entre os puritanos, em Wisbech. O povo ouvia ao sermão com as Bíblias abertas. Depois "eles tinham debates também entre si sobre o significado dos vários textos da Escritura". Tudo parece ideal até que lemos que "estas discussões frequentemente tendiam, como foi dito, a produzir rixas e brigas".[57]

Uma manifestação de espírito partidário entre os puritanos foi a convicção, especialmente proeminente na América, de que os puritanos eram a nação eleita de Deus – a resposta para os problemas do mundo. Peter Bulkeley escreveu que os habitantes da Nova Inglaterra "são como uma cidade estabelecida sobre um monte, à vista aberta de toda a terra... porque professamos ser um povo em aliança com Deus". Sua função, acrescentou ele, era viver de tal forma que as nações diriam: "Somente este povo é sábio, um povo santo e abençoado".[58] John Cotton disse que, na Nova Inglaterra, "a ordem da igreja e da comunidade foi estabelecida de tal forma... que trouxe à... mente o Novo Céu e a Nova Terra, em que habita a justiça".[59] Visto da perspectiva de distância de três séculos, tais reivindicações parecem idealistas e ingênuas.

INSENSIBILIDADE AOS SENTIMENTOS RELIGIOSOS DE OUTROS GRUPOS

Hoje se considera uma marca de pessoas sensatas respeitar e tolerar pontos de vista distintos dos seus. Os puritanos em geral falharam em alcançar este ideal. Toda sua situação cultural, é claro, não

57 Collinson, p. 380.

58 Citado em Miller, Seventeenth Century, p. 470.

59 Ibid.

lhes forneceu modelos de tolerância. Esta falha em lidar com o fenômeno do pluralismo na sociedade foi especialmente aguda na Nova Inglaterra, onde os Puritanos foram a força dominante e onde desenvolveram estratégias coercitivas para negar a liberdade de consciência aos dissidentes.

Para pessoas que tinham sofrido tanta perseguição quanto os puritanos, é difícil crer que poderiam ter sido tão opressivos quando chegaram ao poder eles mesmos. Como outros nos seus dias, os puritanos não concebiam a possibilidade de uma sociedade pluralista na qual todo mundo tinha o privilégio de crer e viver como sua própria consciência orientasse. Na Nova Inglaterra puritana, pessoas com pontos de vista heterodoxos eram simplesmente banidas da cidade, Anne Hutchinson e Roger Williams sendo os exemplos mais notáveis de tal intolerância. Ler no Journal de George Fox sobre como os puritanos tratavam os quacres durante o Protetorado na Inglaterra é tão pungente quanto ler os relatos de como os puritanos passaram mal sob os monarcas e bispos ingleses.

Esperamos que, uma vez que os puritanos eram pessoas profundamente religiosas, teriam respeitado os sentimentos de outros grupos e suas práticas religiosas. Mas procuro em vão por muita evidência de que isso tenha acontecido. Dada a compreensão puritana do que constituía o culto apropriado a Deus, não podem ser criticados pela remoção de imagens das igrejas e catedrais. O que é angustiante é como portaram-se em seu iconoclasmo (destruição de imagens em igrejas) – numa total insensibilidade às pessoas para quem aquelas imagens eram religiosamente importantes.

A informação sobre a destruição puritana de órgãos de igreja vem de uma fonte de procedência real-anglicana, mas presumivelmente há verdade no relato. Aqui está um exemplo típico de como os soldados parlamentares conduziam as demolições de igrejas e catedrais: Em Exeter

eles quebraram os órgãos e, levando duzentos ou trezentos tubos com eles, da maneira mais desdenhosa e insolente, subiam e desciam as ruas soprando neles; e encontrando com alguns dos coristas da igreja, cujas sobrepelizes haviam antes roubado, colocaram-nos a trabalhar em funções servis ordinárias, escarnecedoramente lhes dizendo: "Rapazes, nós espoliamos sua ocupação, vocês devem ir e cantar Tortas de pudins (uma canção)."[60]

Em Westminster Abbey, os soldados "vestiram algumas das sobrepelizes dos coristas, e com desdém por aquele hábito canônico, correram para cima e para baixo na igreja; o que usou a sobrepeliz era a lebre, o resto eram os cães".[61]

Para os puritanos, nenhum lugar era mais sagrado que outro, mas isto não desculpa seu desrespeito pelas catedrais inglesas. Qualquer um que foi comovido pela beleza e santidade delas certamente se condói de pensar que foram usadas como abrigo de cavalos e estocagem de armas.

EXTREMISMO PURITANO

Os puritanos sempre sofreram de uma falta de proporção das coisas. Eles são neste sentido um frequente embaraço para o povo que acredita que eles geralmente tinham o ponto de vista certo sobre as questões.

Como um bom exemplo podemos considerar a convicção puritana de que as crianças são criaturas decaídas que se acham em necessidade da graça de Deus para serem salvas. Há obviamente um modo correto e um errado de se afirmar esta verdade. Os puritanos sempre escolheram o modo errado:

Não ria com seu filho, para que não tenha tristeza com ele e para que não venha a ranger os dentes no fim. Não lhe dê liberdade na sua juven-

---

60 A fonte é Bruno Ryves, citado em Scholes, p. 233. Ver também John Phillips, The Reformation of Images: Destruction of Art in England, 1535-1660 (Berkeley, University of Califomia Press, 1973).

61 Scholes, p. 233.

tude e não tolere suas loucuras. Curve seu pescoço enquanto é jovem e
bata-lhe nos lugares adequados enquanto é uma criança.[62]

Seus corações por natureza são um mero ninho, raiz, fonte de pecado e
impiedade; um tesouro mau de onde procedem coisas más... Seus cora-
ções são indescritivelmente ímpios, alienados de Deus.[63]

Certamente há em todas as crianças, embora não igualmente, uma tei-
mosia e obstinação de mente vindas do orgulho natural, que deve... ser
quebrantado e derrubado... Pois o açoitamento deve prover cuidadosa-
mente duas coisas: primeiro que as vontades e deliberações dos filhos
sejam restringidas e reprimidas.[64]

Um dos pontos fortes dos puritanos foi sua consciência da presença de
Deus em toda a vida. Eles estavam agudamente cientes da providência de
Deus nas suas vidas diárias e mantinham diários que o provam. Mas, decerto, é possível levar tal introspecção religiosa e interpretação da providência
de Deus longe demais. Quando Samuel Sewall levantou-se no meio da noite
para urinar num vaso cujo fundo caiu e molhou a cama, explicou o acidente
dizendo que estivera muito cansado para fazer suas orações naquela noite.[65]
Quando Cotton Mather teve uma dor de dente, procurou uma causa moral:
"Não tenho eu pecado com meus dentes? Como? Através do comer desgra-
cioso e excessivo, e através de discursos pecaminosos".[66]

O extremismo também produziu as passagens de autorrepugnância
que são antologizadas hoje, sendo, portanto, o único quadro do puritanismo que muitas pessoas têm. Que as pessoas são criaturas decaídas com
uma inclinação para o mal é doutrina bíblica. Mas algumas das atitudes
puritanas em relação a eles mesmos não eram bíblicas. Cotton Mather,
ao ver um cão urinar ao mesmo tempo que ele estava urinando, concluiu:
"Que ínfimas e vis coisas são os filhos dos homens neste estado mortal!

---

62 Thomas Becon, The Catechism of Thomas Becon [Elliot, pp. 63-64].
63 Benjamin Wadsworth, A Course of Sermons on Early Piety [Edmund Morgan, Puritan Family, p. 93].
64 John Robinson, Of Children and their Education [Greven, Child-Rearing Concepts, pp. 13-14].
65 Diary of Samuel Sewall [Stone, Family, p. 212].
66 Diaries of Cotton Mather [Stone, Family, p. 212].

Quanto nossas necessidade naturais nos rebaixam e nos colocam em certo sentido no mesmo nível dos cães!"[67]

Durante o curso de uma enfermidade, Michael Wigglesworth escreveu em seu diário:

> *Olha para baixo e vê minhas pestilentas chagas que estendo diante de ti, meu Salvador, feridas e chagas apodrecidas que provocam o Senhor, fedem às suas narinas, e envenenam a paz e o conforto de minha própria alma.*[68]

"Eis que sou vil", escreveu ele, "quando me mostras a minha face eu abomino a mim. Quem pode extrair uma coisa limpa da imundície?"[69]

Não conheço qualquer grupo que foi mais vitimizado pelo que hoje poderíamos chamar de "exagerados" do que os puritanos. Refiro-me a indivíduos cujas aberrações fizeram deles um perigo para o movimento ou a pessoas boas cujos disparates se têm ostentado por anos, para descrédito dos puritanos. Através de toda a história subsequente, qualquer um, desejando desabonar os puritanos, achou farto material, o qual é geralmente distante da norma puritana.

SUMÁRIO

Nós podemos aprender com as faltas dos puritanos praticando o seguinte:

- valorizar o lazer e a recreação como bons em si mesmos para fins de repouso, celebração e enriquecimento humano.
- estar em guarda contra a multiplicação das regras que acrescentamos aos nossos princípios morais fundamentais.

---

67 Diary of Cotton Mather [Greven, Protestant Temperament, p. 67].
68 Citado em Greven, Protestant Temperament, p. 70.
69 Ibid.

– praticar a arte da concisão, deixar algumas coisas indeclaradas, escolher a qualidade acima da quantidade, respeitando o alcance da atenção de uma audiência.

– acautelar-se do excessivo no muito moralizar.

– evitar pensar em termos de superioridade masculina.

– elevar-se acima do espírito partidário diferenciando entre o princípio de uma coisa e seu abuso.

– respeitar os sentimentos religiosos de pessoas com pontos de vista que rejeitamos.

– lembrar que a precisão da expressão é melhor do que o exagero na afirmação, que a brandura na expressão ganha mais respeito do que a beligerância, e que uma boa coisa levada longe demais torna-se ridícula.

Como atesta sua arquitetura, os Puritanos valorizavam a honestidade, a transparência e a simplicidade que dignifica.
Fotografia de Douglas R. Gilbert.

CAPÍTULO 12

O GÊNIO DO PURITANISMO:
O QUE OS PURITANOS FAZIAM MELHOR

Esqueceu... a leiteria, o estábulo, o celeiro e lugares parecidos,

onde Deus visitou sua alma? – JOHN BUNYAN

O modo costumeiro de se conduzir uma pesquisa sobre um movimento é explorar o que os porta-vozes do movimento disseram sobre vários tópicos. Mas uma abordagem igualmente reveladora é empreender a anatomia dos princípios subjacentes que perpassam aquelas categorias. Considere, por exemplo, a afirmação puritana da ordem física criada como boa em princípio. Este é um princípio que influenciou o pensamento puritano em assuntos como trabalho, sexo, política, ação social, família e dinheiro.

Capítulos precedentes neste livro tomaram uma abordagem tópica. Neste capítulo conclusivo eu tenciono uma anatomia dos princípios subjacentes. Já que cada um destes se aplica a todo um aglomerado de tópicos anteriores, confio que o capítulo servirá para integrar todo o livro numa impressão final unificada.

A VIDA TEOCÊNTRICA

O senso puritano de prioridades na vida foi uma de suas maiores forças. Colocar Deus em primeiro e valorizar tudo o mais em relação a Ele foi um repetitivo tema puritano.

Os puritanos sabiam que apenas Deus pode satisfazer as pessoas permanentemente e no nível mais profundo. John Winthrop escreveu que "apenas o gozo em Jesus Cristo e a esperança do céu podem nos dar verdadeiro conforto e descanso".[1] Ele, consequentemente, "resolveu pela graça de Deus... não fazer meu coração se deleitar mais em qualquer coisa do que no conforto da minha salvação".[2]

Thomas Shepard escreveu a seu filho, então na faculdade: "Lembre-se do fim de sua vida, que é voltar para Deus e ter comunhão com Deus.[3] Havendo identificado Deus como "o grande e supremo objeto da religião", Samuel Willard prosseguiu concluindo que "o conhecimento dEle é a primeira coisa necessária a ser buscada".[4] Em tal hierarquia de valores, o grande erro que uma pessoa pode cometer é "negligenciar sua alma preciosa".[5]

Para os puritanos, a realidade espiritual era o grande sine qua non da vida, o fator sumamente importante. Samuel Willard escreveu:

> Os homens em geral tomam suas medidas da observação da providência externa: se há paz e fartura externas, eles os chamam dias felizes; no desconforto e problemas externos, eles os chamam maus. Mas nós temos uma regra melhor e mais segura para os cristãos... Quanto mais de Cristo um povo goza, mais felizes são, e quanto menos Ele é conhecido e reconhecido no seu grande desígnio de mediação, maior é a infelicidade de tal povo.[6]

Francis Higginson disse sobre a vila de Salem que "nosso maior conforto e meio de defesa acima de todos os outros é que temos aqui a verdadeira religião e as santas ordenanças do Deus Todo-Poderoso entre nós".[7]

---

1 Life and Letters of John Winthrop [Edmund Morgan, Puritan Family, p. 51]. A terminologia de Winthrop aqui é reminiscente do clássico de Richard Baxter, The Saints' Everlasting Rest, que tomou seu tema de Hebreus 4:9 ("Resta, portanto, um descanso para o povo de Deus"). Esse texto, escreveu Baxter, pressupõe para cada pessoa "um fim em direção ao qual ela se move para descanso... Isto pode apenas ser Deus, o principal bem. Aquele que toma qualquer outra coisa para a sua felicidade está desviado [do] primeiro passo. O principal pecado condenatório é fazer de qualquer outra coisa além de Deus nosso fim ou descanso" (p. 32).

2 Winthrop Papers [McGee, p. 45].

3 Miller/Johnson, 2:715.

4 A Complete Body of Divinity [Daly, p. 63].

5 Richard Steele, The Tradesman's Calling [Kitch, p. 116].

6 The Fountain Opened [Lowrie, p. 227]. Richard Rogers escreveu em seu diário: "Eu vejo novamente que a fé e a santidade são os sustentáculos da nossa alegria, e tornam um estado difícil em fácil e um próspero em frutífero" (Knappen, Two Elizabethan Puritan Diaries, p. 100).

7 A Collection of Original Papers Relative to the History of the Colony of Massachusetts Bay [Hyma, p. 231].

Deleite na presença de Deus foi o que os puritanos buscaram e encontraram. O conselho último de Baxter a seus paroquianos em Kidderminster foi "ter a certeza de manter um deleite constante em Deus".[8] Cornelius Burges pregou que toda pessoa deveria "elevar sua alma para alcançar a Deus, ser colado e unido a Ele... ser somente dEle para sempre".[9] Para Thomas Watson, um dos sinais de ser um filho de Deus "é deleitar-se muito em estar na presença de Deus".[10]

O relato de John Winthrop de sua vida após sua conversão soou a autêntica nota puritana:

> Eu agora estava mais familiarizado com o Senhor Jesus Cristo; Ele sempre me dizia que me amava. Eu não ousava duvidar em crer nEle; se ia para fora de casa, Ele ia comigo, quando voltava, Ele vinha para casa comigo. Eu falava com Ele no caminho, Ele deitava-se comigo, e geralmente acordava com Ele; e tão doce era seu amor para comigo, que eu não desejava nada senão Ele no céu ou na terra.[11]

De acordo com William Perkins, a recompensa da conversão é que "então te regozijarás na presença de Deus no mundo, e te deleitarás de pensar em Deus, falar de Deus, orar a Ele, encontrá-Lo em sua Palavra e nas ordenanças".[12]

Para os puritanos, a vida teocêntrica significava fazer da busca pela santidade espiritual e moral o grande negócio da vida. "Numa comunidade divina", escreveu Baxter, "a santidade deve ter a honra e o encorajamento principais, e uma grande diferença deve ser feita entre o precioso e o

---

8 Works, New, p. 43. Richard Rogers escreveu: "O Senhor sabe que... a paciência e o deleite contínuo no Senhor da minha salvação são as riquezas com que tenho desejado ser suprido" (Diary [Knappen, Two Elizabethan Puritan Diaries, p. 88]).

9 The First Sermon... [John F. Wilson, p. 40].

10 The Beatitudes, p. 232.

11 Citado em James Fulton Maclear, "'The Heart of New England Rent': The Mystical Element in Early Puritan History", em The New England Puritans, ed. Sydney V. James (Nova York, Harper and Row, 1968), p. 52.

12 The Calling of the Ministry [Brown, p. 80].

vil".[13] Ralph Venning concluiu um tratado do tamanho de um livro sobre o pecado desafiando seus leitores a "uma resolução heroica de ser estrito e circunspecto, andar numa santidade exata e geométrica em meio a uma geração corrupta e pervertida".[14]

A visão puritana não era simplesmente teocêntrica (como é às vezes alegado) mas era especificamente cristocêntrica. William Perkins concluiu seu tratado sobre a pregação com a declaração: "A soma da soma: pregue Cristo por Cristo para o louvor de Cristo".[15] Quando o dia do casamento da filha de Oliver Cromwell estava próximo, ele escreveu para ela:

> *Querida... não deixe nada esfriar suas afeições por Cristo... Aquilo que é mais digno de amor em teu marido é aquilo que é da imagem de Deus que ele conserva. Olha para aquilo e ama-o mais, e a tudo o mais por isso.*[16]

Samuel Ward escreveu: "Oh, Senhor, dá-nos graça para considerar como toda a nossa vigilância noturna e tudo deve tender a este fim, o ganhar a Cristo".[17] E Richard Sibbes escreveu:

> *Cristo mesmo é nosso. No dividir de todas as coisas, alguns homens têm riqueza, honras, amigos e grandeza, mas não a Cristo... mas um cristão tem o próprio Cristo... Portanto, se a ele falta aquelas... coisas menores, ele tem a principal... a fonte, o oceano... Aquele em quem são todas as coisas.*[18]

O caráter do Puritanismo foi determinado por suas prioridades espirituais. É para crédito dos puritanos que eles se preocupavam com os grandes assuntos – a glória de Deus, a renovação da alma humana em Cristo, o perdão dos pecados, a vida eterna, a amizade de Deus e a vida santa.

---

13 A Holy Commonwealth [Schneider, p. 15].

14 The Plague of Plagues, p. 284. Na mesma conclusão, Venning chamou a santidade "a beleza da terra e do céu, sem a qual não podemos viver bem na terra nem viveremos jamais no céu" (p. 282).

15 The Art of Prophesying [Breward, p. 349].

16 Citado em Schücking, p. 51.

17 Diary [Knappen, Two Elizabethan Puritan Diaries, p. 118].

18 Bowels Opened [George, p. 113].

TODA A VIDA É DE DEUS

O puritanismo foi impelido por uma visão de que toda a vida é de Deus. Os puritanos viviam simultaneamente em dois mundos – o mundo espiritual invisível e o mundo físico da existência terrena. Para eles, os dois mundos eram igualmente reais, e não havia separação da vida entre sagrada e secular. Toda a vida era sagrada.

Thomas Goodwin escreveu que quando se converteu, "a glória do grande Deus foi estabelecida em meu coração, como o esquadro e a régua de cada e toda prática particular".[19] John Cotton teorizou:

> *Não apenas minha vida espiritual, mas até minha vida civil neste mundo, e toda a vida que vivo, é pela fé no Filho de Deus: ele não isenta qualquer parte da vida da agência da fé.*[20]

De acordo com Thomas Gouge, deveríamos "espiritualizar de tal forma nossos corações e afeições, que possamos ter corações celestes em empregos terrenos".[21] O puritanismo teve como um de seus efeitos principais a restauração de um senso de totalidade da vida.

C. S. Lewis escreveu entusiasticamente sobre a "bela, alegre integração do mundo de [William] Tyndale. Ele nega inteiramente a distinção medieval entre a vida religiosa e a secular".[22] Alguém mais falou que "o puritano foi determinado em tornar as coisas terrenas em divinas, não proibindo-as, mas infundindo-as de santidade".[23] Nenhuma área da vida estava isenta de tal infusão.

---

19 Works [Porter, Reformation and Reaction, p. 139].

20 Christian Calling [Miller/Johnson, 1:319].

21 The Principles of the Christian Religion [Schlatter, p. 189].

22 English Literature in the Sixteenth Century Excluding Drama (Oxford, Oxford University Press, 1954), p. 190.

23 Schlatter, p. 11. Perry escreve numa veia semelhante: "A qualidade extramundana dos puritanos não era retraimento do mundo, mas um viver no mundo de acordo com padrões extramundanos" (p. 305).

Isto alcançou a família, por exemplo: "Se alguma vez quisermos que a igreja de Deus continue entre nós, devemos trazê-la para nossas casas e nutri--las em nossas famílias".[24] A vida cristã também estendia-se ao trabalho diário pessoal: George Swinnock disse que o comerciante piedoso saberá que "sua loja é chão sagrado assim como sua capela", enquanto Richard Steele tinha certeza de que um cristão pode exercitar "a graça em seu chamado".[25] A política também era uma parte da vida cristã: de acordo com Richard Sibbes, é "um conceito abominável distinguir a religião da política e do governo, como se as razões da religião fossem uma e as razões do Estado fossem outra".[26]

A santidade em toda fase da vida de uma pessoa era o objetivo puritano. Um Puritano falou do cristianismo como um "um hábito universal de graça" no qual "toda a criatura se resigna... à obediência e à glória do seu criador".[27] "Se Deus é Deus acima de nós", escreveu Peter Bulkeley, "devemos a Ele obediência universal em todas as coisas. Ele não deve estar acima de nós em uma coisa e abaixo em outra, mas Ele deve estar acima de nós em tudo".[28]

VENDO DEUS NO LUGAR COMUM

Uma extensão lógica do princípio de que toda a vida é de Deus era a ênfase puritana no ver a Deus nos eventos comuns da vida. Esta é uma das características mais atraentes dos puritanos. Para eles, tudo na vida tornou-se um indicador de Deus e um condutor de graça. Eles olharam a vida através da lente de ampla abertura angular da soberania de Deus sobre toda a vida.

---

24 Richard Greenham, Works [Hill, Society and Puritanism, p. 443].

25 Swinnock, The Christian Man's Calling [Schlatter, p. 189]; Steele, The Tradesman's Calling [Schlatter, p. 1951. Richard Rogers registrou sua resolução de fazer da "santidade em toda parte" de sua vida "minha ocupação e ofício" (Diary [Knappen, Two Elizabethan Puritan Diaries, p. 64]).

26 Works [Breen, p. 12].

27 Citado em Davies, Worship of the English Puritans, pp. 9-10.

28 The Gospel-Covenant [McGiffert, p. 35]. Schneider escreve a respeito dos puritanos: "A religião não era um departamento ou uma seção da vida social; era o fim e o alvo de toda a vida" (p. 23).

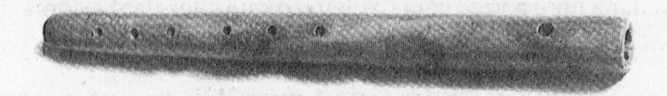

O gosto do Puritano pela vida e a cultura é sugerido por esta flauta que John Bunyan
talhou de uma perna de cadeira enquanto em prisão por pregar.
Cortesia dos Depositários da Bunyan Meeting.

A santidade do comum foi um tema puritano constante. John
Bunyan perguntou no prefácio de Grace Abounding (A Graça Abundante): "Esqueceu... a leiteria, o estábulo, o celeiro e lugares parecidos, onde
Deus visitou sua alma?"[29] "Não podes pensar nos vários lugares em que
viveste e lembrar de que cada um deles teve suas diversas misericórdias?",
perguntou Richard Baxter.[30] Walter Pringle contou a seus filhos sobre os
lugares exatos em que certas coisas aconteceram a ele: sua primeira experiência de oração veio "no nordeste de Stitchel Hall", e anos depois ele
prometeu seu filho recém-nascido a Deus "na ameixeira do lado norte da
porta do jardim.[31]

Em tal quadro referencial, não há eventos "triviais". Nathaniel Mather reivindicou que mesmo as atividades mais simples, tais como "um
homem amar sua mulher ou filho" tornam-se "atos graciosos... de grande
conta aos olhos de Deus".[32] Deus "santificou" a "perigosa febre alta e maligna" de John Winthrop, de tal modo que Winthrop "nunca teve tão doce
comunhão com Ele quanto naquela aflição".[33] Para os puritanos, qualquer
coisa na vida pode tornar-se um canal da graça de Deus. O jovem Robert
Blair olhou para fora da janela, um dia, para ver "o sol brilhando claramente e uma vaca com o úbere cheio"; ele lembrou-se de que o sol foi

---

29 Citado em Watkins, p. 64.

30 The Saints' Everlasting Rest [Kaufmann, p. 216].

31 The Memoirs of Walter Pringle of Greenknow; or, Some Few of the Free Mercies of God to Him [Watkins,
p. 63].

32 A Sermon Wherein Is Showed that It Is the Duty and... Care of Believers... to Live in the Constant Exercise
of Grace [Elliot, p. 179].

33 Diary [McGee, pp. 15-16]. O puritano Thomas Case afirmou que as dificuldades da vida são a ocasião
"para se pensar qual novo dever Deus espera e que nova graça Ele está para exercer e empregar" (Correction,
Instruction: or, a Treatise of Afflictions [MeGee, p. 35]).

feito para dar a luz e a vaca para dar leite, o que o fez dar-se conta do pouco que entendia sobre o propósito de sua própria vida.[34]

A visão puritana da santidade do comum jazia em parte num extraordinário senso da providência de Deus. Isto, por sua vez, produziu a prática puritana de manter diários. "Se fôssemos todos bem entendidos sobre a história de nossas próprias vidas", disse Richard Sibbes, "poderíamos ver a influência da divindade em nossas próprias vidas, extraída das observações do tratamento particular de Deus para conosco".[35] John Bartlet aconselhou os cristãos a "meditarem na experiência que têm da fidelidade de Deus, e [da] bondade que têm tido em todas as suas providências... Para ajudá-los nisso, farão bem em fazer uma lista e manter um diário das especiais providências de Deus".[36] Isaac Ambrose usou a provocante frase "uma memória santificada" ao encorajar a mesma prática.[37] Se a doutrina da providência levou os puritanos a ver Deus no lugar comum, assim também o fez a doutrina da natureza como criação de Deus. Thomas Taylor disse que "a voz de Deus em todas as criaturas e através de todas elas fala a nós sempre e em todo lugar".[38] "Não há uma mosca que não possa impugnar um ateu", declarou Cotton Mather.[39] Thomas Shepard perguntou: "Podemos, quando contemplamos o majestoso teatro do céu e da terra, concluir senão que o dedo, os braços e a sabedoria de Deus têm estado aqui?"[40]

Em suma, não havia lugar onde os puritanos não pudessem potencialmente encontrar a Deus. Eles sempre estavam abertos ao que Richard Baxter chamou "uma gota de glória" que Deus poderia permitir caísse sobre suas almas.[41]

---

34 Citado em Watkins, p. 65.
35 The Soul's Conflict... [Lewalski, pp. 160-61].
36 The Practical Christian [Kaufmann, p. 213].
37 Prima, Media, and Ultima [Kaufmann, p. 2061.]
38 A Man in Christ [Daly, p. 74].
39 Wonderful Works [Middlekauff, p. 283].
40 Works [Miller, Errand into the Wilderness, p. 77].
41 The Saints' Everlasting Rest, p. 173.

A IMPORTÂNCIA DA VIDA

É um passo fácil da santidade do comum para a consciência puritana de que a vida é importante. Não importando que atividade fosse, os puritanos estavam atentos a seu tremendo potencial. Richard Baxter aconselhou: "Escreve sobre a porta de tua loja e sobre teu quarto: 'Deverei estar no céu ou no inferno para sempre', ou 'este é o tempo sobre o qual depende minha vida infinita'".[42]

Juntamente com o potencial da vida para o bem (já visto nos comentários puritanos sobre a santidade do comum), havia uma consciência do perigo da vida. Baxter perguntou: "Não nos despertará compaixão ver um homem definhando e pensar que dentro de poucos dias sua alma estará no céu ou no inferno?"[43] Samuel Willard mostrou que não há razão para complacência em círculos cristãos quando disse: "Não há sobre a face da terra quem se encontre sobre precipícios mais perigosos que os filhos da aliança".[44] O perigo da vida estimulou Richard Sibbes a escrever que

> são ateus zombadores os que brincam com religião, como se não fosse uma grande questão... Portanto, o caráter do verdadeiro professor é ser esforçado... para fazer avançar sua religião... No curso de Cristo, no curso da religião, deverá ser ardente e fervoroso.[45]

Se a vida é tão importante assim, virtualmente qualquer evento diário pode tornar-se um "momento educativo". Richard Greenham escreveu:

> Porque não sabemos quem é o homem, qual é o tempo, onde é o lugar, qual é o sermão que Deus designou para operar em nós, vamos em

---

42 A Christian Directory [Kitch, p. 114].
43 The Reformed Pastor, p. 102.
44 Citado em Lowrie, p. 174.
45 Beams of Divine Light [George, p. 412].

toda obediência atender no ministério a todo homem, vigiar em todos os tempos, ser diligentes em todo lugar, e correr para todo sermão para o qual possamos, porque embora o Senhor não nos toque por meio deste homem, neste lugar, neste tempo, por tal sermão, não obstante pode nos tocar por outro.[46]

Em tal clima de pensamento, a história da conversão de Thomas Goodwin emerge como "puritanismo de vindima". Como um estudante da Universidade de Cambridge, Goodwin estava a caminho de "alegrar-me com meus companheiros", quando ouviu o toque de um sino fúnebre. Um colega estudante instou com ele a que assistisse ao sermão, mas Goodwin "estava relutante em ir, pois eu não amava a pregação... considerando-o coisa monótona". Goodwin decidiu ouvir ao sermão, que era sobre "adiar o arrependimento e o perigo de assim fazê-lo". O relato do próprio Goodwin sobre o que se sucedeu é incomparável:

Assim Deus se agradou de repente... de alterar todo o curso de sua dispensação anterior sobre mim, e disse... à minha alma: Sim, viva... E como Ele criou o mundo... por uma palavra, assim Ele criou e pôs uma nova vida e um novo espírito em minha alma... Este falar de Deus à minha alma, embora não passasse de um suave som, fez porém um barulho sobre o meu coração todo, e encheu e possuiu as faculdades de toda minha alma.[47]

O momento educativo de John Bunyan veio num dia quando seu trabalho o levou a Bedford. Ao passar por uma das ruas, ele entreouviu "três ou quatro pobres mulheres sentadas a uma porta, ao sol, falando das coisas de Deus". O relato do próprio Bunyan do que se seguiu conta melhor a história:

---

46 Citado em Emerson, English Puritanism, p. 148.
47 Works [Perry, p. 2201.

Aproximei-me para ouvir o que diziam, pois eu era agora um vivo fala-
dor... em assuntos de religião; mas posso dizer, ouvi mas não entendi...
Sua conversa era sobre um novo nascimento, a obra de Deus em seus
corações... falavam de como Deus havia visitado suas almas com seu
amor no Senhor Jesus... Elas me pareciam como se tivessem encontra-
do um novo mundo... Nisso senti que meu próprio coração começou a
tremer... pois vi que em todos os meus pensamentos sobre religião e sal-
vação o novo nascimento nunca de fato entrara em minha mente, nem
conhecia eu o conforto da Palavra e da promessa.[48]

VIVENDO NUM ESPÍRITO DE EXPECTATIVA

Uma das coisas que torna a leitura dos puritanos tão terapêutica e refrescante é o senso de expectativa que respira em seus escritos. Os puritanos regozijavam-se com esperanças no que se estendia à sua frente.

Eles viviam conscientes de que havia chegado o novo tempo. Edward Johnson disse sobre a experiência na Nova Inglaterra: "O inverno passou, a chuva parou e se foi... não temam porque seu número é apenas pequeno, reúnam-se nas igrejas e deixem Cristo ser seu rei".[49]

Este senso de entusiasmo sobre alargar os horizontes era evidente na atitude dos puritanos sobre instituições como a igreja e o Estado. Thomas Becon disse sobre as evoluções do seu tempo que

toda religião falsa é extirpada e arrancada pelas raízes. O miserável
cativeiro em que fomos oprimidos no reino do papa torna-se em agra-
dável liberdade. Nossas consciências são restauradas à sua liberdade
antiga.[50]

---

48 Grace Abounding to the Chief of Sinners, pp. 16-17.

49 Wonder-Working Providence [James F. Maclear, "New England and the Fifth Monarchy...", em Vaughn e Bremer, p. 72].

50 A New Pathway Unto Prayer [Bailey, Thomas Becon, p. 23].

O puritanismo americano foi igualmente alegre: William Bradford escreveu sobre a nova igreja em Salem, "como uma pequena vela pode acender mil, assim a luz acesa aqui tem brilhado para muitos; sim, em alguma extensão de toda nossa nação".[51] Foi a convicção de Samuel Willard de que "melhores tempos estão por vir", enquanto Milton achava que via em sua mente "uma nação nobre e pujante erguendo-se como um homem forte após o sono".[52]

Quando os puritanos definiram a finalidade de várias atividades ou instituições, eles pensaram tão ambiciosamente que nos fazem perder o fôlego. A visão geral dos puritanos, nunca deveríamos esquecer, não era nada menos do que uma sociedade totalmente reformada baseada em princípios bíblicos. Quando Milton definiu os objetivos da educação, ele falou sobre tornar-se como Deus e aprender a fazer tudo que uma pessoa possa ser chamada a fazer "justamente, habilidosamente e magnanimamente".[53] O propósito de uma família, de acordo com os puritanos, é glorificar a Deus. A pregação tem como fim resultados igualmente ambiciosos: ela é "santificada para a procriação da fé, para a abertura do entendimento, para a atração da vontade e das afeições para Cristo".[54]

Num nível mais pessoal, o temperamento puritano foi marcado por uma abertura expectante do que Deus enviaria a seguir. Nicholas Lockyer, o capelão de Cromwell, perguntou: "Que tenho de Deus? como posso ter mais? mais do seu amor, mais do seu poder operando em minha alma?"[55] John Robinson, dirigindo-se aos Peregrinos na véspera de sua viagem à América, declarou que estava "muito confiante de que o Senhor tinha mais verdade e luz para fazer surgir de sua santa Palavra".[56]

51 Of Plymouth Plantation [Emerson, Puritanism in America, p. 42]. Cotton Mather era igualmente otimista em relação à Nova Inglaterra: "O Deus do céu havia levado uma nação à selva sob os desígnios de uma gloriosa reforma" (Magnalia Christi Americana [Schneider, p. 31]).

52 Willard, The Fountain Opened [Lowrie, p. 234]; Milton, Areopagitica [CPW, 2:558].

53 Of Education [CPW 2:379].

54 Richard Sibbes, Works [Rooy, p. 63].

55 Balm for Bleeding England and Ireland [McGee, p. 44].

56 The Works of John Robinson [Perry, p. 355].

A energia pura dos puritanos é impressionante. Eram ativistas até o próprio cerne do seu ser. Este espírito ativo influenciou profundamente a maneira de conceberem a vida cristã. Samuel Rutherford escreveu numa carta que "sem correr, brigar, suar, combater, não se toma o céu".[57] Numa carta ao porta-voz da Casa dos Comuns, Cromwell riscou as palavras "espera em" e colocou a frase "que tem lutado com Deus por uma bênção".[58] No Dia do Juízo, de acordo com Bunyan, às pessoas não se perguntará: "Vocês creram?", mas: "Vocês foram praticantes, ou apenas faladores?"[59]

"Vocês não devem pensar em ir para o céu num colchão de penas", afirmou Thomas Hooker; "se forem discípulos de Cristo, devem tomar a cruz dEle; e ela os fará suar".[60] "O caminho para se crescer em qualquer graça é o exercício dessa graça", disse John Preston.[61] Henry Hall acreditava que "aqueles que investiam numa participação em seu reino... não deveriam ser apáticos e indolentes, mas esforçados e impetuosos no cumprimento disso".[62] E de acordo com Richard Sibbes, a pessoa santificada revela "um santo ímpeto na realização de todos os deveres".[63]

O espetáculo de uma vida cristã sem esforço não continha nenhum atrativo para os puritanos. Ela não correspondia ao que eles sabiam sobre a vida num mundo decaído. Numa famosa passagem em Areopagitica, Milton escreveu:

> Não posso louvar uma virtude fugitiva e enclausurada, não exercida e não respirada, que nunca se impele para fora e vê seu adversário, mas foge da corrida... Aquilo que nos purifica é a provação, e a provação é pelo que é contrário.[64]

---

57 Letters of Samuel Rutherford [Hill, God's Englishman, p. 226].

58 Letters [Hill, God's Englishman, pp. 226-27].

59 Works [Hill, God's Englishman, p. 231].

60 The Christian's Two Chief Lessons [Miller, Errand Into the Wilderness, p. 87].

61 The Saints Daily Exercise [Miller, Errand, p. 88]. Richard Sibbes disse que "não é tanto o ter a graça quanto a graça em exercício que preserva a alma" (Works [Miller, Errand, p. 88]).

62 Heaven Ravished [John Wilson, p 1921.]

63 Citado em Bremer, p. 24.

64 CPW, 2:515.

John Knox escreveu numa carta: "Vejo que a batalha será grande, pois Satanás se enfurece ao extremo; e vim (louvo a meu Deus) bem no ímpeto da batalha".[65] Richard Baxter era do mesmo temperamento:

> O cristianismo não é uma profissão ou um emprego sedentário, nem consiste em meros negativos... Sentar quieto lhe fará perder o céu, da mesma forma como se corresse dele... Se o caminho para o céu não for muito mais difícil do que o mundo imagina, então Cristo e seus apóstolos não sabiam o caminho, ou doutra forma nos enganaram.[66]

O IMPULSO PRÁTICO NO PURITANISMO

Parte do gênio do puritanismo foi seu anseio de ser prático. Para os puritanos, a marca do verdadeiro cristianismo era que fazia uma diferença em como as pessoas de fato vivem. De acordo com Eleazar Mather, os cristãos devem "falar pelas vidas assim como pelas palavras; deve-se viver religião, assim como se deve falar de religião".[67] John Owen declarou que "nossa felicidade não consiste no saber as coisas do evangelho, mas no fazê-las".[68] "A alma da religião é a parte prática", escreveu John Bunyan.[69]

Este impulso prático permeou o pensamento puritano em muitas áreas. Ao pregar sermões, por exemplo, William Ames insistia que não era suficiente afirmar a verdade; o pregador deve também mostrar "o uso, a bondade, ou o fim" das doutrinas cristãs.[70] Ao instar com os cristãos a meditarem em como podem servir a Deus e à sociedade, Cotton

---

65   Citado em Joseph C. McLelland, The Reformation and Its Significance Today (Filadélfia, Westminster, 1962), p. 74.

66   The Saints' Everlasting Rest, pp. 34-35.

67   A Serious Exhortation to the Present and Succeeding Generation in New England [Edmund Morgan, Puritan Family, p. 102].

68   Works, 14:311.

69   Works [Hill, God's Englishman, p. 238].

70   The Marrow of Theology, p. 193.

Mather estipulou: "Pondere isso até haver resolvido algo. Escreva suas resoluções".[71]

Os puritanos queriam que as coisas fossem práticas. Cotton Mather novamente soou a nota tônica: "Há um epicurismo virtuoso na utilidade. Nenhum Epicuro pode nadar em tamanho prazer quanto o homem que é útil aonde chega".[72] Não se admira que uma comparação da antiga Boston e da antiga Filadélfia mostre um contraste entre "a tradição do fazer do puritanismo" e "a tradição do ser do quaquerismo".[73]

A inclinação prática do puritanismo o levou a enfatizar a natureza experiencial da fé cristã. O assentimento intelectual à doutrina cristã não era suficiente. Um dos termos puritanos mais comuns era experimental, significando "experiência". Thomas Shepard escreveu:

Os santos têm um conhecimento experimental da obra da graça, em virtude da qual chegam a conhecê-la tão certamente... como pelo sentir calor, sabemos que o fogo é quente; pelo provar o mel, sabemos que ele é doce.[74]

"A experiência é a vida de um cristão", disse Richard Sibbes, enquanto Tyndale falou da "fé sentida" em contraste com a "fé histórica".[75]

RETORNANDO AO BÁSICO

Os puritanos tinham um jeito de chegar à raiz de uma questão. Eles eram profundamente desconfiados de externalidades elaboradas e, ao invés disso, punham sua confiança no íntimo do coração de uma pessoa ou questão. Eles sabiam que a história interna que as pessoas contam para Deus e para si mesmas indicam mais o que eles realmente são do que a história externa que contam ao mundo.

---

71 Essays to Do Good [Perry, p. 257].

72 The Minister [Middlekauff, p. 1911.

73 Baltzell, p. 44.

74 The Parable of the Ten Virgins [Strier, p. 145]. Strier observa que "a ênfase na experiência é central ao protestantismo histórico".

75 Sibbes, A Learned Commentary... [Strier, p. 145]; Tyndale, Works [Campbell, p. 204].

O resultado era uma ênfase na "religião do coração" como distinta dos rituais externos. "O grande cuidado de um cristão deveria ser manter o coração puro", escreveu Thomas Watson, "porque é o coração que santifica tudo que fazemos. Se o coração for santo, tudo é santo – nossas inclinações santas, nossos deveres santos".[76] Certamente chegamos ao cerne da questão quando lemos que "a melhor obra do homem é o crer e o fazer a Palavra e a vontade de Deus".[77]

A preocupação com a religião do coração deu às pessoas uma nova ética em que a motivação interna era tomar uma ação moral ou imoral. John Preston então escreveu:

> Você deve lidar com as coisas no mundo e não se corromper por elas, tendo afeições puras, mas quando você tem cobiça desordenada por qualquer coisa, então ela profana seu espírito.[78]

A mesma perspectiva transformou as atitudes em relação ao trabalho: "A singeleza do chamado não diminui a bondade do trabalho: pois Deus não olha para a excelência [dignidade externa] do trabalho, mas para o coração do trabalhador".[79]

A preferência pela realidade interna em vez da aparência externa também foi aplicada à igreja e ao culto. "A verdadeira igreja de Cristo", teorizou John Bradford, é algo "cuja beleza de fato é toda interior... exteriormente devem ser simples".[80] O valor individual de uma pessoa foi posto sobre o mesmo fundamento: "Nenhum homem deverá firmar-se no seu nascimento ilustre, ou gloriar-se em seu parentesco", escreveu Perkins, "mas apenas regozije-se nisto: que foi retirado do reino das trevas".[81]

---

76 The Beatitudes, pp. 172, 174.

77 John Field, The Second Part of a Register [Seaver, p. 51].

78 Citado em Miller, Seventeenth Century, p. 42.

79 William Perkins, Works [George, p. 138].

80 The Hurt of Hearing Mass [Murray, p. 17].

81 Works [Hill, Puritanism and Revolution, p. 237].

A dignidade do trabalho humano nunca esteve tão elevada quanto com os Puritanos.
Da obra de Jost Amman, *Livro de Ofícios*; cortesia da Biblioteca Britânica.

Em resumo, os puritanos teriam concordado com Richard Baxter em que "os fundamentos da religião são a vida da estrutura superior"[82] No pensamento puritano, esta urgência em livrar-se dos detalhes supérfluos e retomar o básico significava retornar ao passado bíblico primitivo. A.G. Dickens faz o provocante comentário de que "alguém que nunca sentiu esta nostalgia, este desejo de varrer os acréscimos, de atravessar os séculos até a terra natal, pode entender pouco dos... reais sucessos alcançados pelo protestantismo".[83] "Buscamos o Antigo Caminho, e o caminho melhor", disse Richard Sibbes, enquanto John Owen falou de devolver ao cristianismo a "sua liberdade primitiva" e restaurar "a antiga, gloriosa e bela face do cristianismo".[84]

A VIDA CRISTÃ EQUILIBRADA

Perry Miller disse que "os puritanos viviam em termos íntimos, quase sempre confortáveis, com o paradoxo".[85] Isto significa que eles estavam dispostos a abraçar ambas as partes de conceitos aparentemente contraditórios. Thomas Gataker escreveu que muitas coisas "a um homem meramente natural parecerão estranhos paradoxos aquilo que todo bom cristão, havendo os pesado devidamente, facilmente reconhecerá... como de acordo com a verdade".[86] Os puritanos eram adeptos de uma visão abrangente da teologia cristã. No processo, eles conseguiram um equilíbrio entre vários aspectos da fé cristã que, através da história, sempre foram divididos.

Considere, por exemplo, a mistura puritana de "mente e coração" na experiência cristã. Os puritanos valorizaram uma apreensão espiritual

---

82 Reliquiae [Mitchell, p. 272].

83 Dickens, p. 138.

84 Sibbes, Yea and Amen [George, p. 383]; Owen, Works, 14:314, 311.

85 The Responsibility of Mind in a Civilization of Machines (Amherst, University of Massachusetts Press, 1979), p. 73.

86 Certain Sermons [Rogers, p. 245].

da doutrina cristã, mas ao mesmo tempo preservaram o lado emocional da experiência religiosa. Cotton Mather louvou William Ames por sua combinação de "uma perspicácia escolástica unida a um aquecimento do coração na religião".[87] De um lado encontramos os puritanos a dizerem que "elevar as afeições sem informar à cabeça é um trabalho infrutífero, improfícuo, e serve para trazer o zelo sem conhecimento".[88] De outro lado, Richard Baxter conduziria suas sessões de catecismo primeiro examinando a compreensão de seus alunos sobre a doutrina, e então exortando-os "com toda veemência possível... à afeição e à prática responsáveis".[89]

Intimamente parecido com o equilíbrio entre a cabeça e o coração na religião era o equilíbrio puritano entre a teoria e a prática. William Perkins insistiu em que "ministros sejam homens santos assim como bons escolásticos; e suas vidas sejam irretocáveis assim como sua doutrina".[90] De acordo com o prefácio da Bíblia de Genebra, a vida cristã tem um duplo impulso: ela "é obtida principalmente pelo conhecimento e pela a prática da Palavra de Deus".[91]

As atitudes puritanas em relação a este mundo eram entretecidas de paradoxo. Eles tanto aceitavam como rejeitavam este mundo. Ele era simultaneamente o mundo de Deus em que os cristãos eram chamados a fazer a vontade divina prevalescer e a região temporal e má que poderia desviar as pessoas de sua eterna vida espiritual. Por um lado, "Deus nos colocou neste mundo para fazer algum trabalho para Ele. Este é o local de trabalho de Deus".[92] Mas, por outro, os puritanos estavam convencidos de que

---

87 Magnalia Christi Americana [Emerson, Puritanism in America, p. 25].

88 Samuel Willard, The Truly Blessed Man [Lowrie, p. 39].

89 Citado em Brown, p. 181.

90 The Calling of the Ministry [Brown, p. 79].

91 Trinterud, p. 214.

92 Richard Sibbes, Beams of Divine Light [George, p. 131]. William Adams disse que o crente "tem muito a ver no mundo e sobre o mundo, a que deve vigorosamente atender, e sobre o qual deve dispensar sua afeição" (citado em Emerson, Puritanism in America, pp. 141-42).

quando o mundo possui o coração, torna-nos falsos para Deus e falsos
para o homem... falsos à própria religião. Trabalha portanto para ter o
mundo em seu próprio lugar, debaixo de teus pés.[93]

A força da perspectiva puritana estava na habilidade de viverem como cidadãos de dois mundos: "A vida de um cristão é maravilhosamente regida neste mundo pela consideração e meditação sobre a vida no outro mundo".[94]

Os aspectos ativos e contemplativos da vida cristã frequentemente têm ameaçado se separar. Na Idade Média eles de fato se dividiram. Os puritanos os reintegraram. Os puritanos dedicaram a máxima atenção à leitura bíblica, oração, meditação e introspecção individuais. Mas também eram ativistas, apoiados por uma ética do trabalho que lhes assegurava que Deus aprovava seu emprego diário. O ideal puritano era tanto a pessoa que "anda com Deus... adora estar bem retirado do mundo" como, ao mesmo tempo, a pessoa pode "seguir suas causas no mundo... em obediência a Deus".[95]

A tensão entre as obras humanas e a graça de Deus, entre a lei e o evangelho, é perene na teologia cristã. A doutrina puritana era suficientemente ampla para abranger ambos os polos. William Perkins encontrou dois tipos de pessoas repreensíveis – aquelas "que nada teriam senão misericórdia, misericórdia", e aquelas que "nada têm na boca a não ser a lei, a lei, e a justiça, a justiça".[96] Richard Baxter semelhantemente escreveu que "nossa justiça, que a lei das obras exige... está inteiramente em Cristo, e nem um grão em nós mesmos... Mas nós mesmos, no entanto, devemos pessoalmente preencher as condições do novo pacto e assim ter um justiça evangélica pessoal".[97]

---

93   Richard Sibbes, The Saint's Cordials [George, p. 125].
94   Richard Sibbes, Light From Heaven [Kaufmann, p. 134].
95   Jeremiah Burroughs, Two Treatises... [Hyma, p. 243].
96   Works [George, p. 229].
97   The Saints' Everlasting Rest, p. 35. Em A Christian Directory, Baxter escreveu: "Embora Deus não precise de qualquer de nossas boas obras, aquilo que é materialmente bom O agrada, indo na direção de sua glória, tanto para nosso próprio benefício como para o dos outros, no que Ele se deleita" [Merton, p. 61].

Em sua teoria social, os puritanos de igual modo andaram até metade do caminho entre as dicotomias como direitos e deveres, liberdade individual e o bem da comunidade, idealismo sobre a possibilidade de aperfeiçoar as instituições sociais e o cinismo em relação à corrupção daquelas instituições. Os puritanos não viam necessidade de escolher entre santidade pessoal e ação social; em sua visão, a Bíblia nos mostra tanto "como devemos servir a Deus quanto como devemos servir à geração em que vivemos".[98]

Muito do que tenho sugerido sobre o equilíbrio puritano na vida cristã resume-se na descrição de Everett Emerson sobre o puritanismo americano:

> Ele enfatizava a comunhão da igreja... Mas ele exigia que o homem examinasse, particularmente como profundamente, sua própria alma... Ele era altamente intelectual e incentivava muito a educação, mas também ensinava que o que realmente motiva o homem é o coração, as afeições. O puritanismo foi um tipo de religião ativista, neste mundo, enquanto negava o valor supremo de qualquer coisa material. Ele era profundamente pessimista quanto à natureza do homem, mas encorajava uma atitude de esperançosa antecipação em relação à América.[99]

A SIMPLICIDADE QUE DIGNIFICA

De modos significativos o puritanismo foi uma busca pela simplicidade. No seu melhor, os puritanos escolheram a simplicidade que exalta, não a simplicidade que diminui.

No culto, este impulso resultou num dinamismo em que tudo se unificava ao redor da Palavra de Deus. A arquitetura puritana foi o triunfo da simplicidade apurada. No estilo de vida pessoal, o ideal puritano de moderação e de economia tendia na direção de um padrão semelhante. A

---

98 Increase Mather, David Serving His Generation [Carden, p. 5].
99 Introdução a Puritanism in America [nenhuma paginação].

descrição de Lucy Hutchinson sobre a aparência de seu marido puritano
é bem conhecida:

> Ele era maravilhosamente asseado, limpo e agradável em seu traje, e
> tinha boa imaginação para fazer roupas boas; e muito embora deixas-
> se prontamente de vestir qualquer coisa que fosse dispendiosa, em seu
> mais simples... traje parecia muito com um cavalheiro.[100]

Por ser a teologia com tanta frequência sinônima do pensamento
especulativo, lembro-me do quanto me senti refrescado quando li pela
primeira vez a abertura da obra de William Ames, The Marrow of Theology (A Essência da Teologia): "Teologia é a doutrina de viver para Deus".
Igualmente atraente é a formulação de William Perkins: "A teologia é a
ciência de viver abençoadamente para sempre".[101] Quando visto contra o
pano de fundo dos galões de tinta que os teólogos tem gasto escrevendo
sobre a ordenança da Ceia, a descrição de Thomas Watson permanece res-
plendente em sua clareza: "Na Palavra pregada os santos ouvem a voz de
Cristo; na ordenança têm seu beijo".[102]

A simplicidade que dignifica é também atrativamente ilustrada pelo
dom puritano do aforismo – a frase clara e concisa, de uma verdade tão
notável que não apenas expressa uma ideia mas compele à compreensão e
ao assentimento. Para ilustrar, considere os seguintes exemplos:

> O tempo do nosso repúdio foi o tempo do amor de Deus.[103]
>
> Fossem os confortos terrenos permanentes, quem buscaria os celestiais?[104]
>
> Considere que nenhum pecado contra um grande Deus pode ser estrita-

---

100 Memoirs of the Life of Colonel Hutchinson, p. 4.
101 A Golden Chain... [Breward, p. 177].
102 The Beatitudes, p. 251.
103 Ibid., p. 235.
104 Anne Bradstreet, Works [Daly, p. 82].

mente um pequeno pecado.[105]

A religião gerou a prosperidade e a filha devorou a mãe.[106]

A verdade pode-se perder pela debilidade tanto quanto pela impiedade.[107]

Este dom do aforismo, quando acoplado ao impulso puritano de definir as coisas precisamente, produziu algumas das mais memoráveis definições puritanas:

O fim principal do homem é glorificar a Deus e gozá-lo para sempre.[108]

A pregação da Palavra é aquela treliça pela qual Cristo olha e mostra--se a seus santos.[109]

[A fé é] a persuasão do meu coração de que Deus deu a seu filho por mim, e que Ele é meu, e eu dEle.[110]

Por cristianismo tenciono dizer aquele hábito universal da graça que é forjada na alma pela regeneração do Espírito de Deus, pelo que toda a criatura é resignada à vontade e ao amor divinos, e todas as suas ações são designadas para a obediência naquilo que é para a glória de seu Criador.[111]

UM FUNDAMENTO SEGURO

Nenhuma estrutura é mais forte do que seu fundamento. É apropriado concluir esta pesquisa das forças puritanas com um lembrete de que o puritanismo não foi apenas um movimento humano composto de pessoas com boas ideias e coragem incomum. Os puritanos eram pessoas confiantes mesmo na derrota, porque sabiam que eram parte de algo muito maior do que eles mesmos.

---

105 Ralph Venning, The Plague of Plagues, p. 264.

106 Cotton Mather, Magnalia Christi Americana [Foster, p. 121].

107 John Owen, Works, 16:82.

108 Resposta à pergunta de abertura do Westminster Shorter Catechism (Catecismo Breve).

109 Thomas Watson, The Beatitudes, p. 251.

110 Thomas Cartwright, citado em Pearson, p. 403.

111 Lucy Hutchinson, Prefácio de Memoirs of the Life of Colonel Hutchinson, p. 5.

As convicções puritanas sobre qualquer tópico estavam enraizadas na Bíblia como a revelação fidedigna de Deus. É impossível asseverar com precisão quanta diferença faz na vida de uma pessoa quando ela vê a Bíblia como "a perfeita e absoluta regra" de vida. [112] Considere quantas questões são resolvidas uma vez que uma pessoa aceita o axioma inicial de William Perkins, segundo o qual

> a Palavra de Deus precisa ser nossa regra e esquadro mediante o qual esquadrinhamos e encaixamos todas as nossas ações; e de acordo com a direção recebida, devemos fazer as coisas ou deixar de fazê-las.[113]

Naturalmente, permanecem os problemas usuais de interpretação e de aplicação da Bíblia, mas as importantes fronteiras dentro das quais se determina a verdade e a ação já haviam sido estabelecidas. A confiança puritana está no polo oposto à moderna mentalidade que pensa ter de fazer uma pesquisa para determinar a verdade de um tópico.

O caráter de Deus também era o fundamento do pensamento e da ação puritana. A justiça e a misericórdia, a santidade e o amor de Deus forneciam os polos entre os quais se movia sua teologia. Dos dois, o amor de Deus era o mais proeminente na pregação puritana. A justiça de Deus lhes deu a convicção de pecado, e o senso de autolimitação percorria com força seu pensamento. Mas foi sobre a rocha do amor de Deus que os puritanos viveram suas vidas espirituais no mundo. Richard Baxter soou a nota tônica:

> É coisa pequena a teus olhos ser amado por Deus?... Cristão, crê nisto e pensa nisto. Serás eternamente seguro nos braços daquele amor que foi desde sempre e que se estenderá eternamente.[114]

---

112 Thomas Adams, Works [Ball, p. 3].
113 A Treatise of the Vocations or Callings of Men [Breward, p. 464].
114 The Saints' Everlasting Rest, p. 45.

Um corolário de tal convicção sobre o amor de Deus era a dependência puritana na expiação de Cristo como o trabalho de base da justificação. Os puritanos folgavam com a liberdade de saber que sua salvação não dependia de seus próprios esforços. "Somos justificados e salvos pela própria justiça de Cristo, e de nenhum outro", escreveu John Flavel, acrescentando: "Ele a realizou, embora nós a usemos".[115] Uma consciência experiencial da salvação pessoal era a base da identidade puritana. Quando Thomas Goodwin se converteu, em um culto fúnebre: "Deus me tomou de lado, e como que privativamente me disse: "Torne agora para mim, e eu lhe perdoarei todos os pecados".[116] Um forte senso de identidade pessoal – de saber quem eram em Cristo – foi uma característica dos puritanos.

Eruditos literários e históricos hoje falam da "história" que as pessoas contam sobre si mesmas e nos termos nos quais vivem suas vidas. Os puritanos viam-se como peregrinos numa jornada até Deus e até o céu. Aquela jornada passava pelo mundo e não era uma fuga dele. Os puritanos foram protagonistas numa grande batalha espiritual entre o bem e o mal, Deus e Satanás. Como cristãos guerreiros e andarilhos, estavam assegurados da vitória porque estavam do lado de Deus. Esta teologia da esperança foi mais forte do que a teologia do sofrimento, igualmente uma parte da consciência puritana. E ela responde pela coragem com a qual eles estavam dispostos a enfrentar a perseguição pela sua fé.

SUMÁRIO

Nós vivemos um momento da história em que os protestantes evangélicos estão procurando por "raízes". Uma das fraquezas que alguns impingiriam a eles é que as únicas tradições do passado a que podem retornar são as tradições católicas e anglo-católicas. Como Nicodemos, que era um mestre em Israel mas nada sabia sobre o Novo Nascimento, os pro-

---

115 Works [Bali, p. 58].
116 Works [Perry, p. 277].

testantes evangélicos tendem a ser desconhecedores do que é melhor em sua própria tradição.

O puritanismo pode dar um lugar onde nos posicionarmos. Os puritanos acreditavam que toda a vida é de Deus. Isto lhes possibilitou combinar a piedade pessoal com uma visão cristã abrangente do mundo. Começando com a premissa de que a Bíblia é um repositório confiável da verdade, os puritanos tinham uma base a partir da qual relacionar sua fé cristã a todas as áreas da vida – ao trabalho, à família, ao casamento, à educação, à política, à economia e à sociedade.

A excitante abordagem puritana da vida no mundo foi alimentada pelas fontes espirituais da nova vida – oração, comunhão cristã, meditação, pregação e contato com a Bíblia. No puritanismo, uma teologia da salvação pessoal foi unida a uma vida ativa no mundo.

Este detalhe do túmulo de John Bunyan lembra-nos que a imagem Puritana do peregrino sobrecarregado pelo fardo do pecado não é a mais animadora visão da experiência humana, mas é a mais próxima da realidade.

NOTAS

A documentação de fontes foi baseada nestes procedimentos: (1) para qualquer item que aparece de forma incompleta, o leitor deve recorrer à bibliografia que segue às notas para informação completa sobre a publicação; (2) todos os itens incluídos em colchetes são fontes secundárias ou a moderna edição erudita da qual citei uma fonte puritana primária.

BIBLIOGRAFIA

A seguinte bibliografia é limitada às obras mais frequentemente citadas nas notas, onde elas aparecem de forma abreviada.

William Ames, Conscience with the Power and Cases Thereof 1639. Reimpressão, Norwood, N.J., Walter J. Johnson, 1975.

. The Marrow of Theology, ed. John D. Eusden. Boston, Pilgrim, 1968.

Maurice Ashley, Oliver Cromwell and the Puritan Revolution. Londres, English Universities Press, 1958.

Paul D.L. Avis, The Church in the Theology of the Reformers. Atlanta, John Knox, 1981.

James Axtell, The School Upon a Hill, Education and Society in Colonial New England. Nova York, W.W. Norton, 1976.

Stuart B. Babbage, Puritanism and Richard Bancroft. Londres, S. P.C.K., 1962.

Derrick Sherwin Bailey, Sexual Relation in Christian Thought. Nova York, Harper and Brothers, 1959.

. Thomas Becon and the Reformation of the Church in England. Edimburgo, Oliver and Boyd, 1952.

Bryan W. Ball, The English Connection: The Puritan Roots of Seventh-day Adventist Belief. Cambridge, James Clarke, 1981.

E. Digby Baltzell, Puritan Boston and Quaker Philadelphia. Nova York, The Free Press, 1979.

Israel Baroway, "The Bible as Poetry in the English Renaissance: An Introduction. "Journal of English and Germanic Philology 32 (1933), 447-80.

Richard Baxter, Chapters from a Christian Directory, ed. Jeannette Tawney. Londres, G. Bell and Sons, 1925.

_____. The Autobiography of Richard Baxter. Londres, J.M. Dent, 1931.

_____. The Reformed Pastor (O Pastor Aprovado – PES), ed. William Brown. Edimburgo, Banner of Truth Trust, 1974.

_____. The Saints' Everlasting Rest (O Descanso Eterno dos Santos – Vida Nova). Westwood, N.J., Fleming H. Revell, 1962. Bolton, Samuel. The True Bonds of Christian Freedom. Edimburgo, Banner of Truth Trust, 1964.

T.H. Breen, The Character of the Good Ruler: A Study of Puritan Political Ideas in New England (1630-1730). New Haven, Yale University Press, 1970.

Francis J. Bremer, The Puritan Experiment: New England Society from Bradford to Edwards. Nova York, St. Martin's, 1976.

Ian Breward, ed. The Work of William Perkins. Appleford, Sutton Courtenay, 1970.

John Brown, Puritan Preaching in England. Nova York, Scribner, 1900.

John Bunyan, Grace Abounding to the Chief of Sinners and The Pilgrim's Progress (O Peregrino – Mundo Cristão), ed. Rober Sharrock. Londres, Oxford University Press, 1966.

Earle E. Cairns, "The Puritan Philosophy of Education". Bibliotheca Sacra 104 (1947), 326-336.

W.E. Campbell, Erasmus, Tyndale, and More. Londres, Eyre and Spottiswoode, 1949.

Allen Carden, "The Word of God in Puritan New England: Seventeenth-Century Perspectives on the Nature and Authority of the Bible." Andrews University Seminary Studies 18 (Spring 1980), 1-16.

Peter N. Carroll, Puritanism and the Wilderness: The Intellectual Significance of the New England Frontier, 1629-1700. Nova York, Columbia University Press, 1969.

William A. Clebsch, England's Earliest Protestants, 1520-1535. New Haven, Yale University Press, 1964.

William G. Cole, Sex in Christianity and Psychoanalysis. Nova York, Oxford University Press, 1966.

Patrick Collinson, The Elizabethan Puritan Movement. Berkeley, University of California Press, 1967.

John S. Coolidge, The Pauline Renaissance in England: Puritanism and the Bible. Oxford, Oxford University Press, 1970.

Mary Caroline Crawford, Social Life in Old New England. Nova York, Grosset and Dunlap, 1914.

Joseph Crouch, Puritanism and Art: An Inquiry into a Popular Fallacy. Londres, Cassell, 1910.

Mark H. Curtis, Oxford and Cambridge in Transition, 1558-1642. Oxford, Oxford University Press, 1959.

Robert Daly, God's Altar: The World and the Flesh in Puritan Poetry. Berkeley, University of California Press, 1978.

Horton Davies, The Worship of the English Puritans. Westminster, Dacre, 1948.

_____. Worship and Theology in England: From Andrewes to Baxter and Fox, 1603-1690. Princeton, Princeton University Press, 1975.

_____. Worship and Theology in England: From Cranmer to Hooker, 1534-1603. Princeton, Princeton University Press, 1970.

John Demos, A Little Commonwealth: Family Life in Plymouth Colony. Nova York, Oxford University Press, 1970.

James T. Dennison, The Puritan Doctrine of the Sabbath in England, 1532-1700. Pittsburgh, Pittsburgh Theological Seminary thesis, 1973.

A.G. Dickens, The English Reformation. Nova York, Schocken Books, 1964.

Emory Elliott, Power and the Pulpit in Puritan New England. Princeton, Princeton University Press, 1975.

Everett Emerson, ed. English Puritanism from John Hooper to John Milton. Durham, North Carolina, Duke University Press, 1968.

_____. Puritanism in America, 1620-1750. Boston, Twayne, 1977.

John Dykstra Eusden, Puritans, Lawyers, and Politics in Early Seventeenth Century England. New Haven, Yale University Press, 1958.

Sanford Fleming, Children and Puritanism. New Haven, Yale University Press, 1933.

W.R. Forrester, Christian Vocation. Nova York, Scribner, 1953.

Stephen Foster, Their Solitary Way: The Puritan Social Ethic in the First Century of Settlement in New England. New Haven, Yale University Press, 1971.

Roland M. Frye, "The Teachings of Classical Puritanism on Conjugal Love." Studies in the Renaissance, 2 (1955), 148-59.

Charles H. George e Katherine George. The Protestant Mind of the English Reformation, 1570-1640. Princeton, Princeton University Press, 1961.

G.P. Gooch, English Democratic Ideas in the Seventeenth Century. Cambridge, Cambridge University Press, 1927.

Richar L. Greaves, Society and Religion in Elizabethan England. Minneapolis, University of Minnesota Press, 1981.

_____. The Puritan Revolution and Educational Thought: Background for Reform. New Brunswick, Rutgers University Press, 1969.

Robert W. Green, ed. Protestantism and Capitalism: The Weber Thesis and Its Critics. Boston, D.C. Heath, 1959.

Philip Greven, ed. Child-Rearing Concepts, 1628-1861. Itasca, Ill, F.E. Peacock, 1973.

_____. The Protestant Temperament: Patterns of Child-Rearing, Religious Experience, and the Self in Early America. Nova York, Knopf, 1977.

John Halkett, Milton and the Idea of Matrimony. New Haven, Yale University Press, 1970.

William Haller, Liberty and Reformation in the Puritan Revolution. Nova York, Columbia University Press, 1955, 1963.

_____. The Rise of Puritanism. Nova York, Columbia University Press, 1938.

William Hallere Malleville Haller. "The Puritan Art of Love." Huntington Library Quarterly 5 (1941-42), 235-272.

Charles E. Hambrick-Stowe, The Practice of Piety: Puritan Devotional Disciplines in Seventeenth-Century New England. Chapel Hill, University of North Carolina Press, 1982.

Roberta Hamilton, The Liberation of Women: A Study of Patriarchy and Capitalism. Winchester, Mass., Allen Unwin, 1978.

Georgia Harkness, John Calvin: The Man and His Ethics. Nashville, Abingdon, 1958.

F.H. Hawyard, The Unknown Cromwell. Londres, Allen and Unwin, 1934.

Christopher Hill, Change and Continuity in Seventeenth-Century England. Cambridge, Harvard University Press, 1975.

_____. God's Englishman: Oliver Cromwell and the English Revolution. Nova York, Harper and Row, 1970.

_____. Puritanism and Revolution: Studies in Interpretation of the English Revolution of the Seventeenth Century. Londres, Secker and Warburg, 1958.

_____. Society and Puritanism in Pre-Revolutionary England. Nova York, Schocken Books, 1964.

E. Brooks Holifield, The Covenant Sealed: The Development of Puritan Sacramental Theology in Old and New England, 1570-1720. New Haven, Yale University Press, 1974.

Winthrop S. Hudson, "The Ministry in the Puritan Age", em The Ministry in Historical Perspectives, ed. H. Richard Niebuhr e Daniel D. Williams. Nova York, Harper and Brothers, 1956, pp. 180-206.

Philip E. Hughes, Theology of the English Reformers. Grand Rapids, Eerdmans, 1965.

Morton M. Hunt, The Natural History of Love. Nova York, Knopf, 1959.

Lucy Hutchinson, Memoirs of the Life of Colonel Hutchinson, ed. James Sutherland. Londres, Oxford University Press, 1973.

Albert Hyma, Christianity, Capitalism and Communism: A Historical Analysis. Ann Arbor, George Wahr, 1937.

Joyce L. Irwin, ed. Womanhood in Radical Protestantism, 1525-1675. Nova York, Edwin Mellen, 1979.

Margaret James, Social Problems and Policy During the Puritan Revolution, 1640-1660 (1930). Reimpressão, Nova York, Barnes and Noble, 1966.

Robert D. Jarman, The Regulative Principle of Scripture: The Origin of a Cardinal Doctrine in the Early Elizabethan Puritan Movement. Tese não publicada, Trinity Evangelical Divinity School, 1977.

James Turner Johnson, A Society Ordained by God: English Puritan Marriage Doctrine in the First Half of the Seventeenth Century. Nashville, Abingdon, 1970.

W.K. Jordan, The Development of Religious Toleration in England, 2 vols. Cambridge, Harvard University Press, 1932,1936.

U. Milo Kaufmann, The Pilgrim's Progress and Traditions in Puritan Meditation. New Haven, Yale University Press, 1966.

N.H. Keeble, Richard Baxter: Puritan Man of Letters. Oxford, Oxford University Press, 1982.

M.J. Kitch, ed. Capitalism and the Reformation. Londres, Longmans, Green, 1967.

M.M. Knappen, Tudor Puritanism: A Chapter in the History of Idealism. Chicago, University of Chicago Press, 1939.

_____. ed. Two Elizabethan Puritan Diaries (1933). Reimpressão, Gloucester, Mass., Peter Smith, 1966.

John R. Knott Jr., The Sword of the Spirit: Puritan Responses to the Bible. Chicago, University of Chicago Press, 1980.

Laurence Lerner, Love and Marriage: Literature and Its Social Context. Nova York, St. Martin's, 1979.

Barbara K. Lewalski, Protestant Poetics and the Seventeenth-Century Religious Lyric. Princeton, Princeton University Press, 1979.

Peter Lewis, The Genius of Puritanism. Haywards Heath, Sussex, Carey, 1977.

Ernest Benson Lowrie, The Shape of the Puritan Mind: The Thought of Samuel Willard. New Haven, Yale University Press, 1974.

Martin Luther, Luther's Works, ed. Jaroslav Pelikan e Helmut T. Lehmann, 55 vols. St. Louis, Concordia; e Filadélfia, Fortress, 1955-1976.

Cotton Mather, Magnalia Christi Americana, 2 vols. Nova York, Russell and Russell, 1967.

J. Sears McGee, The Godly Man in Stuart England: Anglicans, Puritans, and the Two Tables, 1620-1670. New Haven, Yale University Press, 1976.

Michael McGiffert, ed. Puritanism and the American Experience. Reading, Mass., Addison-Wesley, 1969.

John Thomas McNeill, Modern Christian Movements. Filadélfia, Westminster, 1954.

Robert K. Merton, Science, Technology, and Society in Seventeenth Century England. Nova York, Howard Fertig, 1970.

Nathaniel Micklem, ed. Christian Worship: Studies in Its History and Meaning. Oxford, Oxford University Press, 1971.

Robert Middlekauff, The Mathers: Three Generations of Puritan Intellectuals. Nova York, Oxford University Press, 1971.

Perry Miller, Errand into the Wilderness. Cambridge, Harvard University Press, 1956.

_____. Nature's Nations. Cambridge, Harvard University Press, 1967.

_____. The New England Mind: From Colony to Province. Cambridge, Harvard University Press, 1953.

_____. The New England Mind: The Seventeenth Century. Cambridge, Harvard University Press, 1939, 1954.

Perry Miller, e Thomas H. Johnson, eds. The Puritans, ed. rev., 2 vols. Nova York, Harper Torchbooks, 1963.

John Milton, Complete Prose Works, 8 vols. New Haven, Yale University Press, 1953. Resumo CPW.

W. Fraser Mitchell, English Pulpit Oratory from Andrewes to Tillotson. Londres, S.P.C.K., 1932.

Edmund S. Morgan, ed. Puritan Political Ideas, 1558-1794. Indianapolis, Bobbs-Merrill, 1965.

_____. The Puritan Family: Religion and Domestic Relations in Seventeenth-
-Century New England (1944). Reimpressão, Nova York, Harper and
Row, 1966.

_____. "The Puritans and Sex", em Pivotal Interpretations of American His-
tory, ed. Carl N. Degler. Nova York, Harper and Row, 1966. 1:4-16.

Irvonwy Morgan, The Godly Preachers of the Elizabethan Church. Londres,
Epworth, 1965.

Samuel Eliot Morison, Harvard College in the Seventeenth Century, 2 vols.
Cambridge, Harvard University Press, 1936.

_____. The Founding of Harvard College. Cambridge, Harvard University
Press, 1935.

_____. The Intellectual Life of Colonial New England. Nova York, Washing-
ton Square Press, 1956.

Iain Murray, ed. The Reformation of the Church: A Collection of Reformed
and Puritan Documents of Church Issues. Londres, Banner of Trush
Trust, 1965.

John F.H. New, Anglican and Puritan: The Basis of Their Opposition, 1558-
1640. Stanford, Stanford University Press, 1964.

Hughes Oliphant Old, Worship that is Reformed According to Scripture. Gui-
des to the Reformed Tradition. Atlanta, John Knox, 1984.

John Owen, The Works of John Owen, 16 vols., ed. William H. Goold. Londres, Banner of Trush Trust, 1966.

J.I. Packer, "The Puritans as Interpreters of Scripture." Em A Goodly Heritage.
Londres, Puritan Studies Conference, 1958, pp. 18-26.

A.F. Scott Pearson, Thomas Cartwright and Elizabethan Puritanism, 1535-
1603. Cambridge, Cambridge University Press, 1925.

Ralph Barton Perry, Puritanism and Democracy. Nova York, Vanguard, 1944.

Ewald M. Plass, ed. What Luther Says: An Anthology, 3 vols. St. Louis, Concordia, 1959.

H.C. Porter, Puritanism in Tudor England. Columbia, S. C., University of
South Carolina Press, 1971.

_____. Reformation and Reaction in Tudor Cambridge (1958). Reimpressão, Camden, Conn., Archon Books, 1972.

Chilton Latham Powell, English Domestic Relations, 1487-1653 (1917). Reimpressão, Nova York, Russell and Russell, 1972.

_____. Puritan Manifestoes: A Study of the Origin of the Puritan Revolt, ed. W.H. Frere e C.E. Douglas. Londres, S.P.C.K., 1954.

Richard Reinitz, ed. Tensions in American Puritanism. Nova York, John Wiley and Sons, 1970.

Herbert W. Richardson, Nun, Witch, Playmate: The Americanization of Sex. Nova York, Harper and Row, 1971.

R.C. Richardson, Puritanism in North-West England: A Regional Study of Chester to 1642. Manchester, Manchester University Press, 1972.

A.M. Robermon, Aspects of the Rise of Economic Individualism. Nova York, Kelley and Millman, 1959.

Jack Bartlett Rogers, Scripture in the Westminster Confession. Grand Rapids, Eerdmans, 1967.

Signey H. Rooy, The Theology of Missions in the Puritan Tradition. Grand Rapids, Eerdmans, 1965.

Lawrence A. Sasek, The Literary Temper of the English Puritans. 1961; Reimpressão, Nova York, Greenwood, 1969.

Richard B. Schlatter, The Social Ideas of Religious Leaders, 1660-1688 (1940). Reimpressão, Nova York, Octagon Books, 1971.

Herbert Wallace Schneider, The Puritan Mind. Nova York, Henry Holt, 1930.

Robert Victor Schnucker, Views of Selected Puritans, 1560-1630, on Marriage and Human Sexuality. Iowa City, University of Iowa Dissertation, 1969.

Percy A. Scholes, The Puritans and Music in England and New England. Londres, Oxford University Press, 1934.

Levin L. Schücking, The Puritan Family: A Social Study from the Literary Sources. Nova York, Schocken Books, 1970.

Paul S. Seaver, The Puritan Lectureships: The Politics of Religious Dissent, 1560-1662. Stanford, Stanford University Press, 1970.

J.W. Ashley Smith, The Birth of Modern Education: The Contribution of the Dissenting Academies, 1660-1800. Londres, Independent Press, 1954.

H. Shelton Smith et al. eds. American Christianity: An Historical Interpretation with Representative Documents, vol. 1. Nova York, Scribner, 1960.

Wilson Smith, ed. Theories of Education in Early America, 1655-1819. Indianápolis, Bobbs-Merrill, 1973.

Winton U. Solberg, Redeem the Time: The Puritan Sabbath in Early America. Cambridge, Harvard University Press, 1977.

David E. Stannard, The Puritan Way of Death: A Study in Religion, Culture, and Social Change. Nova York, Oxford University Press, 1977.

Doris Mary Stenton, The English Woman in History. Londres, Allen and Unwin, 1957.

Lawrence Stone, The Crisis of the Aristocracy, 1558-1641. Oxford, Oxford University Press, 1965.

_____. The Family, Sex and Marriage in England, 1500-1688. Nova York, Harper and Row, 1977.

Richard Strier, Love Known: Theology and Experience in George Herbert's Poetry. Chicago, University of Chicago Press, 1983.

R.H. Tawney, Religion and the Rise of Capitalism. Nova York, Harcourt, Brace, 1926.

Cecilia Tichi, New World, New Earth: Environmental Reform in American Literature from the Puritans Through Whitman. New Haven, Yale University Press, 1979.

Leonard J. Trinterud, ed. Elizabethan Puritanism. Nova York, Oxford University Press, 1971.

Laurel Thatcher Ulrich, Good Wives: Image and Reality in the Lives of Women in Northern New England, 1650-1750. Nova York, Knopf, 1982.

_____. "Vertuous Women Found: New England Ministerial Literature, 1668-1735", em Puritan New England, ed. Alden T. Vaughan e Francis J. Bremer. Nova York, St. Martin's, 1977, pp. 215-31.

Alden T. Vaughan e Francis J. Bremer, eds. Puritan New England, Essays on Religion, Society, and Culture. Nova York, St. Martin's, 1977.

Ralph Venning, The Plague of Plagues. Londres, Banner of Trush Trust, 1965.

Hans-Peter Wagner, Puritan Attitudes Towards Recreation in Early Seventeenth-Century New England. Frankfurt, Verlag Peter Lang, 1982.

Gordon S. Wakefield, Puritan Devotion: Its Place in the Development of Christian Piety. Londres, Epworth, 1957.

Michael Walzer, The Revolution of the Saints: A Study in the Origins of Radical Politics. Cambridge, Harvard University Press, 1965.

Benjamin B. Warfield, The Westminster Assembly and Its Work. Nova York, Oxford University Press, 1931.

Owen C. Watkins, The Puritan Experience: Studies in Spiritual Autobiography. Nova York, Schocken Books, 1972.

Foster Watson, The English Grammar Schools to 1660: Their Curriculum and Practice. Cambridge, Cambridge University Press, 1980.

Thomas Watson, The Beatitudes. (Edimburgo, Banner of Trush Trust, 1977).

Max Weber, The Protestant Ethic and the Spirit of Capitalism (A Ética Protestante e o Espírito do Capitalismo – Companhia das Letras), tradução de Talcott Parsons. Nova York, Scribner, 1930.

Helen C. White, Social Criticism in Popular Religious Literature of the Sixteenth Century. Nova York, Macmillan, 1944.

Derek Wilson, The People and the Book: The Revolutionary Impact of the English Bible, 1380-1611. Londres, Barrie and Jenkins, 1976.

John F. Wilson, Pulpit in Parliament: Puritanism During the English Civil Wars, 1640-1648. Princeton, Princeton University Press, 1969.

A.S.P. Woodhouse, ed. Puritanism and Liberty. Chicago, Chicago University Press, 1951.

Louis B. Wright, Life in Colonial America. Nova York, Capricorn Books, 1965.

. Middle-Class Culture in Elizabethan England. Chapel Hill, University of North Carolina Press, 1935.

Thomas G. Wright, Literary Culture in Early New England, 1620-1730 (1920). Reimpressão, Nova York, Russell and Russell, 1966.

FIEL
MINISTÉRIO

O Ministério Fiel visa apoiar a igreja de Deus, fornecendo conteúdo fiel às Escrituras através de conferências, cursos teológicos, literatura, ministério Adote um Pastor e conteúdo online gratuito.

Disponibilizamos em nosso site centenas de recursos, como vídeos de pregações e conferências, artigos, e-books, audiolivros, blog e muito mais. Lá também é possível assinar nosso informativo e se tornar parte da comunidade Fiel, recebendo acesso a esses e outros materiais, além de promoções exclusivas.

Visite nosso site

www.ministeriofiel.com.br

Esta obra foi composta em Arno Pro Regular 12, e impressa
na Promove Artes Gráficas sobre o papel Pólen Natural 70g/m²,
para Editora Fiel, em Agosto de 2023.